罗布泊盐岩地区公路修筑技术

宋　亮　王朝辉　问鹏辉　著

科学出版社

北京

内 容 简 介

本书以作者近年来在内陆盐岩地区公路修筑技术领域取得的研究成果为基础撰写而成，围绕国家及交通运输行业关于加强西部交通基础设施服役韧性的需求，针对内陆盐岩地区公路修筑及稳定性保障存在的系列技术难题，构建新疆罗布泊盐岩地区公路修筑关键技术体系。全书共 8 章，主要包括绪论、罗布泊盐岩公路使用状况调查与评价、盐岩路基填料路用性能及影响因素、盐岩路基填料变形及水分迁移规律、考虑颗粒破碎的盐岩集料基层组成设计、盐岩集料基层力学性能及变形特性、盐岩公路路面结构组合设计与材料组成、盐岩公路试验段铺筑及变形稳定性评价等，可为西北内陆盐岩地区公路修筑及改造升级提供借鉴。

本书可供公路工程相关领域的技术人员及高等学校相关专业师生学习参考。

图书在版编目（CIP）数据

罗布泊盐岩地区公路修筑技术 / 宋亮，王朝辉，问鹏辉著.
北京 ：科学出版社，2025.6. -- ISBN 978-7-03-079833-6

Ⅰ. U415. 12

中国国家版本馆 CIP 数据核字第 202411PQ14 号

责任编辑：杨 丹 汤宇晨 / 责任校对：高辰雷
责任印制：徐晓晨 / 封面设计：陈 敬

科学出版社 出版
北京东黄城根北街 16 号
邮政编码：100717
http://www.sciencep.com
北京中石油彩色印刷有限责任公司印刷
科学出版社发行 各地新华书店经销
＊

2025 年 6 月第 一 版 开本：720×1000 1/16
2025 年 6 月第一次印刷 印张：17
字数：342 000
定价：180.00 元
（如有印装质量问题，我社负责调换）

序

随着"一带一路"倡议的推行，新疆作为国家向西开放的桥头堡及首批交通强国建设试点地区之一，近年来着力建设丝绸之路经济带核心区交通枢纽中心，同时融入区域协调发展战略，以加快实现"疆内环起来、进出疆快起来"的发展目标。现阶段，新疆地区的公路交通基础设施建设需求显著增长，面向新疆地区特殊环境特征，有效提升疆内公路服役韧性是当前该地区公路交通建养聚焦的主要方向。盐岩地区及过盐渍土区作为新疆分布较为广泛的特殊地区，区域公路建设及改造升级需求突出且形势严峻，特别是位于新疆东南部的罗布泊盐岩地区，仍为新疆路网密度极低、国道密度为零的区域。因此，形成罗布泊盐岩地区公路修筑技术是完善新疆地区公路网络并强化进出疆通道公路建设的关键前提，对形成具备新疆特点的交通强国试点路径并助力"一带一路"倡议实施具有积极作用。

盐岩地区是在西北内陆地区干旱气候作用下形成的特殊区域，区域内盐岩广泛分布而传统筑路砂石材料极度匮乏，盐岩自身溶蚀、盐胀等特性使其用于公路填筑时变形稳定性难有效保证。因此，在合理选用盐岩填料的基础上有效保证盐岩地区公路工程承载力及服役期稳定性，是盐岩地区公路修筑亟待解决的关键技术问题。《罗布泊盐岩地区公路修筑技术》一书作者针对西北内陆盐岩地区公路修筑及稳定性保障存在的系列技术难题，从盐岩路基填料路用性能特征、盐岩路基填料变形特性及水分迁移规律、盐岩集料基层组成设计、盐岩集料基层力学性能及变形特性、盐岩公路路面结构组合设计与材料组成等多方面开展科研攻关，并将研究成果在新疆罗布泊盐岩地区进行工程应用与验证，形成了具有自主知识产权的盐岩地区公路修筑关键技术体系，在提升盐岩地区公路使用品质的同时有效推动了区域公路黑色化进程。

该书作者结合科研团队多年以来在新疆罗布泊盐岩地区公路设计、施工及科研方面取得的创新性成果积累及工程实践，形成了新疆罗布泊盐岩地区公路修筑关键技术。书中构建的降温作用下盐岩路基填料累积变形特征预估方法为盐岩路基变形控制提供了理论依据；揭示的覆盖效应下盐岩路基水分迁移特征有效保障了盐岩路基稳定性；提出的考虑颗粒破碎演化的盐岩集料基层级配组成设计方法提升了盐岩集料基层组成设计的科学性；推荐的面向罗布泊干盐湖气候特征的盐岩公路结构组合设计方案推动了罗布泊湖心区公路黑色化进程。该书的研究成果为解决西北内陆盐岩地区公路建设病害防治及稳定性保障中存在的系列独特技术难题提供了科学依据，为助力盐岩地区公路建设的品质提升提供了理论指导，对提升西北内陆盐岩地区公路建造水平及服役品质具有重要的现实意义。

长安大学　王选仓

2025 年 2 月

前　言

干盐湖是在内陆干旱气候持续作用下形成的地表盐岩广泛分布的特殊地貌，在新疆、青海等地分布较为广泛，其中最为著名的干盐湖包括罗布泊盐湖和察尔汗盐湖。在内陆盐岩地区，地表盐岩广泛分布，传统筑路砂石料极度匮乏，这使得现阶段内陆盐岩地区通道公路仍以低等级公路为主。随着"一带一路"倡议的贯彻落实，面向西北内陆盐岩地区乃至中亚国家类似区域的公路建设及改造升级需求日益增长，盐岩地区公路建设水平亟待提升。已建成的盐岩公路在使用过程中主要表现出溶蚀、溶塘、松胀、车辙、翻浆等病害，在充分推动盐岩填料路域资源化基础上实现盐岩公路病害的有效防治并提升公路使用品质，是当前盐岩地区公路建设面临的重大挑战。因此，亟须形成面向盐岩地区特殊自然环境的筑路关键技术，以推动盐岩公路建设进程并加速区域经济发展。

本书围绕国家及交通运输行业关于加强西部特殊地区交通基础设施服役韧性的需求，以提升内陆盐岩地区公路变形稳定性及服役品质为目标，结合大量调研、理论分析、试验研究及工程应用，将盐岩地区盐岩作为筑路材料进行路域资源化利用，从盐岩路基填料路用性能及影响因素、盐岩路基填料变形特性及水分迁移规律、盐岩集料基层级配演化及组成设计、盐岩集料基层力学性能及变形特性、盐岩公路路面结构组合设计与材料组成、盐岩公路工程试验段铺筑及变形稳定性评价等方面开展研究工作，为盐岩在公路工程中的资源化利用及盐岩公路服役品质保障提供借鉴。

全书共8章。第1章主要介绍盐岩公路建设与改造升级背景。第2章调查分析罗布泊盐岩形成原因及水盐分布情况，结合盐岩公路全线使用状况进行区段划分，并提出病害防治建议。第3章在确定盐岩路基填料击实参数基础上，探明不同成型参数影响下盐岩填料路用工程特性，构建形成盐岩路基填料工程特性预估模型。第4章探究不同因素对卤水、盐岩填料及其孔隙溶液相变特征影响规律，明确单次降温作用下盐岩填料盐胀变形规律和多次冻融循环后盐岩填料盐胀累积规律，并揭示覆盖效应下的盐岩路基填料水分迁移规律。第5章提出破碎后盐岩集料级配分布拟合模型，构建盐岩集料基层颗粒破碎级配转移模型，提出盐岩集料基层组成设计方法。第6章探究盐岩集料基层力学性能变化规律，明确不同降温模式下盐岩集料基层变形规律，并基于离散元方法确定盐岩集料基层变形过程中的细观变化。第7章开展盐岩公路沥青路面结构组合设计，开展面向盐岩基层的公路基面层间材料优选及性能优化。第8章结合罗布泊盐岩地区试验段铺筑，提出盐岩公路多结构层施工及质量控制要点，并基于现场监测对比评价不同铺筑方案下盐岩公路的水、热状态及变形特征，为盐岩地区公路服役品质保证提供指导。

　　本书基于作者研究团队的科研成果撰写而成，研究和写作过程中得到了有关专家、技术人员、同行和学生的大力支持。本书的出版得到了交通运输部交通运输行业重点科技项目、新疆维吾尔自治区自然科学基金项目、新疆维吾尔自治区交通运输行业科技项目、中国博士后科学基金面上项目的资助，同时得到了新疆交投建设管理有限责任公司、长安大学、新疆交通规划勘察设计研究院有限公司、新疆维吾尔自治区公路事业发展中心等单位的大力支持与协助，在此表示衷心的感谢！牛亮亮、陈浩宇、陈绍昌、张淼、奚鹤等参与了本书理论分析、试验研究工作，对书中一些分析论证和重要观点的形成起到了积极作用，感谢他们做出的贡献。

　　由于作者的水平及实践经验有限，书中难免有疏漏之处，恳请各位读者给予指正。

作　者

2025 年 2 月

目　录

第1章 绪 论

1.1 罗布泊盐岩公路概述

随着"一带一路"倡议及交通强国建设重大战略的纵深推进，面向西北内陆重盐渍土区、盐岩地区等特殊地区的工程建设需求日益增长。罗布泊盐岩地区位于新疆塔里木盆地东部，南北长 115km，东西宽 90km，总面积约 10350km²，是连通东疆与南疆、由天山南坡进出疆最便捷通道的必经之地。20 世纪 50 年代塔里木河下游水量减少，在水源补充不足和强蒸发气候作用下，罗布泊湖心区形成了盐岩广泛分布的干涸盆地，地表呈显著干盐湖盐壳地貌，强盐渍土和盐岩分布广泛，地下水则以饱和卤水为主，区域内无可供施工使用的水、砂、砾石等筑路材料。这使得罗布泊盐岩地区公路交通基础设施建设水平严重滞后，该区域依旧是新疆公路网密度最低，国道密度为零的区域。加速推动罗布泊等盐岩地区道路建设升级，是加快通道公路建设、完善区域路网结构的必然需求，可有效加快新疆通道公路建设，加强东疆与南疆联系，加快与内地的多路畅通及周边国家的互连互通，进而有力保障"一带一路"倡议实施并促进丝绸之路经济带核心区建设。

跨越罗布泊盐岩地区的既有通行公路是由表层盐岩填筑的纯盐岩公路——S235 省道(图 1.1 和图 1.2)，在重载交通及气候因素影响下盐岩公路逐渐发育出车辙、松胀、溶洞、坑槽等病害[1-2]，路况日趋恶化，跨盐岩地区公路亟待改建升级。如果在盐岩地区公路改扩建工程中全层位采用传统砂石材料进行换填修筑，工程造价会大幅提升，且在后期使用过程中结构层不可避免地产生次生盐渍化病害。考虑盐湖湖心区存在广泛分布的盐岩与大量饱和地下卤水，如果将盐岩和卤水科学合理地应用于盐岩地区公路路基及基层修筑工程，无疑可在有效控制工程造价的同时实现盐岩和卤水的资源化应用。与传统砂石料相比，盐岩发育时间短且抗压强度较低，将其用于公路基层时有必要考虑盐岩颗粒破碎特征及其对级配组成的影响；此外，盐岩独特的发育过程使其用于公路填筑时强度演化及变形特征较为复杂。当前，盐岩作为路基及基层填料的路用工程性质相关研究均仍相对薄弱，缺乏面向基层应用的盐岩集料级配组成设计方法，环境影响下盐岩公路结构层变形特征及其诱发机理同样鲜有涉及，这严重制约了盐岩的资源化工程应用及盐岩公路改造升级。因此，明晰盐岩用于公路结构层的工程特性及变形发育特征，是构建形成盐岩地区公路修筑技术并有效保障服役期变形稳定性的重要前提。

图1.1　S235省道现状(一)　　　　　　　图1.2　S235省道现状(二)

综上所述，为推动盐岩在公路结构层多层位的资源化利用，围绕盐岩地区盐岩公路工程建设升级及变形稳定性保障的技术需求，针对罗布泊盐岩地区盐岩公路建设关键技术的系列研究，旨在有效解决盐岩公路服役性能不佳且病害频发的现实问题，加速推动新疆罗布泊盐岩公路建设升级，以科技助力区域公路建设，同时推动"一带一路"倡议实施，促进新疆区域社会、经济发展及矿产资源、旅游资源开发。

1.2　本书主要内容

本书以提升罗布泊盐岩公路使用品质并推动盐岩地区公路建设进程为目标，针对盐岩公路修筑关键技术开展系列研究，全面调查梳理罗布泊盐岩公路使用状况，系统研究盐岩路基填料路用性能及影响因素，深入分析盐岩路基填料变形特性及覆盖效应影响下的盐岩路基扰动特征，并在考虑盐岩基层材料颗粒破碎特性的基础上建立盐岩集料基层级配组成设计方法，对比研究不同因素影响下盐岩集料基层的力学性能变化规律及降温作用下的变形特性，针对性提出罗布泊盐岩地区公路路面结构组合设计方法，并基于试验段铺筑及现场监测对比评估不同盐岩公路结构层内部水热状况及稳定性特征，为盐岩材料在盐岩地区公路建设中的资源化应用乃至公路改造升级提供有益借鉴。主要研究内容如下。

1) 罗布泊盐岩公路使用状况调查与评价

全面调查罗布泊盐岩地区环境及水文地质条件，明确罗布泊盐岩形成原因及水盐分布情况，综合评价罗布泊盐岩公路的使用状况，并结合路段病害分布对盐岩路段进行区段划分，提出盐岩公路病害防治建议。

2) 盐岩路基填料路用性能及影响因素

综合分析罗布泊盐岩及卤水的物化性质及主要盐分类型，基于重型击实试验确定盐岩路基填料击实参数，系统研究含卤水率、压实度及浸水时间等对盐岩路基填料承载比(CBR)及回弹模量等工程特性影响规律，并采用回归分析法构建盐岩路基填料的工程特性预估模型。

3) 盐岩路基填料变形特性及水分迁移规律

全面分析卤水浓度、含卤水率等因素对卤水、盐岩及其孔隙溶液相变特征的影响规律，系统研究降温作用下盐岩填料盐胀变形规律及其影响因素，对比分析盐岩填料在多次冻融循环后的盐胀累积规律，深入探究不同干密度盐岩路基填料的持水特性，建立适于盐岩填料的土-水特征曲线模型，并全面研究覆盖效应下的盐岩路基填料水分迁移规律，综合确定路面覆盖层影响下盐岩路基水热状态变化。

4) 考虑颗粒破碎的盐岩集料基层组成设计

对比分析盐岩集料破碎影响因素及颗粒破碎规律，综合评价不同规格类型、含卤水率影响下盐岩集料破碎特性，基于颗粒破碎分布规律建立盐岩集料颗粒破碎级配转移模型，并提出盐岩集料基层组成设计方法，进行盐岩集料基层组成设计验证，为实际工程中盐岩集料基层级配控制提供参考。

5) 盐岩集料基层力学性能及变形特性

基于室内试验研究盐岩集料基层力学性能变化规律，推荐盐岩集料基层合理级配组成，综合力学性能指标与影响因素的相关性，建立盐岩集料基层力学性能预测模型，全面研究多因素耦合作用下盐岩单次降温变形特征，对比分析多次冻融循环下盐岩集料基层变形规律，并基于三维颗粒流方法研究盐岩集料基层细观变形特性，为盐岩集料基层的承载力保障及稳定性控制提供科学依据。

6) 盐岩公路路面结构组合设计与材料组成

基于罗布泊盐岩地区环境特征及盐岩工程性质，推荐适用于罗布泊盐岩地区的路面结构组合，结合力学验算验证推荐结构的适用性，综合盐岩破碎特征提出盐岩基层公路基面层间设计方法及施工参数，对比分析不同参数组合对层间黏结性的影响，并分析选用基层及面层结构的路用性能，为盐岩地区公路结构型式设计提供有益借鉴。

7) 盐岩公路工程试验段铺筑及变形稳定性评价

提出新疆罗布泊盐岩地区路基路面施工工艺与质量控制方法，基于铺筑试验路观测评价盐岩路基变形与稳定性控制效果，基于现场监测综合分析盐岩路基及基层在路面覆盖层影响下的水热状态变化及变形特征，为盐岩地区公路黑色化提供科学指导。

第2章 罗布泊盐岩公路使用状况调查与评价

盐岩是新疆、青海、西藏等地区存在的特殊性质岩土，成因复杂、工程性质独特、易溶盐含量较高，我国最为著名的盐岩地区包括罗布泊盐岩地区和察尔汗盐岩地区[3]。罗布泊地处新疆中东部，是新疆区域路网中连通东疆与南疆、由天山南坡进出疆最便捷通道的必经之地。罗布泊盐岩分布广泛，筑路材料匮乏，地下水以饱和卤水为主，区域公路网密度最低，国道密度为零。连接东疆与南疆的公路仅有 S235 省道，2006 年 S235 省道哈密至罗布泊(哈罗)段通车至今，先后出现了裂缝、溶洞、松胀、车辙和起皮等不同类型病害，严重影响着公路使用品质和服务能力。本章全面调查罗布泊盐岩地区环境及水文地质条件，系统分析罗布泊盐岩形成原因及水盐分布情况，基于路基病害类型、损坏程度及弯沉检测结果，综合评价罗布泊盐岩公路的使用状况，结合路段病害分布对盐岩路段进行区段划分并提出病害防治建议，为罗布泊地区公路改造升级提供有益借鉴。

2.1 盐岩公路概况

罗布泊地区现有公路主要为 S235 省道，经过干盐湖地区长约 190km，采用盐岩路基顶面作为路面。盐岩公路全线地处公路自然区划的Ⅵ2 区内，公路等级为三级。S235 省道是新疆交通运输规划"57712"工程"七纵"的重要组成部分，也是新疆交通运输规划的重要组成部分和连接东疆与南疆的通道，在区域路网规划及路网定位中极为重要。S235 省道分两期进行建设。一期为哈密至罗布泊段，里程桩号为 K320+000～K390+666.67，修建于 2004 年，2006 年竣工通车。其中，K320+000～K385+500 段原设计路基宽度 12m，现场测定大部分路段路基宽度为11.5m 左右;K386+100～K390+666.67 段路基宽度为 15.0m;K385+500～K386+100 段为渐变段，路基宽度由 11.5m 渐变为 15.0m。二期为罗布泊至若羌(罗若)段，修建于 2008 年，2010 年竣工通车。其中，盐岩路基修筑路段为 K390+666.67～K509+948 段，K390+666.67～K393+573 段路基宽度为 12.0m，K393+673～K509+948 段路基宽度为 8.5m，K393+573～K393+673 段为渐变段，路基宽度由12.0m 渐变为 8.5m，盐岩公路路基填高基本为 0.3～0.5m[4]。

随着盐岩地区交通量迅猛增长，盐岩路段路面整体状况逐渐变差，部分路段结构损伤严重，出现溶洞、坑槽、车辙、龟裂、网裂、起皮和松胀等病害。图 2.1

为罗布泊盐岩公路部分路段状况。随着罗布泊地区矿产、旅游资源的开发及沿线社会经济的不断发展，S235 省道罗若段近盐岩地区仍为盐岩路基路面，通行能力较差，已难以适应当前社会经济的发展要求，路段远期路面黑色化势在必行。

图 2.1　罗布泊盐岩公路部分路段路况

在确定罗布泊盐岩公路基本概况基础上，简要介绍罗布泊盐岩公路途经地地形、地貌、气候、地质及水文条件，为解析盐岩地区盐岩成因及探究其工程性质提供有益借鉴。

2.1.1　地形、地貌

S235 省道盐岩公路段地处塔里木盆地以东、库木塔格沙漠以西、阿尔金山北麓的罗布泊湖相沉积平原内。路线经过区域总体地势南高北低，地形平坦开阔，海拔 780～800m。罗布泊湖相沉积平原是第四纪晚期以来在区域性干旱气候影响下湖水浓缩干涸和析盐沉积形成的无地表水体的干盐湖。罗布泊湖区长期遭受风蚀，在湖区北部、西部和西南部形成独特的风成雅丹地貌，湖区中部主要是各种盐壳地貌，如新湖区、罗北洼地呈较为平坦的盐壳地貌；罗南地区等呈强烈起翘的盐壳地貌。湖区地势总体四面高、中心低，为典型的封闭内陆干盐湖，大致可分为平台区和干盐滩区两个地貌单元。盐湖地势东北部较高，自北东向南西缓慢降低，坡度小于 1‰。地表受河流冲蚀和风蚀作用形成网状的干河谷和雅丹地貌交织分布。图 2.2 为罗布泊湖心区的地貌。

图 2.2　罗布泊湖心区地貌

由于当地气候干燥，降雨稀少，水源补充不足和强烈蒸发作用，矿化地下水位高，地下盐分在毛细水作用下向地表迁移，在蒸发作用下盐类大量沉积，在地面形成胶结致密的盐土硬壳。该地区地表全部被盐壳覆盖，干盐湖湖床以钙芒硝、石膏、黏土沉积物为主。

2.1.2 气候条件

罗布泊盐岩地区日照充足，蒸发强烈，夏季炎热，早晚温差大，干燥少雨雪，春夏季多风，属典型的暖温带大陆性荒漠干旱气候。极端最高气温48.0℃，极端最低气温-22.7℃，最大月平均日较差达38.2℃；年最大蒸发量达5070.4mm，年最大降水量38.5mm，5～8月为最大降水月份，月最大降水量29.3mm，最大降水量一般出现在7～9月；年平均相对湿度为37.5%，多风，几乎天天刮风，特别是3～5月为多风季节，6～8月为大风季节，年4级以上的大风有127d，年8级以上的大风有38d，最大风力可达10级，风向以NE向、NNE向为主，最大风速36.8m/s，易形成浮尘天气；地区最大季节冻土深度为110cm。表2.1为S235省道沿线气象观测要素。

表2.1 S235省道沿线气象观测要素

	站台名称	哈密气象台	罗中气象观测站	若羌气象台
	地理位置	哈密市	罗布泊罗中钾基地	若羌县
	代表地点	哈密—大南湖煤矿	大南湖煤矿—罗布泊	若羌县
气温	年平均气温/℃	9.9	12.3	12.5
	极端最高气温/℃	43.9	48.0	42.7
	极端最低气温/℃	-32.0	-22.7	-21.5
	最热月平均气温/℃	27.1	15.5	28.3
	最冷月平均气温/℃	-11.7	-10.5	-7.6
	最大月平均日较差/℃	18.6	38.2	17.4
雪冻	降雪初终期	初10月8日，终4月17日	—	初10月24日，终4月24日
	最大积雪厚度/cm	16	—	8
	最大季节冻土深度/cm	127	110	93
降水量	年平均降水量/mm	35.7	26.1	31.6
	年最大降水量/mm	68.3	38.5	118.0
	年最小降水量/mm	11.5	7.7	2.8

续表

站台名称		哈密气象台	罗中气象观测站	若羌气象台
降水量	月最大降水量/mm	28.5	29.3	52.4
	日最大降水量/mm	25.5	20.6	52
	一次最大降水量(mm)及延续时间(d)	26.1(2d)	—	52.0(2d)
	年平均降水日数	22.6	—	29.2
蒸发量	年平均蒸发量/mm	2974.7	4820.5	2879.9
	年最大蒸发量/mm	4169.1	5070.4	3310.1

2.1.3 地质条件

1) 地质构造

项目区一级构造单元为塔里木地台环式弧型构造，二级构造单元为塔里木坳陷。该区构造经过太古代环核、元古代克拉通、加里东开合、华力西裂合、中生代盆地、新生代活化等发展、运动阶段，以及塔里木、加里东、华力西、印支、燕山、喜山等构造旋回，特别是喜山期以来，由于印度板块大幅度地向北俯冲、推移，特提斯海全面海退，塔里木盆地进入板内陆相沉积发展阶段；上新世末，在板块超碰撞作用下，昆仑山强烈褶皱隆起；早更新世末，天山强烈褶皱隆起，使塔里木盆地板块产生多种复活性和新生的褶皱、断裂及其分割的地块、地体、断块等镶嵌构造；同时，塔里木盆地地壳受到强大的 SN 向非均一性挤压旋扭作用，进而形成了中环体大型追踪式隆坳断陷。工作区在车尔臣河附近经过 2 条区域性岩石圈断裂，捷山子断裂和坑底-课帕断裂，与路线大角度相交，交点坐标为东经 91°74′、北纬 39°33′和东经 90°66′、北纬 38°87′，且为深断裂，对路线影响不大。

2) 地层状况

项目区域地层主要为第四系(Q)地层，从中更新统至全新统广泛分布于罗布泊湖区和山前平原区，平原区主要为冲洪积(可能含部分冰积)成因的砂砾(岩)，其成因、岩性复杂。在罗北凹地及附近，地表均出露第四纪地层，在现有勘探深度内，以第四纪化学沉积为主，地层时代划分为下更新统、中更新统、上更新统和全新统。表 2.2 为罗布泊盐岩地区化学沉积序列及分布特征。

表 2.2 罗布泊盐岩地区化学沉积序列及分布特征

序号	地层年代	矿物组合	产状
1	中更新统	菱镁矿	分散状

序号	地层年代	矿物组合	产状
2	中更新统	石膏	层状
3	中更新统—上更新统	石膏+钙芒硝(主)	厚层状
4	上更新统	钙芒硝(主)+杂卤石(次)	钙芒硝为厚层状,杂卤石为薄层状及分散状
5	上更新统顶部	钙芒硝(主)+芒硝(次)	钙芒硝为厚层状,芒硝为薄层状
6	全新统底部	石膏	中—薄层状
7	全新统	石盐(主)+白钠镁矾(次)	石盐为中—薄层状,白钠镁矾呈分散状
8	全新统	石盐(主)+钾盐镁矾(次)、光卤石(次)、钾石盐(次)	石盐为中—薄层状,钾盐镁矾为薄层状
9	全新统	石盐(主)+无水芒硝(次)+杂硝矾(次)	石盐为中—薄层状,无水芒硝、杂硝矾为细层及分散状

上更新统(Q_3):在罗北凹地和两侧的龙城、白龙堆一带缺失,只分布于南部罗布泊湖盆区,岩性为含少量晶体的亚黏土、亚砂土,夹粉细砂透镜体。该层在空间上分布不均匀,厚度变化较大,基底形态复杂,和下伏中更新统呈平行不整合接触。存在有沉积间断。

全新统(Q_4):广泛分布于罗北凹地中和南部的罗布泊湖盆区,在罗北凹地中为蒸发作用形成的盐壳,主要成分为石盐,含有少量的泥砂和其他盐类,厚度 0.3~1.0m,直接覆盖于中更新统之上。在南部湖盆区,地表为盐壳,向下为亚黏土、亚砂土互层夹粉细砂透镜体,其中含有极少量石膏燕尾双晶。下伏中更新统呈整合接触的碎屑沉积,下部为洪积的砂砾石、含砾中粗砂等,颗粒从北向南逐渐由粗变细。

罗布泊湖区出露地层主要为第四系全新统(Q_4),岩性为冲洪积粉质黏土、粉土、粉砂、细砂。研究区地表 0.4~1.2m 为含结晶盐粒的盐壳,盐壳下为厚 0.2~1.8m 的盐晶体,以下为黏土、粉质黏土、含有机质粉质黏土和粉砂层。地基土质按含盐量分类为氯化物-过盐渍土,按盐化学成分分类主要属亚氯盐、氯盐、亚硫酸盐、硫酸盐。

3) 沿线地质特征

罗布泊盐岩公路段主要位于山前冲洪积平原地段和干盐湖相沉积平原地段,沿线地势平坦,地表无植被,表层土以坚硬盐壳为主,根据实地踏勘结果对沿线工程段落初步划分如下。

K320+000~K322+000 段:主要位于山前冲洪积平原地段,地基土第一层主要为含氯盐、亚氯盐的盐岩，其中 SO_4^{2-} 最大含量为 86400mg/L，Cl^- 最大含量为 69136mg/L。揭示层厚 0.5～1.5m，表层 0.5m 为盐硬壳，呈灰黄色，土质干燥，地基土承载力基本容许值[f_{a0}]=160kPa，土、石等级为Ⅲ，工程地质条件较好；盐岩层下为中密状粉砂和粉土，呈灰色，含量约 30%，地基土承载力基本容许值[f_{a0}]=130kPa，土、石等级为Ⅱ，工程地质条件较好。第二层为砾砂，揭示层厚 0.6～1.5m，呈灰色，中密状，土质稍湿，地基土承载力基本容许值[f_{a0}]=350kPa，土、石等级为Ⅲ，工程地质条件好。图 2.3 为 K320+000 附近盐岩公路状况。

图 2.3　K320+000 附近盐岩公路

K322+000～K365+000 段：位于干盐湖相沉积平原地段，地基土第一层主要为盐岩，揭示层厚 2.0～4.5m，呈灰黄色，土质干燥。其中 0.5～1.0m 为盐硬壳，地基土承载力基本容许值[f_{a0}]=160kPa，土、石等级为Ⅲ，工程地质条件较好；其下为中密状粉砂和粉土，呈青灰色，含量约 30%，地基土承载力基本容许值[f_{a0}]=130kPa，土、石等级为Ⅱ，工程地质条件较差。

K365+000～K385+000 段：位于干盐湖相沉积平原地段，地基土第一层主要为盐岩，揭示层厚 1.1～2.0m，呈灰黄色，土质干燥，其中 0.5～1.0m 为盐硬壳，地基土承载力基本容许值[f_{a0}]=160kPa，土、石等级为Ⅲ，工程地质条件较好。局部段落第二层为黏土，揭示层厚 1.20m，呈土黄色硬塑状，含芒硝，土质稍湿，有腥臭味，地基承载力基本容许值[f_{a0}]=150kPa，土、石等级为Ⅱ，工程地质条件较差。

K385+000～K405+000 段：位于干盐湖相沉积平原地段，地基土第一层为盐岩，揭示层厚 0.5～0.9m，呈灰黄色，土质干燥，为盐硬壳，地基土承载力基本容许值[f_{a0}]=160kPa，土、石等级为Ⅲ，工程地质条件较好。第二层为粉土，揭示层厚 1.4～3.6m，呈土黄色或灰黑色，中密状，土质较湿，地基土承载力基本容许值[f_{a0}]=150kPa，土、石等级为Ⅱ，工程地质条件较好。

K405+000～K443+000 段：位于干盐湖相沉积平原地段，地基土第一层为盐岩，揭示层厚 0.3～1.5m，呈灰白色，土质干燥，为盐硬壳，地基土承载力基本容许值[f_{a0}]=160kPa，土、石等级为Ⅲ，工程地质条件较好。第二层为粉土、黏土，揭示层厚 1.3～3.5m，呈土青灰色或灰白色，稍密状，土质很湿，地基土承载力基本容许值[f_{a0}]为 80～100kPa，土、石等级为Ⅱ，工程地质条件差。

K443+000～K470+000 段：位于干盐湖相沉积平原地段，地基土第一层为盐岩，揭示层厚 0.25～0.8m，呈灰白色，土质干燥，为盐硬壳，地基土承载力基本容许值[f_{a0}]=160kPa，土、石等级为Ⅲ，工程地质条件较好。第二层为粉土、黏土、粉质黏土，揭示层厚 1.2～2.4m，呈土黄色或灰黑色，稍密状，土质很湿，地基土承载力基本容许值[f_{a0}]为 80～100kPa，土、石等级为Ⅱ，工程地质条件差。其中，K465～K469 段水位较高，地基土第一层为盐岩，揭示层厚 0.4～0.6m，呈白色，土质干燥，为盐硬壳，地基土承载力基本容许值[f_{a0}]=160kPa，土、石等级为Ⅲ，工程地质条件较好。第二层为粉土、粉砂，揭示层厚 1.0～1.5m，呈土黄色，松散—中密状，土质很湿，地基土承载力基本容许值[f_{a0}]=80kPa，土、石等级为Ⅱ，工程地质条件差。图 2.4 为工程沿线附近取卤水坑。

图 2.4　工程沿线附近取卤水坑

K470+000～K509+948 段：位于干盐湖相沉积平原地段，地基土第一层为盐岩，揭示层厚 0.2～0.6m，呈灰白色，土质干燥，为盐硬壳，地基土承载力基本容许值[f_{a0}]=160kPa，土、石等级为Ⅲ，工程地质条件较好。第二层为粉土、粉砂，揭示层厚 1.9～3.5m，呈土黄色或灰黄色，松散—中密状，土质较湿，地基土承载力基本容许值[f_{a0}]=120kPa，土、石等级为Ⅱ，工程地质条件较差。

2.1.4　水文条件

1) 临近水系

与盐岩公路路段较为接近的河流包括孔雀河、塔里木河和车尔臣河，其中对路段区域内水文影响较大的是孔雀河。该河流发育于天山山脉，流经博斯腾湖，穿铁门关峡谷流经库尔勒市，后流向罗布泊，是罗布泊的主要供水水系。20 世

60 年代尉犁附近修建水库，进行大坝拦水，导致下游无水，罗布泊干涸形成干盐湖。孔雀河全长 785km，河水一年四季不断流，年径流量 12 亿 m^3，常年流量稳定。

2) 地表水

区域附近无地表水，在路线以西 2～4km 外，为国投新疆罗布泊钾盐有限责任公司开挖的洗、晒盐池，面积约 195km^2。

3) 地下水

该区域沿线地下水较丰富，补给源主要为孔雀河和大气降水。地下水位埋藏深度不一，整体较浅，水位由北向南逐渐升高，水质很差，主要为饱和卤水。有资料表明，工程沿线地下水主要包括第四系孔隙潜水、承压水、基岩裂隙水。

2.2　公路沿线水盐分布调查与评价

罗布泊是我国面积较大的干盐湖，也是世界著名的内陆干盐湖之一，其表层被大量盐岩覆盖，部分地区盐岩较厚，在罗布泊地区进行公路填筑时，盐岩强度及稳定性对公路使用性能影响极大。本节简要分析罗布泊盐岩形成原因及地下水分布情况，初步明确工程沿线盐岩主要类型，并基于沿线调研确定路段范围内盐岩主要成分变化规律，进而对盐岩公路路段进行区段划分。

2.2.1　盐岩成因

盐岩是干盐湖地表典型的地质特征之一，发育过程十分复杂，既有间歇动荡的浅水面蒸发析盐过程，又有湖底暴露时期的地表成盐过程，在风蚀、日晒、雨淋、冻融交替等作用下，形成结构复杂的盐泥混合物，主要盐类矿物由钾、钠、钙、镁的氯化物、硫酸盐和碳酸盐组成[5-6]。赵元杰等[7]在对罗布泊地区进行科学考察时，基于盐岩厚度、裂隙构造及地表起伏程度将罗布泊地区盐岩分为三种类型，包括平坦状盐岩、龟裂状盐岩和微丘状盐岩。罗布泊地区盐岩以龟裂状盐岩为主，此类盐岩厚度一般为 25～45cm，最厚达 60cm，表层含沙量较少，质地坚硬，呈灰或灰黄色；地面破碎，单块盐岩直径 0.3～0.5m，块状盐岩翘起高 15～95cm，盐块间裂缝宽 5～15cm。根据盐岩地表形态又可将龟裂状盐岩分为多边形构造盐岩、复式多边形构造盐岩、蜂窝状构造盐岩等。通过调研 S235 省道盐岩路段两侧地貌，发现盐岩路段两侧盐岩也主要包括这三大类盐岩，以龟裂状盐岩为主。

龟裂状盐岩主要形成于湖心区，在盐湖阶段由盐分过饱和而沉淀，待干盐湖时期在地面形成盐壳，在蒸发作用下初期逐渐形成一些稀疏且与湖边平行的盐层裂隙；随着盐湖卤水不断蒸发退缩，盐层裂隙逐渐形成，同时露出水面的盐层在强蒸发作用下进一步发生干裂,逐渐形成龟裂状的盐层块体,此时逐渐形成密集蜂窝状构造盐岩;随着气候变化及盐分的继续迁移沉积,盐湖卤水进一步向淡水补给方向退缩,晶间卤水面逐渐下降,在高温作用下,盐层中的水分以毛细蒸发作用为主,下部卤水沿裂隙上升从而不断在裂隙中形成石盐结晶,逐渐形成水平挤压力,使盐岩沿盐垅部向上拱起,形成多边形构造盐岩。由于上述作用的不断进行,盐岩进一步抬升形成复式多边形构造盐岩。由此可见,水分的毛细蒸发作用能够加速盐岩块体之间的作用,进而引起拱胀现象,因此在采用盐岩进行路基填筑时应保证盐岩结构层碾压密实,以减少路幅范围内的水分蒸发及盐分迁移结晶,降低盐胀发生概率。

2.2.2 罗布泊地下水位分布

盐岩公路路段沿线地下水较丰富,补给源主要为孔雀河和大气降水。地下水位埋藏深度不一,整体较浅,工程沿线地下水主要包括第四系孔隙潜水、承压水、基岩裂隙水。第四系孔隙潜水主要分布于哈密至大南湖乡间农田区和罗布泊湖区,罗布泊湖区地下潜水水位变化较大,总变化趋势是水位不断下降。承压水主要分布于罗布泊地区,共分布 6 层承压卤水,分别赋存于第四系上更新统中部、中上部和下部的钙芒硝层中,且均为饱和卤水,具有强烈的侵蚀性。经勘测,不同路段的地下水位情况如表 2.3 所示。其中,湖心区的地下水位相对较高,但随着钾盐矿的持续开采,地下水位也在逐年下降。

表 2.3　盐岩公路路段沿线地下水位情况

公路路段	地下水位情况
K320+000～K370+000	距地表 3.0m 以内未见地下水
K370+000～K396+500	1.8～2.9m
K396+500～K399+500	距地表 4.0m 以内未见地下水
K399+500～K407+000	1.1～1.6m
K407+000～K442+000	0.7～3.0m
K442+000～K465+000	距地表 2.0m 以内未见地下水
K465+000～K477+700	0.5～2.9m
K477+700～K479+600	距地表 3.0m 以内未见地下水
K479+600～K487+700	0.8～1.2m
K487+700～K509+948	距地表 2.0m 以内未见地下水

2.2.3 盐湖路段盐岩成分

盐岩中的水盐变化是影响其工程性质的重要因素，考虑到罗布泊盐岩地区盐岩类型较多，同时公路沿线地下水位变化较大，本节对盐岩公路 K322+000～K509+700 两侧一定深度内的盐岩成分和含量进行检测，以期明确工程沿线含盐量变化规律，取样深度分别为 0.00～0.05m、0.05～0.25m、0.25～0.50m、0.50～0.75m、0.75～1.00m、1.00～1.50m、1.50～2.00m。图 2.5～图 2.11 为公路沿线不同深度处盐岩易溶盐含量变化规律，图 2.12～图 2.18 为 $c\left(\mathrm{Cl^-}\right)\big/2c\left(\mathrm{SO_4^{2-}}\right)$ (两种离子含量之比)的变化规律。

由图 2.5～图 2.11 可知，取样深度为 0.00～0.05m 时，K344+000～K366+000 路段内含盐量基本稳定在 15%～20%，K376+237～K389+000 和 K464+500～

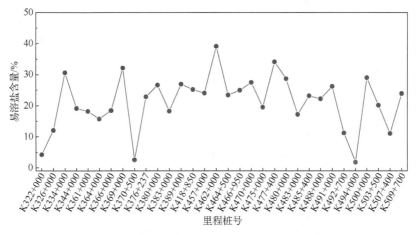

图 2.5　取样深度为 0.00～0.05m 时易溶盐含量变化规律

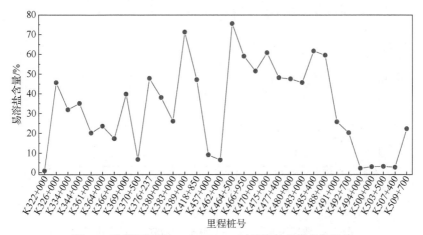

图 2.6　取样深度为 0.05～0.25m 时易溶盐含量变化规律

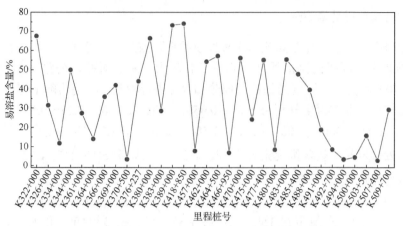

图 2.7　取样深度为 0.25～0.50m 时易溶盐含量变化规律

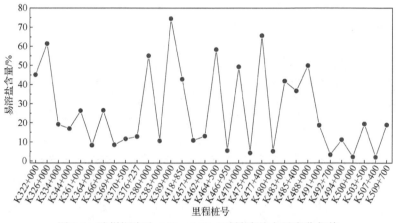

图 2.8　取样深度为 0.50～0.75m 时易溶盐含量变化规律

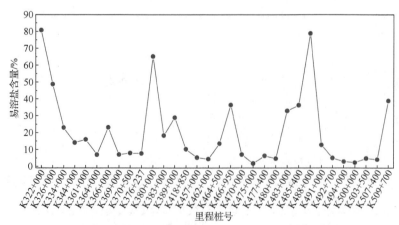

图 2.9　取样深度为 0.75～1.00m 时易溶盐含量变化规律

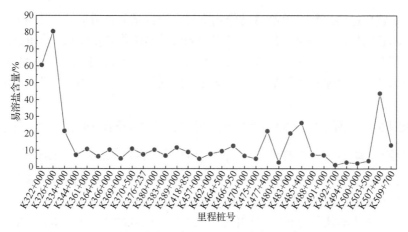

图 2.10　取样深度为 1.00～1.50m 时易溶盐含量变化规律

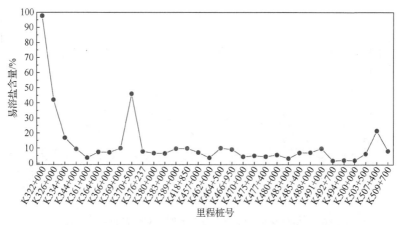

图 2.11　取样深度为 1.50～2.00m 时易溶盐含量变化规律

K491+000 路段内易溶盐含量多为 20%～30%；取样深度为 0.05～0.25m、0.25～0.50m 和 0.50～0.75m 时，除个别路段(如 K494+000～K507+400)内易溶盐含量变化较为稳定，其他路段相邻里程桩号取样点的土样易溶盐含量起伏较大，易溶盐含量低至 2.5%，高达 75%；当取样深度为 0.75～1.00m 时，土中易溶盐含量总体较为稳定，主要集中于 5%～15%；随着取样深度的进一步增加，相邻里程桩号的易溶盐含量变化幅度明显减小，当取样深度为 1.00～1.50m 和 1.50～2.00m 时，易溶盐含量基本稳定，分别维持在 10.0% 和 5.0% 左右。总体而言，0.00～0.05m 表层盐岩的易溶盐含量相对 0.05～0.50m 较低，其成因主要是风力搬运作用下的沙粒在表层沉积，在降雨作用下与原盐岩结构层中的石盐等物质发生混合，在蒸发作用下表层水分减少，形成含沙量较高的表层盐壳。根据 0.05～0.50m 内的盐岩易溶盐含量变化可知，盐岩平均易溶盐含量可达 50% 左右，此结构层的盐岩主要是卤水蒸发后盐岩沉积及毛细蒸发作用下盐分迁移结晶形成的，因此易溶盐含量较高；随着深度的进一步增加，结构层中测得的易溶盐含量骤减，但仍属于过盐渍土的范畴。综上，在选用盐岩作为路基填料时，主要选用表层向下 50cm 的盐岩，以保证盐岩路基在碾压后能够形成足够的板结强度，进而避免潜在的盐胀病害发生。

由图 2.12～图 2.18 可知，除个别路段 $c\left(\mathrm{Cl}^-\right)/2c\left(\mathrm{SO}_4^{2-}\right)$ 起伏较大，多数相邻里程桩号不同取样深度试样的 $c\left(\mathrm{Cl}^-\right)/2c\left(\mathrm{SO}_4^{2-}\right)$ 较为稳定，浮动范围较小，集中在 2～5。依据《公路土工试验规程》(JTG 3430—2020)[8]，整条路段以氯盐渍土为主，其次为硫酸盐渍土，在 K322+000～K509+700 路段内，氯盐渍土与硫酸盐渍土或亚硫酸盐渍土非均匀分布。当取样深度为 0.00～0.50m 时，K322+000～K334+000

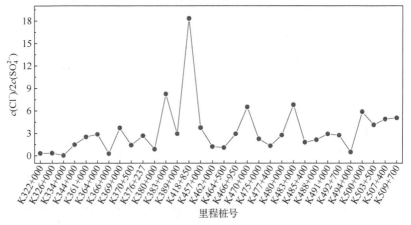

图 2.12　取样深度为 0.00～0.05m 时 $c\left(\mathrm{Cl}^-\right)/2c\left(\mathrm{SO}_4^{2-}\right)$ 变化

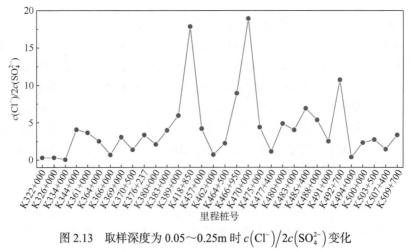

图 2.13　取样深度为 0.05～0.25m 时 $c\left(\mathrm{Cl}^-\right)/2c\left(\mathrm{SO}_4^{2-}\right)$ 变化

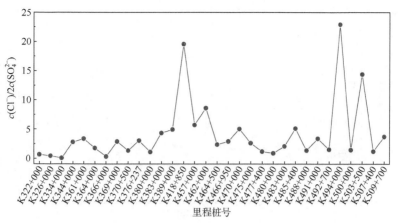

图 2.14　取样深度为 0.25～0.50m 时 $c\left(\mathrm{Cl}^-\right)\big/2c\left(\mathrm{SO}_4^{2-}\right)$ 变化

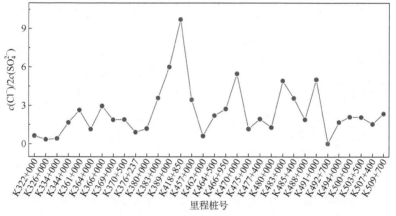

图 2.15　取样深度为 0.50～0.75m 时 $c\left(\mathrm{Cl}^-\right)\big/2c\left(\mathrm{SO}_4^{2-}\right)$ 变化

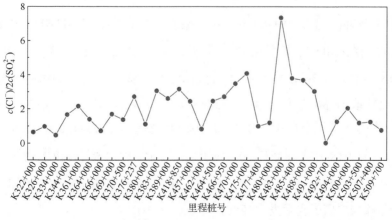

图 2.16　取样深度为 0.75～1.00m 时 $c\left(\mathrm{Cl}^-\right)\big/2c\left(\mathrm{SO}_4^{2-}\right)$ 变化

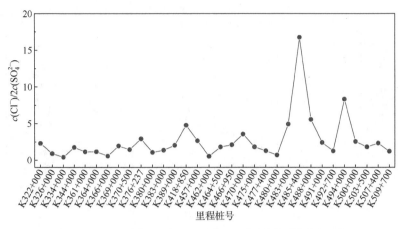

图 2.17　取样深度为 1.00~1.50m 时 $c\left(Cl^-\right)\big/2c\left(SO_4^{2-}\right)$ 变化

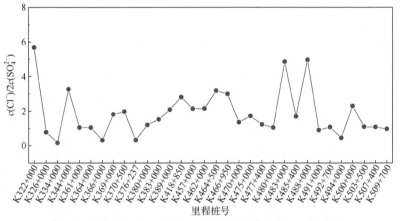

图 2.18　取样深度为 1.50~2.00m 时 $c\left(Cl^-\right)\big/2c\left(SO_4^{2-}\right)$ 变化

路段 $c\left(Cl^-\right)\big/2c\left(SO_4^{2-}\right)$ 集中在 0.0~0.3，硫酸盐含量较高；K344+000~K364+000 路段 $c\left(Cl^-\right)\big/2c\left(SO_4^{2-}\right)$ 集中在 2.5 附近，属于氯盐渍土类型；个别路段如 K418+850~K457+000 试样中 $c\left(Cl^-\right)\big/2c\left(SO_4^{2-}\right)$ 明显大于 2.5，但仍属于氯盐渍土 范畴。当取样深度为 0.05~0.50m 时，K322+000~K334+200 路段的 $c\left(Cl^-\right)\big/2c\left(SO_4^{2-}\right)$ 集中在 0.3~1.0，属于亚硫酸盐渍土；K344+000~K364+000 路 段的 $c\left(Cl^-\right)\big/2c\left(SO_4^{2-}\right)$ 均大于 2.0，属于氯盐渍土。随着取样深度的增加，路段的 $c\left(Cl^-\right)\big/2c\left(SO_4^{2-}\right)$ 从 0.0~5.0 转变为 0.0~3.0，这表明随着取样深度增加，试样中 氯离子与硫酸根离子含量更为接近。

　　图 2.19 为不同取样深度的易溶盐含量分布规律，由图 2.19 可知，K322+000~

K509+700 路段内自上而下分层取样，不同取样深度的易溶盐含量不同，但总体符合抛物线形式，即随着深度增加盐岩易溶盐含量先增大后减小。在 0.05～0.25m，土中易溶盐含量比其他层位的高，即在路表垂直方向上存在最大易溶盐含量区间范围，均值为 33.15%，远大于《公路土工试验规程》(JTG 3430—2020)中非盐渍土与盐渍土的分类界限(0.3%)[8]。当取样深度超过 0.25m 时，易溶盐含量逐渐减小，并在 1.00～2.00m 保持相对平衡。

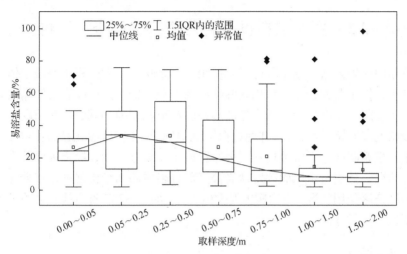

图 2.19　不同取样深度的易溶盐含量分布规律

25%～75%为上下四分位区间数据值；IQR 为四分位距

图 2.20 为不同取样深度的 $c(\mathrm{Cl}^-)/2c(\mathrm{SO}_4^{2-})$ 分布规律。由图 2.20 可知，随着

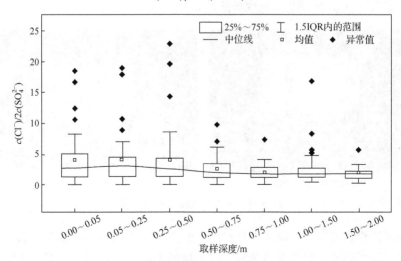

图 2.20　不同取样深度处 $c(\mathrm{Cl}^-)/2c(\mathrm{SO}_4^{2-})$ 变化

取样深度的加深，$c\left(\mathrm{Cl}^-\right)\big/2c\left(\mathrm{SO}_4^{2-}\right)$ 逐渐减小。取样深度为 0.00～0.50m 时，$c\left(\mathrm{Cl}^-\right)\big/2c\left(\mathrm{SO}_4^{2-}\right)$ 大于 4.0，依据《公路土工试验规程》(JTG 3430—2020)中盐渍土分类标准[8]，其属于氯盐渍土范畴，取样深度为 0.50～1.50m 的土绝大部分属于亚氯盐渍土，取样深度为 1.50～2.00m 的土主要是亚硫酸盐渍土。即随着取样深度的增加，盐渍土类型由氯盐渍土逐渐向硫酸盐渍土过渡。

2.3　罗布泊在役盐岩公路状况调查与评价

罗布泊盐岩公路一期工程已投入使用二十余年，使用过程中路段整体通行交通量较小，但主要通行车辆为出入钾盐矿的重载车辆，因此盐岩公路路段的使用性能逐年下降，逐渐出现不同类型的病害。本节基于前期现场勘测情况对盐岩公路全线状况展开调查与评价，并通过探坑试验确定不同里程路段盐岩路基压实度、含水率及填筑状况，系统梳理盐岩公路路段主要病害类型，综合评价盐岩公路路面损坏状况，基于弯沉试验确定盐岩公路部分路段路面结构强度，以期充分掌握盐岩地区公路使用状况，明确病害发生机理，进而为 S235 省道盐岩公路段的改造升级提供有益指导。

2.3.1　路况调查

本小节采取路面挖探方式对盐岩路基多个位置进行取样，测定盐岩路基压实度、含水率和含盐量等，同时对部分病害位置进行挖探，以明确病害发展程度及成因。图 2.21 为盐岩路基探坑现场照片。

(a) 盐岩路基溶洞处挖探　　　　　　　　(b) 盐岩路基压实度试验

图 2.21　盐岩路基探坑现场测试

探坑试验结果表明，路段上存在的溶洞直径为 5～20cm，深度为 20～50cm，部分溶洞洞内路基填料为灰白色粉末状干燥砂土。考虑到部分溶洞尺寸较大，基于现场挖探判断，由于路基填筑时盐岩填料粒径过大，经碾压后难以密实，颗粒之间孔隙较大，进而在地表水的溶蚀作用下形成。另外，在对部分溶洞进行挖探时发现，表层板结坚硬，但路面下 30～50cm 层位处的填料较为松散，这可能是路基碾压时控制层较厚，进而导致部分位置压实度较小，在地表水影响下填料逐渐松散，引起路基发生病害。

在现场探坑试验基础上，对盐岩路基不同里程路段的含水率和压实度进行测试，同时调查记录盐岩路基全线状况及两侧地貌变化，以明确盐岩路基的实际状况。图 2.22 和图 2.23 分别为不同区段盐岩路基下挖 20cm 内的填料含水率和压实度测试结果，图 2.24 为盐岩路基段含水率和压实度变化，表 2.4 为盐岩路基全线状况。

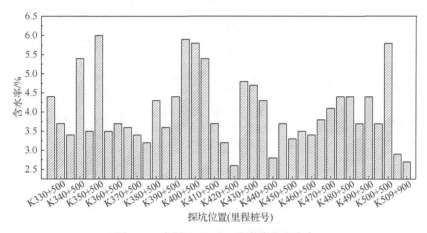

图 2.22　表层 0～20cm 盐岩路基含水率

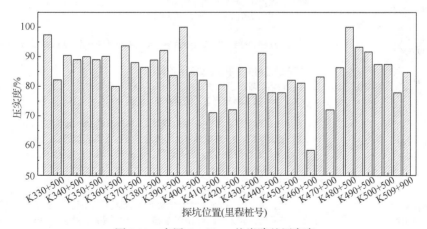

图 2.23　表层 0～20cm 盐岩路基压实度

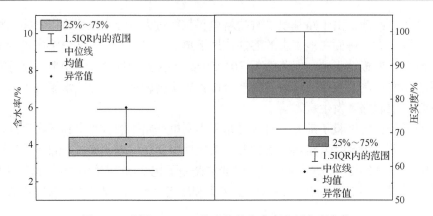

图 2.24 表层 0～20cm 盐岩路基含水率和压实度变化

表 2.4 盐岩路基全线状况

路段	路基填高/m	路况描述	两侧地表状况
K320+000～K320+036	0.3～0.5	沥青路面，面层宽 7m，路肩孔洞多，面层啃边破坏较严重	两侧地表盐壳拱起，呈白色，大小 10～20cm
K321+000～K370+000	0～1	路面较平整，存在部分溶洞，孔洞较多，孔洞直径 5～10cm，部分段落存在较浅车辙及坑槽	两侧地表呈土黄色，拱起小包较多，高度 2～15cm，较松软
K375+000～K379+500	0.4	路面较平整	路基左侧有宽约 40m 推土痕迹，泛白，盐壳拱起，大小 20～50cm
K381+000～K382+000	0.3～0.5	路面较平整，表面有少量坑槽	路基左侧地表有宽约 30m 推土痕迹
K391+000～K393+400	0.3	路基表面平整，无坑洞；国投新疆罗布泊钾盐有限责任公司厂区附近路况极差，K391 小桩号方向主要是钾盐矿车辆行驶	两侧地表有推土痕迹，宽约 6m
K393+400～K393+500	0.3～0.5	路基宽度渐变段，由 12m 过渡到 9m	两侧地表有推土痕迹，宽 10～40m
K394+000～K401+700	0.2～0.4	行车道溶洞少且平整，路基表面因车少而状况良好，K399+500～K401+000 段车辙较严重，路肩有起皮	两侧地表有推土痕迹，宽 10～40m
K401+700～K411+000	0.3～0.5	路面表面行车痕迹比小桩号浅，溶洞少，表面平整，K408 桩号附近车辙较严重，路面存在坑槽，路基边部 0.75m 及边坡有起皮	两侧地表 10m 范围内有挖掘取土痕迹，挖出盐块泛白、坚硬，粒径 2～50cm，右侧 30m 有 2m 宽堤坝伴行，高 2m
K411+000～K425+000	0.3～0.5	路基表面基本无坑槽、孔洞，平整坚硬，呈青色，行车道宽 7m，K421 桩号附近车辙严重，两侧路肩起皮，空鼓翘起	路基两侧推土痕迹宽 10～30m，翻出的盐块粒径 3～50cm，盐块泛白，坚硬，拱起 5～30cm，右侧 30～100m 有一坝与路伴行

续表

路段	路基填高/m	路况描述	两侧地表状况
K425+000～K427+000	0.3～0.5	路基表面整幅宽度内呈网状裂缝，大小为 5cm×5cm～50cm×50cm，边坡有空鼓，路状况良好，无坑槽，路基边缘起皮、翘起	两侧有宽 20～40m 的推土痕迹
K427+000～K435+000	0.2～0.5	路基状况良好，表面平整，路肩行车少，空鼓较多，表层盐壳较坚硬	两侧有宽 20～40m 的推土痕迹，地表盐胀拱起 10～30cm，推土翻起盐块粒径 5～60cm
K435+000～K437+000	0.2～0.5	路基状况良好，中央 4m 宽板结成整体，呈青黑色，边缘约 2.5m 宽，呈灰白色，有网状裂缝，大小约 50cm×50cm，边缘有空鼓	两侧地表有取土痕迹，翻出盐块坚硬，粒径 5～60cm
K437+000～K440+000	0.3～0.5	路基边缘裂纹少，路肩边缘空鼓	两侧地表有取土痕迹
K440+000～K441+000	0.3～0.5	路基中央状况良好，较平整，边缘有网状裂缝，大小约 50cm×50cm	两侧地表有取土痕迹
K441+000～K449+000	0.3～0.5	路基表面因薄层贴补施工，脱皮较多，厚度 1～2cm，稍不平整，表面无裂缝，坚硬，路基边缘有空鼓	两侧地表有取土痕迹
K449+000～K450+000	0.3～0.5	一半路幅有坑槽，深度 1～6cm，坑槽大小 20cm×20cm～60cm×60cm，路基板结整体性好，较不平整	两侧地表有取土痕迹
K450+000～K455+000	0.3～0.5	路基表面脱皮，浅槽多，板结性好，边缘坑槽深 1～6cm	两侧地表有取土痕迹
K455+000～K458+000	0.5～0.6	路基表面脱皮，浅槽多，路基板结性好	两侧地表有取土痕迹
K458+000～K467+000	0.5～0.6	路基较平整，中央 4m 内行车痕迹较多，呈青黑色，板结成整体，路基边缘、边坡有空鼓，表面盐壳坚硬	两侧地表盐胀严重，拱起高度达 1m
K467+000～K470+000	0.4～0.6	路基表面网状裂缝较多，无坑槽，较平整，路肩边缘鼓起较严重，路基两侧网状裂缝较多，缝宽 1～3mm	路基两侧原地表拱起
K470+000～K472+400	0.2～0.6	路基较平整，中央行车痕迹较多，呈青黑色，板结成整体，路基边缘、边坡有空鼓，表面盐壳坚硬	两侧地表盐胀严重，拱起高度达 1m
K472+400～K472+900	0.3～0.5	路面坑槽较多	路基两侧原地表拱起
K472+900～K477+000	0.3～0.5	路基有少量坑槽，大部分较平整	两侧地表较松软，未取土原地面拱起，呈土黄色，较坚硬

续表

路段	路基填高/m	路况描述	两侧地表状况
K477+000～ K480+000	0.3～0.5	路基表面无坑槽，板结成整体，状况良好；边坡有空鼓，表面泛白	两侧原地表拱起，部分拱起盐包泛白，拱起高度 5～30cm
K480+000～ K484+000	0.3～0.5	路基状况良好，表面无坑槽，板结成整体；边坡有空鼓，表面泛白	两侧 5～20m 有取土痕迹，翻起盐块粒径 10～60cm；未取土原地面呈土黄色，地表拱起，部分拱起盐包泛白，拱起高度 5～30cm，未拱起地表 2～5cm，较松软
K484+000～ K494+000	0.3～0.5	路面有少量坑槽，坑深 3～10cm，大小为 20～80cm	路基两侧原地表拱起
K494+000～ K497+500	0.3～0.5	路基中部有少量直径为 2～3cm 小溶洞	原地面盐霜泛白现象明显增多
K497+500～ K509+948	0.3～0.5	路基状况良好，较平整，表面小溶洞较多，孔径 2～6cm，板结较好，路肩边部及边坡有空鼓，边坡松软	两侧取土宽约 3m 被推土机推成与原地面平齐，原地面被明显的白色盐霜覆盖

　　由图 2.22～图 2.24 可知，在强蒸发作用下，盐岩路基表层整体含水率较低，不同测点中含水率最高约 6%，多数位置的含水率保持在 4%左右。随着里程桩号的增加，含水率逐渐发生变化，盐岩路基起始段含水率略高，基本在 4.4%左右，含水率随着里程桩号增加整体有所下降；在 K330+500～K390+000 段，盐岩路基表层含水率较低，基本在 3.5%附近；在 K400+000～K410+000 段，路基整体含水率提升，最高可达 5.9%；随着里程桩号继续增加，盐岩路基含水率有所下降。综合不同里程处盐岩路基含水率变化情况可知，影响含水率变化的主要因素包括地表温度和地下水位等，如位于湖心区的盐岩路基段含水率明显高于其他路段。根据压实度测试结果可知，除少数测点压实度大于 90%，盐岩路基压实度基本保持在 80%～90%。这主要是因为盐岩颗粒粒径较大，在压实过程中大颗粒之间存在间隙，难以保证完全碾压密实，这也使得盐岩路基在使用过程中逐渐出现溶蚀、孔洞等病害。有必要对盐岩填料颗粒级配和碾压工艺进一步优化，以提升盐岩路基压实度，减少潜在的孔洞及裂隙。

　　由表 2.4 可知，在采用盐岩作为填料进行路基填筑时，填筑高度基本在 0.3～0.5m。盐岩路基不同路段病害类型及成因有所区别，主要包括溶洞、坑槽、网裂、脱皮、车辙、起皮和空鼓等病害，其中溶洞、坑槽、网裂、车辙和脱皮等病害主要发生在行车道上，起皮和空鼓等病害则发生在边坡和路肩部位。在行车作用下，盐岩路基整体较为平整，这说明盐岩路基整体板结性较好，强度较高，发生路面病害主要是受前期填筑及使用过程中地表水的影响。例如，溶洞、网裂等病害主要是前期盐岩路基压实不足、路基内部存在隐藏病害导致的；坑槽、脱皮等病害则是地表降水造成表层盐岩溶解，在行车作用下路面表层发生破坏，盐岩路基整体强度受影响较小；部分路段出现车辙病害，考虑到盐岩路基强度较高，认为车辙是重车作用及地下水共同引起的。盐岩路基路肩和边坡的主要病害类型为起皮和空鼓等，这主要是路肩和边坡部位行车较少，同时路表洒卤水养护不及时引起的，这也说明硫酸盐引起的松胀是罗布泊盐岩路基路肩和边坡产生病害的主要原因。长期受车辆荷载作用的行车道位置，其病害主要是地表水和地下水引起的。根据道路两侧原地面盐壳形貌可知，罗布泊盐岩强度较高，但潜在拱胀作用明显。因此，在对罗布泊盐岩公路进行改造升级时，应主要针对硫酸盐引起的盐胀及水分作用引起的路基强度降低现象制订相应的防护措施。

2.3.2　路基病害类型及成因

采取人工调查法对 190km 盐岩路基上存在的病害类型进行调查，调查时逐一记录盐岩路基表面存在的明显病害类型、数量及特征等，路面病害类型及严重程度定义参考《公路技术状况评定标准》(JTG 5210—2018)[9]的相关规定。调查统计时，将公路划分成 100m 长的小段，调查结果按 1000m 路段汇总，以整公里桩号为起讫点。根据调研结果可知，该路面典型病害包括修补、龟裂、沉陷、块状裂缝、松散、车辙和坑槽等类型。图 2.25 和表 2.5 分别为盐岩路段主要病害及其形成原因。

(a) 表面网裂　　　　　　　　　　　　(b) 路肩和边坡松散剥蚀

(c) 溶洞　　　　　　　　　　　　　　(d) 起皮

(e) 坑槽　　　　　　　　　　　　　　(f) 泛潮打滑

(g) 边坡冲刷　　　　　　　　　　　　(h) 车辙

图 2.25　盐岩路基主要病害

表 2.5　盐岩路基主要病害形成原因[2-3]

序号	病害类型	形成原因
1	表面网裂	路基受蒸发失去水分，路表面产生网裂
2	路肩和边坡松散剥蚀	主要是土温变化时产生的盐胀引起的，土体内硫酸钠在低温下溶解度下降吸水结晶，形成盐胀使路基膨胀开裂，路肩和边坡松散剥蚀
3	溶洞	路基表面被雨水浸湿后，路基中破碎不到位的盐岩块在压实作用下难以密实，在受到路表雨水浸湿后盐块逐渐融化，造成路基表面不平整，部分未压实位置出现溶洞
4	起皮	盐岩路基强度较高，板结性好，部分路段路基顶面层在施工过程中采用薄层贴补的方法进行找平，路基成型后由于顶层厚度太薄，在行车作用下表面跑散、起皮
5	坑槽	盐岩路基在降水作用下表面盐分发生溶解，强度降低，在行车作用下，表层强度较低的盐岩层发生破坏，形成坑槽病害
6	盐胀与翻浆	路基填筑时，填料含水率太高会导致路基饱水，盐岩变温后盐的聚集使得冬季路基出现盐胀，春融季节产生翻浆
7	车辙	部分路段盐岩路基填筑厚度较小，同时地下水位较高，使得路基工作区内盐岩强度有所降低，在重载车辆作用下路段产生车辙病害
8	泛潮打滑	在降水作用下盐岩路基表面会泛潮产生泥泞，造成路基病害，行车打滑，严重威胁行驶安全
9	边坡冲刷	盐岩路基边坡遇雨水后，盐分发生融化，造成边坡冲刷病害，同时硫酸盐引起的盐胀使得边坡松散剥蚀

根据表 2.5 可知，罗布泊盐岩路基主要病害是水分和温度引起的，最初病害主要包括溶洞、膨胀和强度降低等，随着环境因素及行车作用的不断影响，盐岩路基在不同结构层和部位逐渐发展形成多种类型的病害。基于路面病害调查结果对路面破损状况进行评价，采用路面状况指数(PCI)进行评价。考虑到盐岩路基出现的病害类型较多，初步按照 PCI 进行计算，具体计算公式如式(2.1)所示。按路段对各段路面进行评定，PCI 评价标准见表 2.6。

$$PCI = 100 - 15DR^{0.412} \tag{2.1}$$

$$DR = 100\% \times \frac{\sum_{i=1}^{i_0} w_i A_i}{A} \tag{2.2}$$

式中，DR 为路面破碎率，%；w_i 为第 i 类路面损坏的权重；A_i 为第 i 类路面损坏的累计面积，m^2；A 为路面检测或调查面积，m^2。

表 2.6　路面状况等级评价标准

评定等级	优	良	中	次	差
PCI	≥90	[80, 90)	[70, 80)	[60, 70)	<60

由检测计算结果可知,盐岩路基段的 PCI 评价结果为"优"的路段长约 130km，具体里程桩号为 K345～K415、K427～K441、K458～K467、K470～K472、K474～K487 和 K488～K510 段，主要病害为坑槽和修补。评价为"良"的路段有 38km，为 K321～K345、K416～K427、K467～K470 路段，其中 K416～K427、K467～K470 路段盐岩路面龟裂面积较大，但平整度好，强度高，行车较舒适。路面龟裂主要是由于长时间不洒卤水养护，若定期洒卤水养护，盐岩路面就会板结成整体，龟裂会大幅减少甚至消失。考虑到盐岩路面不存在泛油、波浪和拥包等病害，按照沥青面层计算 PCI 时评价为"差"，显然不符合实际情况，因此综合考虑取 PCI 评价为"良"。评价为"中"的路段有 22km，为 K320～K321、K415～K416、K441～K458、K472～K474、K487～K488 路段。

2.3.3　盐岩路基结构强度

在进行盐岩路基全线路况检查的基础上，针对盐岩路基 K320～K510 段抽检 61km，对其回弹弯沉进行检测，检测采用贝克曼弯沉仪。根据实测代表弯沉与路面设计弯沉计算路面结构强度指数(PSSI)和路面结构强度系数(SSI)，PSSI 和 SSI 的计算公式分别如式(2.3)和式(2.4)所示。路面结构强度评定标准如表 2.7 所示。图 2.26 为盐岩路基段路面结构强度系数变化范围。

$$PSSI = \frac{100}{1 + a_0 e^{a_1 SSI}} \tag{2.3}$$

$$SSI = \frac{l_d}{l_0} \tag{2.4}$$

式中，SSI 为路面结构强度系数，为路面设计弯沉与实测代表弯沉之比；l_d 为路面设计弯沉；l_0 为实测代表弯沉；a_0 为模型参数，取 15.71；a_1 为模型参数，取−5.19。

表 2.7　路面结构强度评定标准

评定等级	优	良	中	次	差
PSSI	≥90	[80, 90)	[70, 80)	[60, 70)	<60

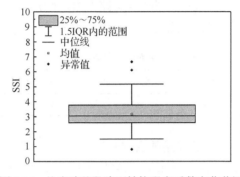

图 2.26　盐岩路基段路面结构强度系数变化范围

　　在计算路面结构强度系数时，取路面设计弯沉为 0.308mm。对现场 61km 盐岩路基段进行测试发现，盐岩路基整体强度较高，部分病害较严重路段的弯沉远小于设计弯沉。计算结果表明，除 K505～K506 段路面结构强度指数 PSSI 评定为"良"，其余 60km 均评定为"优"，这表明盐岩路基强度较高，在使用过程中路基能够保持较高强度。其病害主要是地表水的溶蚀及地下水的浸润引起的，因此水害防治是盐岩路基性能保障的重要方面。

2.4　盐岩公路病害防治措施推荐

　　S235 省道作为连通南疆与东疆的主要通道，其中长 190km 的盐岩公路在使用多年后仍保有较高结构强度，这表明在干燥环境下采用盐岩作为路基填料可有效保证路基承载力。然而，盐岩自身特性及环境因素使得盐岩路基出现多种不同类型的表层病害，进而影响行车舒适性。S235 省道盐岩公路段基本位于罗布泊干盐湖相沉积平原区内，走向由北向南，中间穿越罗北凹地及"大耳朵"盐岩地区，路线沿途经历两段干盐湖湖心区，因此沿途地下水位变化较大。另外，盐湖段公路分哈罗段和罗若段进行建设，两段修筑时间和路基填高存在差异。本节综合盐岩公路段地下水位状况、工程沿线盐分分布和沿途病害情况，对盐岩路段进行详细划分，明确各盐岩路段状况，并针对不同路段的病害防治提出相应建议，以供盐岩公路大中修及改扩建参考。表 2.8 为盐岩公路路段划分结果。

表 2.8　盐岩公路路段划分结果

路段	主要工程情况
K320+000～K338+200	路段存在网裂、溶洞等病害；地面表层为硫酸盐、亚硫酸盐-过、强盐渍土；距地表 3.0m 以内未见地下水
K338+200～K366+000	路面存在小坑槽，起皮等病害；地面表层为氯盐、亚氯盐-过、强盐渍土，部分测点为亚氯盐-中盐渍土；距地表 3.0m 以内未见地下水
K366+000～K370+500	路面较平整，存在溶洞和小片坑槽病害；地面表层为亚硫酸盐-过盐渍土和亚氯盐-过、强盐渍土；距地表 3.0m 以内未见地下水
K370+500～K396+500	路面整体状况良好，前 5km 路面存在坑槽，经过罗布泊镇时路况较差；地面表层含盐量较高，为氯盐、亚氯盐、亚硫酸盐-过盐渍土；距地下水位 1.80～2.90m
K396+500～K399+500	路面状况良好；地面表层为氯盐、亚氯盐-过盐渍土；距地表 4.0m 以内未见地下水
K399+500～K407+000	路面病害较严重，存在车辙、坑槽等病害；原地面表层为氯盐、亚氯盐-过盐渍土；地下水位 1.10～1.60m
K407+000～K442+000	多数路段路基状况良好，但 K408、K421 桩号附近车辙严重，K429 桩号附近网裂较多；原地面表层为氯盐、亚氯盐-过盐渍土；地下水位 0.70～3.00m
K442+000～K465+000	路面整体较平整，部分路段出现脱皮、坑槽病害，K450 桩号附近坑槽严重；原地面表层为氯盐、亚氯盐-过盐渍土和亚硫酸盐-过、强盐渍土；距地表 2.0m 以内未见地下水
K465+000～K487+700	路面较平整，部分路段存在网裂、坑槽；原地面表层为氯盐、亚氯盐-过盐渍土，1.0m 之下为氯盐-中盐渍土；多数路段地下水位在 0.50～2.90m，K477+700～K479+600 段地下水位较深
K487+700～K509+948	路面状况良好；原地面表层以氯盐、亚氯盐-过盐渍土为主，部分测点为氯盐、亚氯盐和亚硫酸盐-强、中盐渍土；距地表 2.0m 以内未见地下水

根据路段划分结果可知，不同路段出现的病害类型及程度与路段含盐量及类型、路基厚度、压实度、行车作用和地下水位等因素相关。盐岩公路主要为氯盐-过盐渍土，在路段两段及湖心区部分位置硫酸盐含量较高，盐胀引起的病害是盐岩公路全段须重点防治的病害。在进行防治时，可从合理调控盐岩含盐量、提升压实要求及加强日常养护等方面开展。对于地表水引起的溶洞、坑槽、网裂、泛潮打滑等病害，在路面黑色化的同时做好表层防水和边坡防水工作。另外，在进行盐岩路基施工时，应严格控制填料含卤水率，并在地下水位较高路段适当抬高

路基，推荐就近选用盐岩作为路基填料，减少地下卤水和路基盐岩盐分不一致产生的迁移溶蚀，进而减少车辙、冻胀和翻浆等病害。表 2.9 为推荐的盐岩路基不同类型病害防治措施。

表 2.9　盐岩路基不同类型病害防治措施推荐

序号	类型	防治措施
1	表面网裂	对完成施工路段，在炎热季节每半月洒一次卤水，一般情况下每月洒一次卤水
2	路肩和边坡松散剥蚀	及时洒卤水并保证各结构层压实度
3	溶洞	施工时须严格控制盐岩块破碎程度，控制盐岩最大粒径，避免大粒盐岩块过度集中产生离析，进而形成潜在孔洞；对于存在的溶洞，应及时将盐岩破碎加饱和卤水拌和，填入溶洞并采用捣实方法修补；另外，可用细砂填充，填满后灌入饱和卤水，使之胶结成整体
4	起皮	在盐岩路基顶面层施工时，严格控制最小压实厚度不得小于 15cm，杜绝采用薄层贴补的方法进行找平
5	坑槽	将路基顶层的盐岩填料易溶盐含量控制在 40% 以上，对于含盐量较高的盐岩，不宜用作顶层填筑，或掺含盐量低的盐岩进行填筑
6	盐胀与翻浆	施工中严格控制卤水用量，盐岩块破碎时采用边洒边浸润边破碎的方法，及时检测含卤水率，最大含卤水率不能超过最佳含卤水率的 1%
7	车辙	适当增加盐岩路基填高，施工时严格控制压实度，保证盐岩路基碾压密实且板结良好，同时对地下水位较高路段做好防水处理
8	泛潮打滑	增加路表粗糙度
9	边坡风蚀、冲刷	施工时路基每侧加宽 0.2m，路基完工后不清理路缘碾压带土方，路基表面收光碾压，同时对边坡进行整平碾压

2.5　本章小结

本章分析了罗布泊盐岩成因及公路沿线水盐分布情况，综合评价了罗布泊盐岩公路使用状况，并在罗布泊盐岩路段区段划分基础上提出了病害防治建议，可为干盐湖地区公路改造升级及病害防控提供有益借鉴。主要研究结论如下。

(1) 罗布泊盐岩根据形状可分为平坦状盐岩、龟裂状盐岩和微丘状盐岩，其中龟裂状盐岩分布最为广泛；盐岩路段盐分主要以氯盐-过盐渍土为主，表层盐岩平均易溶盐含量在 50% 以上；随着深度增加，盐岩易溶盐含量先增大后减小，盐分类型由氯盐向硫酸盐转变，推荐采用表层 0.5m 以内盐岩作为路用填料。

(2) 在强蒸发作用下，罗布泊盐岩公路路基表层含水率基本保持在 4% 左右，压实度基本保持在 80%～90%，填筑高度基本在 0.3～0.5m；盐岩路基不同路段的病害类型及成因有所区别，做好地下水阻断工作可有效保障盐岩路基整体强度。

(3) 不同路段病害类型及程度与路段含盐量及类型、路基厚度、压实度、行车作用和地下水位等因素有关；防治时可从合理调控盐岩含盐量、提升压实要求和加强日常养护等方面进行，盐岩路基施工时应严格控制填料含卤水率，在地下水位较高路段应适当抬高路基，推荐就近选用盐岩作为路基填料。

第3章 盐岩路基填料路用性能及影响因素

盐岩存在散粒体、弱固结体、固结体和强固结体等多种结晶形态,不同结晶形态颗粒强度的差异性会导致盐岩填筑路基局部强度不均匀,盐岩路基整体强度还与颗粒胶结紧密程度、孔隙结构和含卤水率等因素相关。为了全面分析盐岩作为路基填料(本章简称"盐岩填料")的适用性及不同因素影响下力学性能变化规律,本章对比分析现场取样盐岩和卤水的物化性质,基于重型击实试验确定盐岩填料压实参数,系统研究含卤水率、压实度和浸卤水时长等因素对盐岩填料路用工程特性影响规律,并采用回归分析方法构建盐岩路基填料的工程特性预估模型,为盐岩路基施工参数调控和稳定性提升提供参考。

3.1 盐岩物化性质

罗布泊盐岩地区地表覆盖大量盐岩,但传统筑路材料极度匮乏,明确盐岩的物化性质无疑是推动盐岩在公路工程中推广应用的重要前提,然而新疆罗布泊盐岩主要物化性质尚不明确,且不同盐分类型及含量下的盐岩力学性能和稳定性仍有待研究。基于此,本节以S235省道哈密至罗布泊段沿线取样盐岩为研究对象,对比分析盐岩和卤水主要盐分组成及基本工程性质,以期为盐岩填筑路基和基层施工控制提供参考。

3.1.1 盐岩及卤水易溶盐成分

1) 盐岩

易溶盐含量是评价盐渍化程度的重要依据,其包括易溶氯盐、易溶硫酸盐、易溶碳酸盐等。针对罗布泊地区不同标段的盐岩样品,采用测定易溶盐含量和盐岩中各离子含量的方法确定盐岩的类型及盐渍化程度,试验参照《公路土工试验规程》(JTG 3430—2020)[8]进行。盐岩试样过 2mm 筛并按照盐水比 1:1.5 的比例浸泡 3min,采用烘干质量法测定盐岩易溶盐含量;以酚酞和甲基橙为指示剂,采用标准硫酸溶液测定 CO_3^{2-}、HCO_3^- 含量;采用 $AgNO_3$ 和 K_2CrO_4 溶液为指示剂测定 Cl^- 含量;采用 EDTA 间接配位滴定法测定 SO_4^{2-} 含量;采用 EDTA 配位滴定法测定 Ca^{2+} 和 Mg^{2+} 含量。对单个样品进行 2 组平行试验以确定盐岩主要离子,具体结果如表 3.1 所示。

表 3.1　盐岩化学成分

| 样品 | 易溶盐主要离子含量/% | | | | | | 易溶盐含量/% | $c(\text{Cl}^-)/2c(\text{SO}_4^{2-})$ | pH |
	CO_3^{2-}	HCO_3^-	Cl^-	SO_4^{2-}	Ca^{2+}	Mg^{2+}			
1	—	0.017	17.800	3.144	1.12	1.208	32.665	7.66	5.62
2	0.003	0.004	29.559	8.280	1.15	0.427	60.378	4.83	5.54
3	0.004	0.003	48.646	2.640	0.93	0.073	83.868	24.95	5.58

由表 3.1 可知，S235 省道沿线取样盐岩易溶盐含量波动范围较大，这主要与取样位置及深度有关，选取的三种盐岩样品易溶盐含量在 32.665%～83.868%，$c(\text{Cl}^-)/2c(\text{SO}_4^{2-})$ 在 7.66～24.95，变化极大，盐岩分布极不均匀。三类盐岩的成分以氯盐为主，硫酸盐次之，碳酸盐含量最低。样品 3 的易溶盐含量为 83.868%，远高于常见的盐渍土含盐量；其 Cl⁻含量高达 48.646%，远高于《盐渍土地区公路路基设计与施工技术细则》(JTG/T 3331-08—2022)给定的粗粒土中过盐渍土的判定界限值 10.0%[10]；$c(\text{Cl}^-)/2c(\text{SO}_4^{2-})$ 为 24.95，远高于规范中氯盐渍土的判定界限值 2.0。依据规范对盐渍岩土的分类，三类盐岩均属于过氯盐渍土。三类盐岩试样溶于水形成的混合溶液 pH 为 5.54～5.62，属于中偏酸性。

2) 卤水

罗布泊盐湖作为世界上较大的干盐湖之一，含有丰富的钾盐、镁盐、钠盐等成分。为了充分了解盐湖卤水的化学成分，对于现场取回的卤水，参照《水工混凝土试验规程》(SL/T 352—2020)[11]，分析卤水中的离子化学成分，确定盐湖卤水含盐量。试验环境温度为 17℃，湿度 24%，试验结果如表 3.2 所示。

表 3.2　罗布泊盐湖卤水化学成分

| | 阴离子含量/(mg/L) | | | | 阳离子含量/(mg/L) | | 溶解性固形物含量/(mg/L) | 总硬度/(mg/L) |
	CO_3^{2-}	HCO_3^-	Cl^-	SO_4^{2-}	Ca^{2+}	Mg^{2+}		
未检出		177.6	196039	169108	37082	2685	420830	103664

根据表 3.2 可知，从卤水的化学成分来看，盐湖卤水是一种混合型溶液，并非单一的硫酸盐、氯盐或碳酸盐。pH 为 5.63，中偏酸性，相对密度 1.25，卤水含盐量为 33.67%。虽然卤水中的氯离子含量高于其他阴离子含量，但若将其单纯地划分为某一类型卤水，难以全面反映化学成分，罗布泊盐湖卤水为多相复合型盐湖卤水。

3.1.2　基本工程性质

由于原状盐岩块大,在颚式破碎前需要先将原状盐岩通过装载机破碎成小块,接着调节颚式破碎机出料尺寸进一步破碎,最后采用摇筛机进行筛分,获得不同粒径规格的盐岩集料。考虑到盐岩集料粒径过大会影响盐岩集料基层材料的均匀性,并且大粒径盐岩易被碾碎,因此控制用于基层填筑的盐岩最大公称粒径为26.5mm。在基层材料组成设计中,盐岩细集料主要起黏结及填充作用,盐岩粗集料主要承担骨架作用,在外力作用下盐岩粗集料受力较大,极易发生破碎,且盐岩本身具有易破碎的特点。因此,本小节对盐岩粗集料单轴抗压强度、压碎值、耐磨耗性和密度等物理性质进行系统研究。

1) 单轴抗压强度

天然盐岩材料质脆、易破碎,切割较为困难,且盐岩内部层间含泥量、粒度、孔隙度、板结程度等变化剧烈,近似多向异性体。为了掌握盐岩原样的力学特性,以盐岩样品 2 为主,选取体积较大的盐岩样品,将其处理成边长 5cm 的立方体试样,每类盐岩制作 6 个试样,盐岩状态为天然干燥状态,未经饱水处理,试验过程参考《公路工程岩石试验规程》(JTG 3431—2024)[12],记录不同类型盐岩单轴抗压强度,具体如表 3.3 所示。进一步拟合盐岩单轴抗压强度与干密度的关系,拟合结果如图 3.1 所示。试验过程中采用 TYE-2000B 型压力试验机以 0.5MPa/s 加载速率测试试样单轴抗压强度,试验结束后记录压碎后盐岩试样的破碎颗粒形状。

表 3.3　原状盐岩物理指标

指标	试验 1	试验 2	试验 3	试验 4	试验 5	试验 6	均值
质量/g	246	208	225	214	227	244	227
干密度/(g/cm³)	1.968	1.664	1.800	1.712	1.816	1.952	1.819
单轴抗压强度/MPa	15.20	4.88	7.72	7.00	14.12	15.28	10.70

由表 3.3 可知,盐岩的单轴抗压强度为 4.88~15.28MPa,均值为 10.70MPa。按岩石分类标准,盐岩属于软岩范畴,盐岩的破坏形式是劈裂破坏,其发生破坏方向与内部孔隙结构有关。盐岩单轴抗压强度随干密度的增大而增大(图 3.1),可见随着结晶程度的增加,盐岩内部孔隙率降低,盐岩强度提高。

2) 压碎值

在将盐岩用于基层填筑时,考虑将盐岩全部替代级配碎石或集中替代某一档集料。因此,针对破碎后不同颗粒粒径的盐岩压碎值进行试验,评定其在公路工程中的适用性。试验过程参考《公路工程集料试验规程》(JTG 3432—2024)[13],这

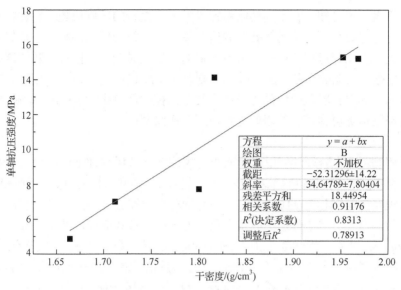

方程	$y = a + bx$
绘图	B
权重	不加权
截距	−52.31296±14.22
斜率	34.64789±7.80404
残差平方和	18.44954
相关系数	0.91176
R^2(决定系数)	0.8313
调整后R^2	0.78913

图 3.1   盐岩单轴抗压强度随干密度的变化规律

里选用盐岩样品 2 为研究对象，颗粒粒径包括 4.75～9.5mm、9.5～16.0mm、16.0～26.5mm 三档，试验后得到不同盐岩的压碎情况，具体试验结果如表 3.4 和图 3.2 所示。

表 3.4   压碎值测试结果

颗粒粒径/mm	压碎值/%		
	试验 1	试验 2	均值
4.75～9.5	35.83	46.63	41.23
9.5～16.0	38.84	40.51	39.68
16.0～26.5	31.10	33.41	32.26

图 3.2   压碎值测试

分析表 3.4 可知，在不同初始颗粒级配下，盐岩的压碎值随着颗粒粒径增大而减小，这主要与压碎值的筛孔控制值有关。对于粒径较大的粒组，盐岩初期空隙率较大，在压碎过程中通过 2.36mm 筛的含量相对较少，但盐岩颗粒破碎程度较高。依据《公路路面基层施工技术细则》(JTG/T F20—2015)[14]，用于二级及以下公路基层的粗粒料压碎值的Ⅰ类和Ⅱ类指标控制值分别为 35%和 30%，即基于压碎值控制指标可尝试将盐岩作为集料用于道路基层。

3) 耐磨耗性

采用磨耗率(洛杉矶磨耗率)评定盐岩颗粒抵抗磨耗与冲击的能力。将盐岩作为基层材料时，盐岩裹覆状况和盐岩力学特征均与其磨耗性能有关，因此根据《公路工程集料试验规程》(JTG 3432—2024)[13]对盐岩样品 2 的磨耗率进行测定。试验粒度类别选择 B 类，分别称取盐岩粒径为 16.0～19.0mm 和 19.0～26.5mm 的试样 2.5kg 进行试验，钢球(8 个)质量为 4850g，回转次数 500 次。在进行磨耗损失控制粒径选择时，以 1.7mm 和 4.75mm 作为集料磨耗损失的控制筛孔直径，分别称量试验后在 4.75mm 筛上和 1.7mm 筛上烘干的试样质量，计算不同控制筛孔的磨耗率，具体试验结果如表 3.5 和图 3.3 所示。

表 3.5 磨耗率测试结果

盐岩类型	粒径/mm	磨耗率/%	
		4.75mm 筛	1.7mm 筛
样品 2	16.0～19.0	90.78	70.18
	19.0～26.5		

图 3.3 磨耗前后盐岩试样

由表 3.5 可知，盐岩集料的洛杉矶磨耗率均较大，远超出《公路沥青路面施工技术规范》(JTG F40—2004)中粗集料洛杉矶磨耗率 30%的界限值[15]，因此盐岩集料不适用于面层材料。基层在路面结构层中起承重作用，位于面层下方，受大气因素和车辆荷载作用影响较弱，且基层集料对磨耗没有技术要求。从强度范畴上讲，盐岩属于软岩，在钢球冲击荷载下容易发生破碎。综上所述，将盐岩集料用于基层材料时须重点考虑盐岩集料的破碎特性。

4) 密度

参考《公路工程集料试验规程》(JTG 3432—2024)[13]中相关要求测定盐岩集料的堆积密度和振实密度，不同规格盐岩集料密度测试结果如图 3.4 所示。

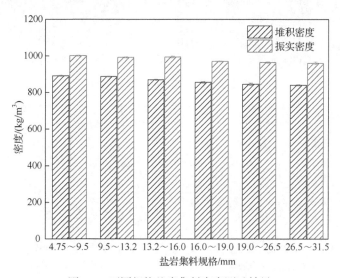

图 3.4　不同规格盐岩集料密度测试结果

由图 3.4 可知，不同规格盐岩集料的堆积密度和振实密度之间相差不大；26.5～31.5mm 盐岩集料的堆积密度和振实密度最小，分别为 841kg/cm³ 和 961kg/cm³；4.75～9.5mm 盐岩集料的堆积密度和振实密度最大，分别为 892kg/cm³ 和 1001kg/cm³。这主要是因为 4.75～9.5mm 盐岩集料在自然堆积和振实后填充较好，盐岩集料间空隙较小，集料本身内部存在缺陷的概率较低，孔隙较少，使得其堆积密度和振实密度较大。26.5～31.5mm 盐岩集料粒径较大，盐岩集料间空隙较大且内部孔隙发育，故测得堆积密度及振实密度相对较小。

5) 微观结构

与传统基层天然集料相比，盐岩集料孔隙发育程度相对较高，且粒径越大内部缺陷越显著，将其作为基层材料会对击实参数、力学性能、变形特性等产生影响，基层要求采用质硬、孔隙少的集料。为了研究盐岩集料孔隙特征，选取规格为 26.5～31.5mm 的盐岩集料进行分析，考虑到盐岩受风化、沉积作用影响的差异性，沿 26.5～31.5mm 盐岩集料中部进行切割，然后采用电子显微镜对盐岩集料表面和内部特征进行观察。图 3.5 为 26.5～31.5mm 盐岩集料照片，图 3.6 为盐岩集料在电子显微镜下的微观特征。

（a）盐岩集料表面　　　　　　　　　　　　　　（b）盐岩集料内部

图 3.5　26.5～31.5mm 盐岩集料

（a）盐岩集料表面特征　　　　　　　　　　　　（b）盐岩集料内部特征

图 3.6　26.5～31.5mm 盐岩集料微观特征

由图 3.6 可知，盐岩集料微观结构稀疏，晶粒与晶粒间松散，晶粒大小和尺寸存在较大差异。盐岩集料表面孔隙较少，相对密实，盐岩集料内部孔隙较大。这主要是因为盐岩集料表面直接与大气接触，在外界温度、湿度等影响下微观结构会发生复杂变化，从而其表面微观特征与内部特征存在差异性。这些晶粒接触松散、孔隙发育等微观特征的盐岩集料在外力作用下易发生破碎，进而影响盐岩集料的应用质量。

3.2　盐岩路基填料击实特性

已有工程采用盐岩填筑路基时主要针对填料的粒径进行控制，以便于强度较高的盐岩粗颗粒与细小颗粒充分嵌挤，形成强度均匀的持力层。因此，将盐岩用作路基填料时，明确其在不同粒径范围内的压实特性是准确把握盐岩填料路用工程特性的重要前提。本节开展重型击实试验，系统分析不同最大粒径下盐岩干密度的变化规律，推荐盐岩路基压实参数。

3.2.1　盐岩集料干密度计算

盐岩三相体系中的固相和液相与一般土中有所差异。土固相通常为无机矿物颗粒，液相通常为液态水、冰和水蒸气；盐岩固相含有结晶盐，液相含有易溶盐，在对盐岩集料进行击实试验时有必要考虑盐分变化对盐岩干密度的影响。一般土在进行击实试验时采取纯净水拌和闷料，其干密度计算如式(3.1)所示：

$$\rho_{\mathrm{d}} = \frac{\rho}{1 + 0.01w} \tag{3.1}$$

式中，ρ_{d} 为干密度，g/cm³；ρ 为湿密度，g/cm³；w 为含水率，%。

将盐岩集料进行击实试验时采用饱和卤水拌和闷料，饱和卤水主要包括水分和盐分，在对击实后的盐岩试样进行烘干时，饱和卤水中的水分被烘干，饱和卤水中的盐分则残留于土样中，因此在用饱和卤水进行拌和时须考虑盐分的影响。在理论状态下，拌和含卤水率为 w_1 的干盐岩集料时，假设饱和卤水中盐分质量分数(饱和卤水烘干至恒重时盐分的质量占饱和卤水质量的百分比)为 x，盐岩集料烘干后的干密度可采用式(3.1)进行计算。为对比盐分对盐岩集料试样干密度的影响，采用式(3.2)进一步计算卤水干密度：

$$\rho_{\mathrm{d}}' = \frac{\rho}{1 + 0.01w_1[1/(1-x)]} \tag{3.2}$$

式中，ρ_{d}' 为卤水干密度，g/cm³。

3.2.2　初始级配变化下盐岩路基填料击实特性

初步开挖原状盐岩的整体粒径过大，用于路基施工前要进行破碎处理，路床填料最大粒径按《公路路基设计规范》(JTG D30—2015)要求确定，一般控制在100mm 以下[16]。为便于试验研究，基于泰波理论[17]，按式(3.3)设计最大粒径为100mm 的路床填料原型级配，并将该级配命名为 YX。

$$P = (d/D)^n \times 100\% \tag{3.3}$$

式中，P 为颗粒在筛孔尺寸 d 上的通过率，%；D 为填料的最大粒径，mm；d 为颗粒的筛孔尺寸，mm；n 为级配指数。已有研究[18-19]表明，n 取 0.3~0.7 时，粗粒填料具有较好的密实程度，同时结合实际盐岩颗粒的破碎筛分情况，选取 n 为 0.35。

根据《公路土工试验规程》(JTG 3430—2020)中重型击实试验要求，颗粒最大粒径应小于 40mm[8]。采用相似级配法对试验原型级配按 40mm、20mm 和 10mm 三种最大粒径盐岩填料进行缩尺处理，并依次编号为 SC-40、SC-20 和 SC-10。试验原型级配和三种缩尺级配的盐岩填料颗粒级配曲线见图 3.7。

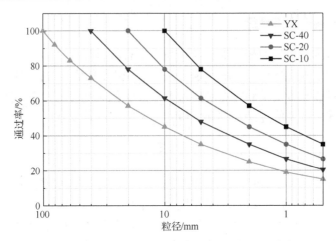

图 3.7　相似级配法缩尺后盐岩填料颗粒级配曲线

在进行重型击实试验前，将原状盐岩采用颚式破碎机进行破碎处理，粒径为 40mm 以下，随后将已破碎的颗粒烘干，筛分为 20～40mm、10～20mm、5～10mm、2～5mm、1～2mm、0.5～1mm 和 0.5mm 以下 7 个不同粒径区间，如图 3.8 所示。

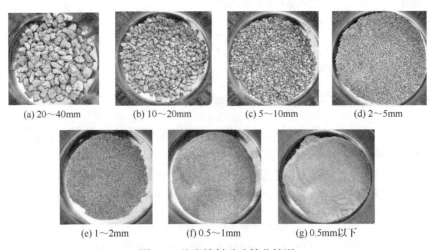

图 3.8　盐岩填料破碎筛分情况

为了探究不同初始级配下盐岩填料干密度变化规律，将筛分好的盐岩填料按照上述级配进行掺配，并采用不同卤水拌和率进行拌和闷料处理，闷料时间不少于 24h。随后，进行重型击实试验，击实过程参照《公路土工试验规程》(JTG 3430—2020)中的重型击实方法进行[8]。击实试验结束后进行填料烘干并记录湿密度、含水率等数据，并以干密度为纵坐标，含水率为横坐标绘制击实曲线，同时记录含卤水率，以确定盐岩路基试样含水率和含卤水率的相关关系。不同初始级配下的盐岩填料击实曲线如图 3.9 所示。

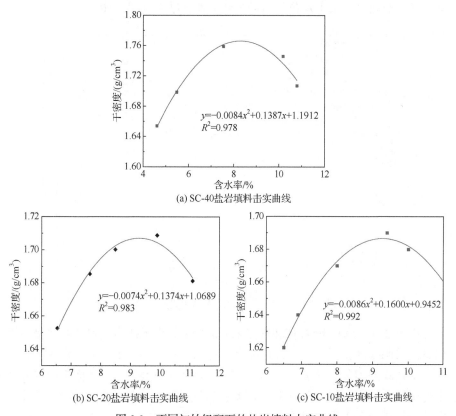

(a) SC-40盐岩填料击实曲线

(b) SC-20盐岩填料击实曲线　　　　　(c) SC-10盐岩填料击实曲线

图 3.9　不同初始级配下的盐岩填料击实曲线

图 3.9 中，采用二次多项式拟合得到的不同初始级配下盐岩填料击实曲线，均能呈现较为显著的单峰，即随着含水率的增加干密度先增后减。不同初始级配的盐岩填料最佳含水率为 8.25%~9.30%，其中 SC-10 盐岩填料最佳含水率最高，为 9.30%，SC-40 盐岩填料最小，为 8.25%；干密度趋势与之相反，SC-40 盐岩填料最大干密度高达 1.76g/cm³，其次为 SC-20 级配的 1.71g/cm³，SC-10 盐岩填料最大干密度最小，仅为 1.69g/cm³。此外，SC-40 盐岩填料的干密度随含水率的变化幅度较大，而 SC-20 和 SC-10 盐岩填料变化幅度较小。由此可见，适当提高盐岩细颗粒含量有利于填料吸水拌和均匀，且细颗粒能填充粗颗粒的空隙，使得试样密实性好，更便于控制施工压实质量。

盐岩填料与传统路基填料的区别在于，为避免低矿化度卤水和淡水对易溶盐类的溶解作用，盐岩填料一般采用饱和卤水拌和施工。卤水的主要成分包括水分及各类易溶盐，在对击实后的填料进行烘干时，仅能烘出原有盐岩填料和卤水中的水分，而卤水中的盐分则残留于盐岩填料中，导致试验初期拌和含卤水率与试验测得含水率差异显著。将试验初期拌和含卤水率与实际试验测得的含水率进行拟合，以分析确定卤水中水分的质量分数，拟合结果见图 3.10。

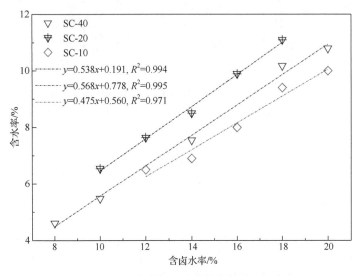

图 3.10　含水率与含卤水率相关关系拟合

分析图 3.10 可知，随着拌和含卤水率的增加，烘干盐岩填料含水率呈线性增长趋势，采用线性关系对二者进行拟合，得到三种初始级配下的含水率与含卤水率拟合关系式的相关系数 R^2 均大于 0.97，二者相关性良好。饱和卤水中水分在卤水中的质量分数为 47.5%～56.8%，因此在后续试验或现场施工过程中，可通过这一质量分数或函数关系式对干密度和压实质量进行调控。

3.2.3　最大粒径对盐岩填料干密度的影响

为了进一步分析粒径对盐岩填料干密度的影响规律，根据不同初始级配下盐岩填料的击实曲线和含水率与含卤水率的函数关系，计算汇总不同初始级配盐岩填料的最佳含水率、最佳含卤水率和最大干密度，具体见表 3.6 和图 3.11。

表 3.6　盐岩填料最佳含水率、最佳含卤水率和最大干密度计算结果

级配类型	最大粒径/mm	最佳含水率/%	最佳含卤水率/%	最大干密度/(g/cm³)
SC-40	40	8.25	13.2	1.76
SC-20	20	9.28	16.9	1.71
SC-10	10	9.30	18.4	1.69

由表 3.6 和图 3.11 可知，随着盐岩填料最大粒径从 10mm 增至 40mm，最佳含水率从 9.30%降至 8.25%，相应的最佳含卤水率从 18.4%降至 13.2%；最大干

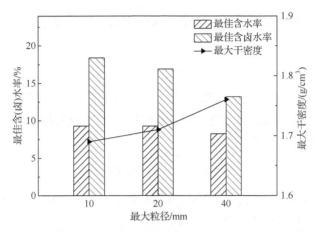

图 3.11　盐岩填料最大粒径对最佳含(卤)水率和最大干密度的影响

密度逐渐增大，从 10mm 时的 1.69g/cm³ 增大至 40mm 时的 1.76g/cm³。这表明随着盐岩填料最大粒径的减小，细颗粒含量逐渐增加，与粗颗粒相比，细颗粒的比表面积较大，能吸附更多的结合水，使最佳含水率更大；同时，适量细小颗粒能填充盐岩粗颗粒的空隙，使得土体更加密实。并非细颗粒含量越大土样就越易于压实、干密度越大，实际上，当细颗粒含量较大时，粗颗粒间的嵌挤作用会被减弱，土样反而不易被压实，这也是随着粒径增加干密度整体增大的原因之一。此外，粗颗粒含量的增加也会使颗粒间嵌挤结构在冲击荷载的作用下更加密实。因此，在采用盐岩作为路基填料时，可以采取高强度的振动碾压对粗大颗粒进行充分破碎，并保证适当含量的细小颗粒，使盐岩易于密实，从而确保路基的压实质量。

前述试验基本确定了最大粒径对盐岩填料干密度的影响规律，但由于室内试验限制，重型击实试验所得最大干密度在工程应用中往往忽略了超粒径因素的影响，导致试验所得最大干密度与实际情况略有差异。准确掌握盐岩填料最大干密度是保证路基施工压实质量的重要前提，因此在原有试验数据的基础上，进一步采用级配模拟外推法计算最大粒径为 100mm 时盐岩填料的最大干密度，为盐岩路基压实质量控制提供参考，计算步骤见式(3.4)～式(3.7)，计算结果如表 3.7 所示。

$$d = \frac{D}{M_r} \tag{3.4}$$

式中，D 为试验原型级配粒径，mm；d 为缩尺级配试料粒径，mm；M_r 为粒径缩小倍数，通常称为相似级配模比，有

$$M_r = \frac{D_{max}}{d_{max}} \tag{3.5}$$

式中，D_{max} 为试验原型级配最大粒径，mm；d_{max} 为试样允许或设定的最大粒径，本章取 40mm、20mm、10mm 等。

$$P_{M_r} = P_p \tag{3.6}$$

式中，P_{M_r} 为试验原型级配试料粒径缩小 M_r 倍后(缩尺级配试料)小于某粒径 d 的质量分数，%；P_p 为试验原型级配小于某粒径 D 的质量分数，%。对试验所得结果采用非线性拟合，可整理得到

$$\rho_{d_{max}} = a + b \ln M_r \tag{3.7}$$

式中，$\rho_{d_{max}}$ 为最大粒径 d_{max} 下试样的最大干密度；a、b 为试验拟合常数。由式(3.7)可知，$\rho_{d\,max}$ 与 M_r 为线性关系，当 $M_r=1$ 时，$\rho_{d_{max}} = \rho_{D_{max}}$，则 $a = \rho_{D\max}$，即可得到试验原型级配的最大干密度。

表 3.7　不同相似级配模比的盐岩填料最大干密度和最大粒径为 100mm 的最大干密度

相似级配模比	最大干密度/(g/cm³)
2.5	1.76
5	1.71
10	1.69
拟合公式计算结果	1.801(拟合优度 0.942)

由表 3.7 可知，随着相似级配模比的增加，盐岩填料的最大干密度呈降低趋势，根据式(3.7)进行拟合计算，拟合关系式为 $y=1.801-0.05\ln M_r$，拟合优度 $R^2=0.942$，可见二者相关性良好。由此计算最大粒径为 100mm 时的盐岩填料压实最大干密度为 1.801g/cm³。与 40mm(相似级配模比为 2.5)时相比，最大干密度提升约 2.3%。因此，在路基工程施工时可依据此方法对现场试验测得最大干密度进行调整，以确保施工压实度的准确性，便于压实质量控制。

3.3　盐岩路基填料工程特性

在进行盐岩路基施工时，盐岩填料的拌和含卤水率、压实度均会影响其工程性质，在地下水位较高路段，地下卤水的浸入可能会对盐岩路基产生不利影响。因此，本节系统研究不同成型参数下的盐岩路基填料工程特性，以期为盐岩路基承载力保证提供技术参考。

3.3.1　含卤水率的影响

盐岩作路基填料时的工程特性受自身含卤水率影响较为显著，并且卤水不同于纯净水，烘干过程会导致盐分析出，使得试样的干密度随拌和含卤水率的增大而增大[20]。本小节控制盐岩填料压实干密度为定值，基于承载比(CBR)及回弹模量试验，系统研究不同含卤水率下盐岩填料的工程特性。

1. CBR

在研究含卤水率对盐岩填料 CBR 的影响时，控制试样压实度为 93%，对含卤水率为 10%～18%的成型盐岩试样进行 CBR 贯入试验。针对不同含卤水率下的盐岩分别制备两组试样，以测试对比不同状态(浸卤水 4d 和未浸卤水)下盐岩试样的 CBR 变化规律。

《公路土工试验规程》(JTG 3430—2020)要求，试样最大粒径宜控制在 20mm 以下[8]。本小节以级配 SC-20 盐岩填料为研究对象，为了避免在击实成型过程中颗粒发生不均匀破碎，试验采用静压法制备盐岩试样。根据 3.2.1 小节的击实曲线，求得成型单个试样所需的盐岩填料质量，进一步按照预设含卤水率拌和闷料 24h，将盐岩填料均匀填入试模中，并采取静压方式成型试样。对于未浸卤水试样，采用塑料膜直接裹覆静置 24h 后进行 CBR 贯入试验；浸卤水试样则是在试样成型后更换表面滤纸，然后在试样上方放置多孔板，并在上方放置 4 组荷载板，随后安装百分表，使百分表与调节杆顶部接触，以测试盐岩试样在浸泡过程中的变形情况。百分表安装完毕后，将其放置于卤水中浸泡 4d。试验过程如图 3.12 所示，浸卤水 4d 试样的变形率如图 3.13 所示。

(a) 成型试样　　　　(b) 浸卤水工况　　　　(c) 贯入试验　　　　(d) 采集数据

图 3.12　两种工况下盐岩填料 CBR 试验过程

分析图 3.13 可知，不同含卤水率试样浸卤水 4d 的变形率均为负值，呈溶陷状态，随着含卤水率的增加试样变形率先增大后减小，在含卤水率为 16%时达到峰值，约为-0.03%。含卤水率较小时，试样产生的溶陷变形更为严重，含卤水率为 10%时的变形率约为-0.17%。说明含卤水率较小时试样饱和程度低，吸水更为

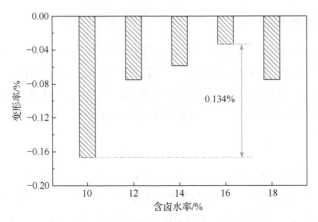

图 3.13　不同含卤水率下盐岩填料试样变形率

突出，使颗粒强度较小试样在荷载作用下重新压密。因此，将盐岩用于路基工程时，宜在最佳含卤水率拌和的基础上适当采取隔水措施，有利于保证路基的整体稳定性。

浸卤水 4d 后，将试样取出并去除表架，倒出顶面积存水分，随后将试样静置排水 15min 进行 CBR 贯入试验。试验采用万能材料试验机，贯入加载速率为 1mm/min，在试验过程中系统自动记录贯入量和压力，不同状态(浸卤水 4d 和未浸卤水)下单位压力-贯入量曲线如图 3.14 所示。随后，分别根据式(3.8)和式(3.9)计算贯入量为 2.5mm 和 5mm 时的 CBR，并选择二者中较大值作为试样最终 CBR 试验结果。

$$\text{CBR}_{2.5} = \frac{p}{7000} \times 100 \tag{3.8}$$

$$\text{CBR}_5 = \frac{p}{10500} \times 100 \tag{3.9}$$

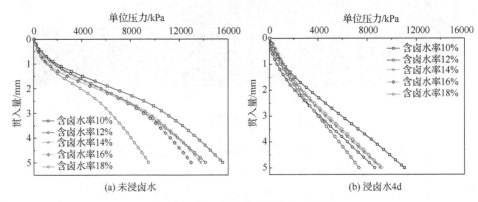

图 3.14　贯入量与单位压力关系曲线

式中，CBR 为承载比，计算精度 0.1%；p 为单位压力，kPa。

由图 3.14(a)可知，随着贯入量的增加，不同含卤水率下盐岩试样的单位压力-贯入量曲线的斜率先增大后减小。当贯入量为 2.5mm 时，10%含卤水率的盐岩试样应力水平最高，含卤水率为 18%的盐岩试样最低；当贯入量提升至 5mm 时，整体趋势相同。可见含卤水率较小时盐岩在荷载作用下应力增长较快，说明粗颗粒在卤水的浸润下表面强度降低，同时含卤水率增加降低了颗粒间的嵌挤强度，提高了润滑作用，具体表现为随着含卤水率的增加，试样抵抗外力变形的能力降低。分析图 3.14(b)可知，与未浸卤水条件相比，不同含卤水率下盐岩试样应力水平整体偏低，并随着含卤水率的增加整体呈下降趋势。含卤水率为 10%时，盐岩试样应力水平最高，贯入量为 2.5mm 和 5mm 时的单位压力分别为 4607kPa 和 11039.5kPa，含卤水率为 18%时的应力水平最低，这主要是因为不同含卤水率试样的初始干密度存在差异。

根据不同含卤水率下盐岩试样的贯入量与单位应力关系曲线，进一步得到不同工况下 CBR 随含卤水率的变化规律，如图 3.15 所示。

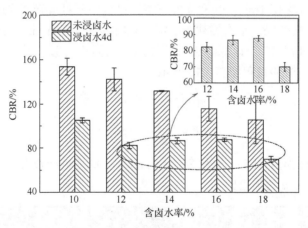

图 3.15　不同工况下 CBR 随含卤水率的变化规律

由图 3.15 可知，当含卤水率从 10%逐渐增加至 18%时，盐岩试样在未浸卤水工况下 CBR 逐渐降低，含卤水率为 18%时最低，此时 CBR 为 105.6%，与 10%时相比降低了 31.3%。可见，在相同干密度条件下，随着含卤水率的增加，其力学性能衰减显著，CBR 下降幅度较大。就浸卤水工况而言，浸卤水 4d 后不同含卤水率下试样的 CBR 呈先减小后增加再减小趋势，含卤水率为 10%时 CBR 最大，为 105.1%，含卤水率为 18%时 CBR 最小，仅为 70.0%；含卤水率为 12%、14%、16% 时试样的 CBR 相差较小，其中含卤水率为 16%时最大，为 87.6%，与未浸卤水工况相比，此时 CBR 的衰减最小。因此，采用盐岩作为路基填料进行拌和时，在最佳含卤水率的基础上进行拌和有助于提高路基在最不利浸水状态下的承载能力。

2. 回弹模量

路基作为路面结构的承重基础，在使用过程中要求其在一定动荷载作用下能够保持良好的承载能力。《公路水泥混凝土路面设计规范》(JTG D40—2011)和《公路沥青路面设计规范》(JTG D50—2017)规范均对路床顶面回弹模量提出控制要求，应不小于 40MPa[21-22]，而关于盐岩路基路床顶面回弹模量尚无明确规定。为明确不同含卤水率盐岩的回弹模量水平，制备不同含卤水率的盐岩试样进行回弹模量试验，深入分析不同含卤水率下盐岩填料回弹模量的变化规律。

1) 试验方法

试验以级配 SC-20 盐岩填料作为研究对象，采用静压法制备含卤水率为 10%～18%的盐岩试样。填料用量及成型过程与前文一致。试验采用万能材料试验机进行，首先安装好带模试样，安装结束后启动万能材料试验机对试样顶面施加 500kPa 左右的单位压力，预压时间 1min，预压过程中确保仪器与试样接触良好，随后卸载并保持 1min。在回弹模量测试过程中，对盐岩试样进行 5 级加载，每级荷载增加 100kPa，单次加载至设定荷载时继续稳压 1min，稳压结束后卸载 1min，待整个过程结束，计算各级荷载作用下的回弹变形 l，进一步根据式(3.11)计算回弹模量。试验过程如图 3.16 所示。

$$l=加载时读数-卸载时读数 \tag{3.10}$$

$$E = \frac{\pi p D}{4l}(1 - \mu^2) \tag{3.11}$$

式中，E 为回弹模量，kPa；p 为单位压力，kPa；D 为承载板直径，cm；l 为试样回弹变形，mm；μ 为泊松比。

(a) 试样成型　　　　　　(b) 回弹模量试验　　　　　　(c) 数据采集

图 3.16　回弹模量试验过程

2) 试验结果分析

试验结束后，绘制不同含卤水率下盐岩试样的 $p\text{-}l$ 曲线并计算回弹模量，结果如图 3.17 所示。

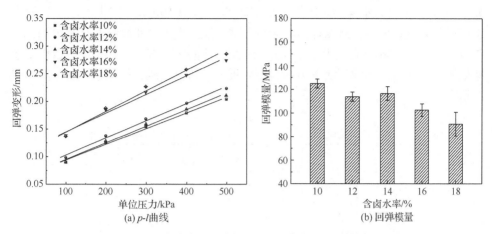

图 3.17　不同含卤水率下盐岩试样的 *p-l* 曲线和回弹模量变化规律

由图 3.17(a)可知，外部荷载作用越强，试样产生的回弹变形越大，在一定范围内试样产生的回弹变形和单位压力呈线性增长关系；随着试样含卤水率的增加，*p-l* 曲线的斜率整体上呈微增加趋势，这表明在最佳含卤水率基础上适当降低卤水拌和量试样的结构性更好。*p-l* 曲线均不与纵坐标相交于原点，其中包含一部分塑性变形，因此在进行回弹模量计算时应进行修正。

分析图 3.17(b)可知，随着含卤水率的增加，回弹模量整体呈降低趋势，含卤水率为 10%～14%时变化幅度不大，14%以上的回弹模量下降较为明显。不同含卤水率下盐岩试样的回弹模量均高于 90MPa，高于《公路沥青路面设计规范》(JTG D50—2017)中极重交通荷载等级下回弹模量不小于 70MPa 的要求[22]。由此可见，盐岩作为路基填料时具有良好的力学强度，并且实际施工时在最佳含卤水率的基础上适当降低卤水拌和量，以保证路基在荷载作用下具有较好的承载能力。

3.3.2　压实度的影响

压实度是路基施工质量控制评价的重要指标，现有研究表明，道路结构的破坏与路基土体结构的变形相关。路基土的压实度大小直接关系到土的空隙率，压实度越大、空隙率越小，颗粒排列越紧密，从而影响土体结构的强度。因此，有必要系统研究不同压实度下盐岩路基填料的力学性能，制备不同压实度的盐岩试样进行 CBR 和回弹模量试验，以期盐岩作为路基填料时能够具有良好的压实度。

1. CBR

为了明确压实度对盐岩填料 CBR 的影响，以 SC-20 级配的盐岩填料作为研究对象，含卤水率为16%，分别制备压实度为89%、93%和97%的盐岩试样，研究不同状态下(浸卤水4d和未浸卤水)试样CBR随压实度的变化规律。对于浸卤水试样，采用百分表记录试样4d后变形率，通过贯入试验测试并计算得到试样CBR，试样成型及测试过程同3.3.1小节一致。不同压实度下盐岩试样浸卤水变形率如图3.18所示，不同压实度下盐岩填料贯入量与单位压力的关系曲线如图3.19所示。

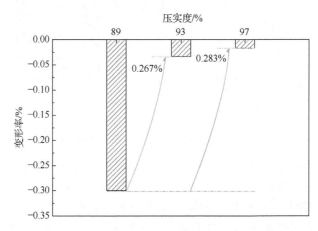

图3.18　盐岩试样浸卤水变形率随压实度的变化

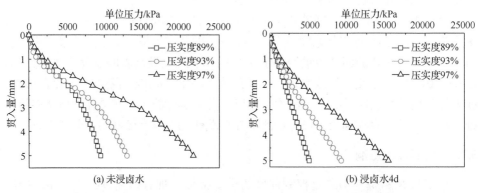

图3.19　不同压实度下盐岩填料贯入量与单位压力的关系曲线

分析图3.18可知，浸卤水4d盐岩试样变形率均为负值，呈溶陷状态，且随着压实度增加，变形率逐渐提升，从压实度为89%时的−0.300%增至压实度为97%时的−0.017%。说明盐岩试样越密实、空隙率越小，其浸卤水后的溶陷变形程度越小，可见提高路基压实度既可获得良好的承载能力，又可有效抑制浸卤水后的溶陷变形。

由图3.19(a)可知，随着贯入量的逐渐增加，不同压实度下盐岩试样的贯入量-单位压力曲线的斜率先增大后减小，并且随着压实度的增加，盐岩试样在荷载作用下中单位压力增长加快。由此可见，颗粒间的空隙率越小、密实程度越高，盐岩在荷载作用下抵抗变形能力越强。由图 3.19(b)可知，与未浸卤水相比，浸卤水 4d 后，不同压实度下盐岩试样单位压力水平均出现不同程度的衰减，随着压实度的增加，盐岩试样在荷载作用下的单位压力增长加快。由此可见，浸卤水后的试样内部颗粒强度降低，卤水的离子交换作用使得颗粒间的胶结状态及空隙发生改变，从而表现为抵抗变形能力降低。

根据不同压实度下盐岩试样的贯入量与单位压力关系曲线，进一步得到不同工况下 CBR 随压实度的变化规律，如图 3.20 所示。

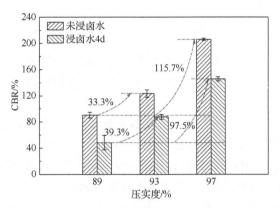

图 3.20　压实度对盐岩 CBR 的影响

分析图 3.20 可知，在试验过程中，随着压实度增加，未浸卤水盐岩试样 CBR 逐渐增大，压实度为 97%时 CBR 高达 205.9%，与压实度为 89%时相比提升了 1 倍以上。压实度为 89%时的 CBR 相对较小，仅为 90.2%，可见随着压实度的增大，土体结构更加密实，试样承载能力也在不断提升。浸卤水 4d 后，不同压实度的盐岩试样 CBR 呈现不同程度的衰减，压实度为 89%时试样的 CBR 下降比例最大，此时 CBR 为 48.3%，与浸卤水前相比下降比例约为 46.5%。

2. 回弹模量

制备含卤水率为 16%，压实度为 89%、93%和 97%的盐岩试样，系统研究不同压实度影响下盐岩填料回弹模量的变化规律。试验采用万能材料试验机，试验过程中各级荷载作用力与 3.3.1 小节一致，通过测试受压后的回弹变形情况，计算得到试样的 $p\text{-}l$ 曲线和回弹模量。图 3.21 为压实度对回弹模量的影响。

由图 3.21(a)可知，在试验过程中，成型试样压实度越大，试样在相同荷载加载和卸载过程中产生的回弹变形越小。当单位压力为 100kPa 时，压实度为 97%

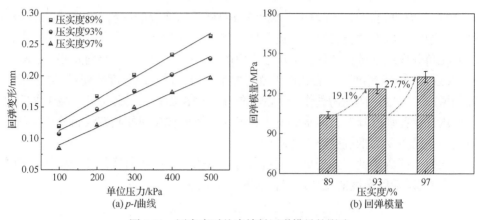

图 3.21　压实度对盐岩填料回弹模量的影响

成型试样在荷载作用下产生的回弹变形为 0.084mm，压实度为 89%成型试样产生的回弹变形为 0.120mm。即成型试样结构越密实、空隙率越小，成型试样抵抗外力作用的能力越强。

分析图 3.21(b)可知，随着压实度的逐渐增大，盐岩试样回弹模量逐渐增长，压实度为 97%的盐岩试样回弹模量相比压实度为 89%时回弹模量增长了 28.1MPa左右；且盐岩试样回弹模量整体较高，在 100～130MPa。由此可见，压实度为 89%时成型试样回弹模量即可满足沥青或水泥混凝土路面设计规范中对路基回弹模量的要求。因此，施工时仅需要保证盐岩填筑路基压实度满足规范要求，即可获得良好的承载力。

3.3.3　浸卤水时长的影响

综合前述试验结果可知，盐岩是一种承载能力较高的路基填料，但其遇淡水后强度急剧下降，易产生颗粒溶解、软化变形等，从而导致路基发生不均匀沉降变形。考虑到盐岩路基在使用过程中不可避免地会有地下低矿化度卤水和地面降水浸入，进而影响路基力学强度及稳定性，本小节对浸卤水湿化作用影响下盐岩路基填料的工程特性展开研究，系统分析盐岩路基填料的湿化变形特征及力学性能衰减规律，以期为浸卤水状态下盐岩路基强度衰减及稳定性分析提供参考借鉴。

1. 湿化变形

以级配 SC-20 的盐岩填料为研究对象，含卤水率为 16%，制备压实度为 93%的盐岩试样，分别浸卤水养护 1d、2d、3d 和 4d，在浸卤水过程中测试试样变形情况。当试样浸泡至规定时间后，将其从水槽中取出并沥水至不再有自由卤水排出时进行试验，分别测试回弹模量、CBR，各性能测试方法参考 3.3.1 小节的相应试验方法。

在盐岩试样浸卤水湿化过程中，对各试样的浸卤水变形情况进行观测，采用百分表观测变形量。同时，浸卤水结束后采用承载板法测试试验过程中分级加载和卸载前后的回弹变形曲线(p-l 曲线)，揭示不同浸卤水时长下盐岩路基的湿化变形特征。试样浸卤水后不同位置的状态见表 3.8，不同浸卤水时长下盐岩试样的变形率如图 3.22 所示，不同浸卤水时长下和浸卤水前盐岩试样的 p-l 曲线如图 3.23 所示。

表 3.8　压实度为 93% 盐岩试样浸卤水后不同位置的状态

位置	浸卤水时长/d			
	1	2	3	4
顶面				
底面				

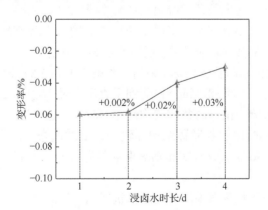

图 3.22　变形率随浸卤水时长的变化规律

由表 3.8 可知，浸卤水 1d 盐岩试样顶面和底面状态良好，仅边缘处存在泌水现象；浸卤水 2d 后，盐岩试样顶面出现少量盐分溶解，底面边缘处溶解作用显著，且整体饱水程度更高；浸卤水 3d 后，试样顶面出现一定数量的坑槽且孔隙水

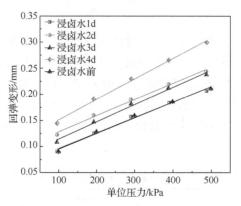

图 3.23   不同浸卤水时长下和浸卤水前盐岩试样的 p-l 曲线

充盈，底面盐岩大量溶解，孔隙水过饱和。由此可见，浸卤水对盐岩路基整体结构性影响较为突出。

由图 3.22 可知，在浸卤水湿化作用影响下，盐岩试样前期吸水溶陷现象较为明显，浸卤水 2d 后，试样溶陷变形幅度降低。浸卤水初期由于盐类的溶解作用，试样吸水程度较高，卤水中盐分与盐岩中的易溶盐在此过程中发生大量离子交换，盐岩表面盐分溶解，颗粒强度降低，试样在荷载作用下重新压密。浸卤水 3d 后，试样内部溶解及离子交换作用逐渐趋于稳定，吸水程度降低，试样内部孔隙水逐渐饱和，并在颗粒周围形成较厚的水膜。水膜具有润滑作用，使盐岩填料内部结构发生变化，具体表现为浸卤水 2d 后试样溶陷幅度减小。卤水浸泡还会促进盐岩晶粒的生长和愈合，这也是试样溶陷变形幅度降低的原因之一。

由图 3.23 可知，试样回弹变形随单位压力的增大逐渐增大，在一定范围内回弹变形和单位压力呈线性增长关系。浸卤水后 p-l 曲线都位于浸卤水前 p-l 曲线的上侧，并且随着浸卤水时长的增加，相同荷载条件下试样的回弹变形呈增长趋势。可见随着浸卤水时长的增加，试样在受到垂直压力时产生的回弹变形逐渐增大，即在浸卤水湿化影响下试样的整体结构性相对较差，这与表 3.8 中浸卤水试样底面状态一致：浸卤水 1d 试样整体结构性较好，2d 时试样底面局部发生盐分溶解、集料剥落等现象，3d 后盐分溶解和剥落现象更为突出，且孔隙水出现过饱和及泌水状态。

为了更准确地反映浸卤水前后路基抵抗竖向变形的能力，采用干湿双线法[23]对盐岩填料湿化变形后的 p-l 曲线进行分析，分别将浸卤水前和浸卤水后作为干态和湿态，以湿化变形量和湿化变形率来反映路基浸卤水后的变形特性。湿化变形量是指路基在相同受力状态下，浸卤水前后各级荷载作用下累计回弹变形的差值;湿化变形率是指湿化变形量与浸卤水前各级荷载作用下的累计回弹变形之比。计算公式如下：

$$\varepsilon = \sum l_{湿} - \sum l_{i干} \tag{3.12}$$

$$\delta = \frac{\varepsilon}{\sum l_{i干}} \tag{3.13}$$

式中，ε 为湿化变形量，mm；$l_{i干}$ 为浸卤水前各级荷载下的回弹变形，mm；$l_{i湿}$ 为浸卤水后各级荷载下的回弹变形，mm；δ 为湿化变形率，%。根据图 3.23 计算得到的湿化变形量和湿化变形率如图 3.24 所示。

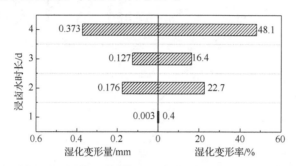

图 3.24　湿化变形量和湿化变形率随浸卤水时长的变化规律

分析图 3.24 可知，在相同的浸卤水条件下，盐岩试样的湿化变形量随着浸卤水时长的增加整体呈增大趋势。当浸卤水时长为 1d 时，试样的湿化变形量和湿化变形率分别为 0.003mm 和 0.4%；当浸卤水时长增加至 2d 时，其湿化变形量和湿化变形率提高超过 50 倍，浸卤水 3d 时略有下降。由此可见，浸卤水弱化了盐岩试样的整体结构，溶蚀了试样部分易溶盐，软化了盐岩颗粒。

2. 力学特性

1) 浸卤水时长对盐岩填料 CBR 的影响

前述试验基本明确了浸卤水 4d 工况下盐岩试样的路用性能变化规律，此处针对盐岩试样在不同浸卤水时长下的性能衰变规律开展研究。试验采用万能材料试验机，浸卤水时长控制在 1d、2d、3d 和 4d，试验过程中系统自动记录贯入量和单位压力，不同浸卤水时长下盐岩填料的贯入量与单位压力曲线和 CBR 计算结果如图 3.25 所示。

分析图 3.25 可知，随着贯入量的逐渐增加，浸卤水前盐岩试样的贯入量-单位压力曲线斜率先增大后减小。浸卤水工况盐岩试样整体曲线斜率趋于稳定，变化幅度不大，与前者相比力学强度呈现较大幅度衰减。从土力学角度来看，贯入试验本质上反映的是土体局部抗剪切能力，黏结力是阻碍颗粒发生剪切变形的主要力，部分土体与整体产生相对位移后，起阻碍作用的是内摩擦力。根据浸卤水工况的贯入量-单位压力曲线，计算出在贯入量为 2.5mm 时的 CBR 远小于浸卤水

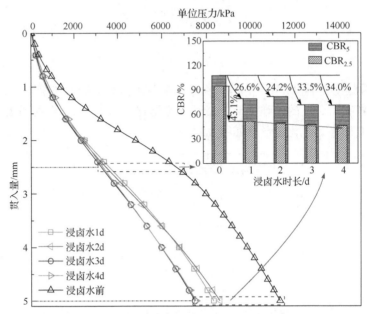

图 3.25　不同浸卤水时长下盐岩填料贯入量与单位压力曲线和 CBR 变化规律

前，其中浸卤水 1d 与浸卤水前(0d)相比 CBR 下降了 43.1%，可见试样饱水后在颗粒周围形成的水膜极大程度上降低了颗粒间的内摩擦力。当贯入量增至 5mm 时，浸卤水 3d 和 4d 的单位压力逐渐小于浸卤水 1d 和 2d。浸卤水 4d 的 CBR 约为 71.2%，与浸卤水前相比下降了 34.0%，但仍满足规范中对路基填料 CBR 的要求。

2) 浸卤水时长对盐岩填料回弹模量的影响

明确回弹模量在浸卤水湿化作用下的强度衰减规律，对于指导工程设计及路基防水具有重要意义。此处主要分析盐岩填料在不同浸卤水时长下回弹模量的变化规律，不同浸卤水时长下试样的回弹模量试验结果如图 3.26 所示。

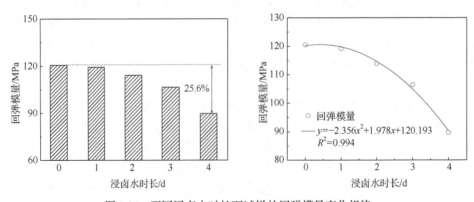

图 3.26　不同浸卤水时长下试样的回弹模量变化规律

分析图 3.26 可知，通过二次多项式进行拟合可得到回弹模量与浸卤水时长的函数关系为 $y=-2.356x^2+1.978x+120.193$，$R^2=0.994$，拟合度良好。随着浸卤水时长的增加，盐岩试样回弹模量呈现较为显著的下降趋势，浸卤水初期(1d、2d)性能衰减幅度较小，浸卤水 3d 后衰减幅度较大，其中浸卤水 2d 的回弹模量衰减幅度为 5.5%，浸卤水 4d 的回弹模量衰减幅度高达 25.6%。此外，浸卤水 4d 后的试样回弹模量约为 90MPa，明显高于现行水泥及沥青路面设计规范要求，即采用盐岩作为路基填料在极不利条件下仍具有良好的承载能力。

3.4 盐岩路基填料工程特性预估

盐岩路基填料工程特性一般受多种因素综合影响，各因素对 CBR 和回弹模量的影响程度存在差异，同时各因素间具有复杂的相关性。因此，有必要进一步明确盐岩路基填料工程特性与各影响因素之间的相关性，以便更好地指导盐岩填筑路基实际施工。统计学上常用回归分析方法来确定两种及以上变量间相互依赖的定量关系。盐岩填料受含卤水率、压实度和浸卤水时长等因素共同影响，因此本节采用回归分析方法，全方位分析含卤水率、压实度和浸卤水时长与盐岩填料工程特性的相关性，建立多因素影响下的盐岩填料 CBR 和回弹模量预估模型，以期为盐岩路基填料路用性能的有效保障提供参考。

3.4.1 CBR 预估

为了综合评价盐岩填料各影响因素与 CBR 之间的相关性，构建含卤水率、压实度和浸卤水时长这三个影响因素与盐岩填料 CBR 的三元回归模型，优选盐岩填料 CBR 最佳预估模型。

以含卤水率、压实度和浸卤水时长等因素建立的一次和二次回归模型表达式分别如式(3.14)和式(3.15)所示：

$$Z = b_0 + b_1Y_1 + b_2Y_2 + b_3Y_3 \tag{3.14}$$

$$Z = b_0 + b_1Y_1 + b_2Y_2 + b_3Y_3 + b_4Y_1Y_2 + b_5Y_1Y_3 + b_6Y_2Y_3 + b_7Y_1^2 + b_8Y_2^2 + b_9Y_3^2 \tag{3.15}$$

式中，Y_1 为含卤水率，%；Y_2 为压实度，%；Y_3 为浸卤水时长，d；Z 为工程特性指标；$b_0 \sim b_9$ 为拟合系数。

对 3.2 节和 3.3 节不同含卤水率、压实度和浸卤水时长影响下盐岩填料的 CBR 数据进行梳理汇总，并基于 SPSS 数据分析软件，采用非线性回归分析方法建立数据模型。输出模型关系式和拟合优度如表 3.9 所示。

表 3.9　CBR 多元回归模型和拟合优度

模型	关系式	拟合优度 R^2
一次回归	$Z = -1049.199 - 4.059Y_1 + 13.322Y_2 - 11.798Y_3$	0.839
二次回归	$Z = -449394.522 + 28822.519Y_1 + 4694.709Y_2 + 8.475Y_3 + 0.094Y_1^2$ $+ 1.505Y_2^2 + 6.116Y_3^2 - 310.008Y_1Y_2 + 0.565Y_1Y_3 - 0.570Y_2Y_3$	0.981

　　从表 3.9 可以看出，两种回归模型拟合优度分别为 0.839 和 0.981，拟合效果均良好，说明本小节分析构建的预估模型可以反映不同因素与盐岩填料 CBR 之间的映射关系。采用该预估模型计算得到盐岩路基填料 CBR 预估值，一次、二次回归模型预估值与实际值之间的对比见表 3.10 和图 3.27、表 3.11 和图 3.28。

表 3.10　CBR 一次回归模型预估值与实际值对比

数据条目	$Z_{实际值}$/%	$Z_{预估值}$/%	$(Z_{实际值} - Z_{预估值})$/%	$(Z_{实际值} - Z_{预估值})/Z_{实际值} \times 100$%
1	153.672	149.157	4.515	2.938
2	142.150	141.039	1.111	0.782
3	131.662	132.921	−1.259	−0.956
4	105.635	116.685	−11.051	−10.461
5	103.569	101.965	1.604	1.549
6	80.223	93.847	−13.624	−16.982
7	84.596	85.729	−1.133	−1.339
8	71.886	69.493	2.393	3.329
9	90.215	71.515	18.700	20.728
10	123.52	124.803	−1.283	−1.039
11	205.900	178.091	27.809	13.506
12	48.340	24.323	24.017	49.683
13	87.63	77.611	10.019	11.433
14	145.8	130.899	14.901	10.220
15	81.761	113.005	−31.244	−38.214
16	79.154	101.207	−22.053	−27.861
17	71.68	89.409	−17.729	−24.734
18	71.19	77.611	−6.421	−9.020

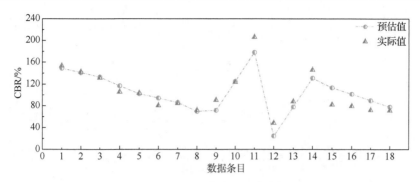

图 3.27　CBR 一次回归模型预估值与实际值

表 3.11　CBR 二次回归模型预估值与实际值对比

数据条目	$Z_{实际值}$/%	$Z_{预估值}$/%	$(Z_{实际值}-Z_{预估值})$/%	$(Z_{实际值}-Z_{预估值})/Z_{实际值}\times100\%$
1	153.672	157.31	−3.638	−2.368
2	142.150	144.996	−2.846	−2.002
3	131.662	133.434	−1.772	−1.346
4	105.635	112.566	−6.931	−6.562
5	103.569	99.626	3.943	3.807
6	80.223	91.832	−11.609	−14.470
7	84.596	84.790	−0.194	−0.229
8	71.886	72.962	−1.076	−1.497
9	90.215	88.660	1.555	1.724
10	123.520	122.624	0.896	0.725
11	205.900	204.748	1.152	0.559
12	48.34	53.656	−5.316	−10.997
13	87.630	78.500	9.130	10.419
14	145.8	151.504	−5.704	−3.912
15	81.761	93.245	−11.484	−14.046
16	79.154	76.098	3.056	3.861
17	71.68	71.183	0.497	0.693
18	71.190	78.500	−7.310	−10.268

　　由表 3.10 可知，一次回归模型盐岩填料 CBR 实际值与预估值之差的绝对值最大为 31.244%，绝对值最小为 1.111%；实际值与预估值之差的最大与最小百分比绝对值分别为 49.683%和 0.782%，表明该预估模型部分数据误差稍大。从图 3.27

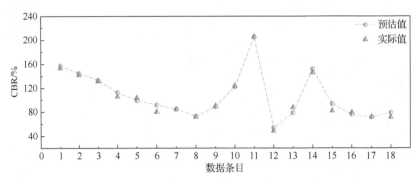

图 3.28　CBR 二次回归模型预估值与实际值

也可看出部分数据条目存在误差偏大的现象。

分析表 3.11 可知，二次回归模型盐岩填料 CBR 实际值与预估值之差的绝对值最大为 11.609%，绝对值最小为 0.194%；实际值与预估值之差的最大与最小百分比绝对值分别为 14.470% 和 0.229%，表明该预估模型拟合程度较高。从图 3.28 中可以看出，实际值较为紧密地依附于预估值。与一次回归模型相比，二次回归模型能更好预估盐岩路基填料 CBR 变化规律，因此推荐二次回归模型作为盐岩填料 CBR 预估模型。模型回归时采用的含卤水率、压实度和浸卤水时长分别为 10%~18%、89%~97% 和 1~4d，该模型适用范围与此一致，可基于这一模型对不同控制参数下成型盐岩路基的承载力进行预估。

3.4.2　回弹模量预估

为了全面分析不同因素与盐岩路基填料回弹模量之间的映射关系，进一步建立含卤水率、压实度和浸卤水时长等影响因素与盐岩填料回弹模量的一次和二次回归模型，明确盐岩填料回弹模量最佳预估模型。

同理，对 3.2 节和 3.3 节不同含卤水率、压实度和浸卤水时长影响下的盐岩填料回弹模量进行梳理汇总，采用 SPSS 进行非线性回归分析，输出模型关系式和拟合优度，如表 3.12 所示。

表 3.12　回弹模量多元回归模型和拟合优度

模型	关系式	拟合优度 R^2
一次回归	$Z = -183.166 - 2.521Y_1 + 3.591Y_2 - 2.644Y_3$	0.564
二次回归	$Z = -74441.376 + 5137.102Y_1 + 716.641Y_2 - 278331.376Y_3 - 0.357Y_1^2$ $+0.912Y_2^2 - 5.028Y_3^2 - 55.172Y_1Y_2 + 26273.943Y_1Y_3 - 1527.261Y_2Y_3$	0.958

由表 3.12 可知，两种预估模型拟合优度分别为 0.564 和 0.958，前者拟合效果

较差，后者拟合效果相对较好。采用该预估模型计算得到盐岩路基填料回弹模量预估值，一次、二次回归模型预估值与实际值之间的对比见表 3.13 和图 3.29、表 3.14 和图 3.30。

表 3.13　回弹模量一次回归模型预估值与实际值对比

数据条目	$Z_{实际值}$/MPa	$Z_{预估值}$/MPa	$(Z_{实际值}-Z_{预估值})$/MPa	$(Z_{实际值}-Z_{预估值})/Z_{实际值}\times100\%$
1	124.896	125.587	−0.691	−0.553
2	113.783	120.545	−6.762	−5.943
3	116.485	115.503	0.982	0.843
4	102.547	110.461	−7.914	−7.717
5	90.626	105.419	−14.793	−16.323
6	103.863	96.097	7.766	7.477
7	132.594	124.825	7.769	5.859
8	119.212	107.817	11.395	9.559
9	113.989	105.173	8.816	7.734
10	106.504	102.529	3.975	3.732
11	89.736	99.885	−10.149	−11.310

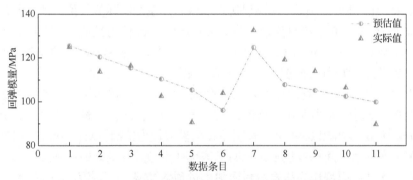

图 3.29　回弹模量一次回归模型预估值与实际值

表 3.14　回弹模量二次回归模型预估值与实际值对比

数据条目	$Z_{实际值}$/MPa	$Z_{预估值}$/MPa	$(Z_{实际值}-Z_{预估值})$/MPa	$(Z_{实际值}-Z_{预估值})/Z_{实际值}\times100\%$
1	124.896	119.485	5.411	4.332
2	113.783	115.989	−2.206	−1.939
3	116.485	109.637	6.848	5.879
4	102.547	100.429	2.118	2.065
5	90.626	88.365	2.261	2.495
6	103.863	100.937	2.926	2.817
7	132.594	129.105	3.489	2.631

续表

数据条目	$Z_{实际值}$/MPa	$Z_{预估值}$/MPa	($Z_{实际值}-Z_{预估值}$)/MPa	($Z_{实际值}-Z_{预估值}$)/$Z_{实际值}\times100$%
8	119.212	111.84	7.372	6.184
9	113.989	113.195	0.794	0.697
10	106.504	104.494	2.010	1.887
11	89.736	85.737	3.999	4.456

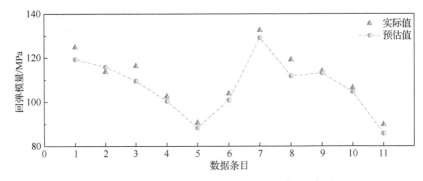

图 3.30　回弹模量二次回归模型预估值与实际值

由表 3.13 可知，一次回归模型盐岩填料回弹模量实际值与预估值之差的绝对值最大为 14.793MPa，绝对值最小为 0.691MPa；实际值与预估值之差的最大和最小百分比绝对值分别为 16.323% 和 0.533%，表明该预估模型部分数据误差稍大。由图 3.29 也可看出部分数据条目实际值不能较好地依附于预估值折线。

由表 3.14 可知，盐岩路基填料回弹模量实际值与预估值之差绝对值最大为 7.372MPa，绝对值最小为 0.794MPa；实际值与预估值之差的最大和最小百分比绝对值分别为 6.184% 和 0.697%，表明该预估模型较为精确。对比图 3.30 可知，各预估值与实际值之间相差较小，表明了该预估模型具有较好的精确度。因此，同样推荐二次回归模型作为盐岩填料回弹模量预估模型，并且模型适用范围同 3.4.1 小节一致。

3.5　本 章 小 结

本章对比分析了罗布泊现场取样盐岩和卤水的物化性质，确定了盐岩路基填料压实参数，全面研究了含卤水率、压实度和浸卤水时长等因素对盐岩填料 CBR 和回弹模量的影响规律，并构建了盐岩填料工程特性预估模型，可为盐岩路基施工参数调控及稳定性提升提供参考。主要研究结论如下。

(1) 测试罗布泊盐岩试样易溶盐含量在 30% 以上，成分以氯盐为主，硫酸盐次之，$c(\text{Cl}^-)\big/2c(\text{SO}_4^{2-})$ 为 7.66～24.95；卤水含盐量为 33.67%；盐岩压碎值随颗粒粒径增大而减小，其磨耗率均较大，作为集料时须考虑颗粒破碎的影响。

(2) 随着含水率增加，盐岩填料干密度呈显著单峰趋势变化，SC-10 级配盐岩填料的最佳含水率最大，约为 9.30%，SC-40 级配盐岩填料干密度最大；随着盐岩填料粒径增加，最佳卤水率逐渐降低，干密度逐渐增大；根据级配模拟外推法，推荐现场盐岩填料最大干密度为 1.801g/cm³。

(3) 随含卤水率增加，未浸卤水盐岩试样 CBR 逐渐减小，当含卤水率为 10% 时，CBR 为 153.7%；浸卤水 4d 后，盐岩试样的 CBR 仍保持在 70%～105.1%；不同含卤水率下的盐岩试样回弹模量均高于 90.6MPa，满足极重交通荷载等级下的回弹模量要求；提升路基压实度可有效抑制浸卤水后的路基溶陷变形，并提升其承载能力。

(4) 浸卤水初期，盐岩试样吸水溶陷现象较为明显，主要受离子交换作用影响；随着浸卤水时长增加，盐岩试样 CBR 逐渐减小；浸卤水 4d 试样的 CBR 为 71.2%，回弹模量约为 90MPa，即盐岩路基填料在极不利条件下仍具有良好承载力；构建的盐岩填料工程特性二次回归预估模型能够较好地反映盐岩路基填料成型参数与 CBR、回弹模量的映射关系，可供现场施工参数控制参考。

第4章 盐岩路基填料变形及水分迁移规律

盐胀一直是高含盐量地区公路工程存在的主要病害，其成因主要是温度变化引起的硫酸盐与其他盐分结晶相变，以及水分冻结导致的体积膨胀。盐岩盐分组成复杂和含盐量较高，使其在低温下的盐胀变形规律显著区别于低盐分含量的单盐型盐渍土。此外，在路面覆盖作用下，结构层中的水气传输模式发生变化，覆盖层下方土体饱和度增加，使路基整体强度降低，诱发不均匀沉降，严重时引起道面发生结构破坏。现阶段关于覆盖效应下路基水分规律的研究相对较少，关于盐岩路基方面的研究更是鲜有报道。鉴于此，本章开展卤水溶液及盐岩降温试验，全面分析不同因素对卤水、盐岩填料及孔隙溶液相变特征的影响规律，系统研究单次降温作用下盐岩填料盐胀变形规律和多次冻融循环后盐岩填料盐胀累积规律，深入研究不同干密度盐岩路基填料的持水特性，明确适用于盐岩填料的土-水特征曲线模型，系统研究覆盖效应下的盐岩路基填料(本章简称"盐岩填料")水分迁移规律，为盐岩路基防护措施设计及稳定性提升提供借鉴。

4.1 卤水相变特征

水盐相变温度是判断土体在降温过程中是否存在盐胀的重要参数，盐分结晶析出和冰水相变均会放热，使溶液或土体温度升高，反映在降温曲线上，会出现跳跃或平衡点。考虑到卤水作为一种多元溶液体系，盐分种类繁多，在多元离子综合作用下相变温度如何发生变化尚不明确。因此，有必要针对盐岩填料和卤水相变温度开展研究，对于揭示变形机理、准确掌握盐胀敏感温度具有重要意义。

4.1.1 试验原理及方法

1. 试验原理

冰水相变过程一般要经历3个阶段：形成较小分子集团成为结晶中心，进一步生长为晶核，产生冰晶[24]。冻结过程可以理解为成核与冰晶稳定生长的过程，冰晶稳定生长的温度就是冻结温度，结晶中心在比冻结温度更低时形成，所以土中冰水相变时的特征温度主要为冻结温度 T_f 与过冷温度 T_{sc}，曲线如图4.1所示。

土体冻结曲线分为过冷、跳跃、恒定和递降 4 个阶段。过冷阶段晶核形成但无冰晶产生，该阶段温度较低点为过冷温度；随后冰晶成核释放潜热，土体温度发生跳跃；恒定阶段晶体生长释放的潜热与土体和外界热量交换，使热量散失平衡，大量自由水在该阶段冻结，此时土体温度保持恒定，为冻结温度；吸附水冻结释放潜热有限，土体温度逐渐下降，此阶段为冻结后的递降阶段。

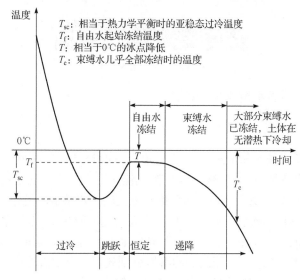

图 4.1 土体典型降温曲线示意图[25]

与冰晶成核存在过冷阶段类似，结晶盐成核需要一定的过饱和度。假设结晶盐与溶液两相平衡时溶液的浓度为饱和浓度 C_s，当浓度 $C>C_s$ 时，溶液处于过饱和状态，$U=C/C_s$，称为过饱和度。当 $U>1$ 时，溶液体系中存在驱动结晶盐生长的相变驱动力，仅当过饱和度 $U>U_s$（起始过饱和度）时才会有结晶盐析出，此时溶液浓度为起始析出浓度，此浓度略大于饱和浓度[26]。溶液系统中有结晶盐存在后，只要过饱和度 $U>1$，就会有结晶盐生长，直至过饱和度 $U\leqslant1$，结晶盐生长停止。

2. 试验方法

卤水和盐岩填料降温试验所用的控温装置为高低温试验箱，测温装置采用温度传感器，精度为±0.1℃。将温度传感器插入金属容器中，进行降温试验。为了防止试验过程中液态水蒸发，容器采用隔水膜包裹，部分待测试样如图 4.2 所示。为了使卤水中的易溶盐充分溶解，先将盛有待测试样的容器放置于 40℃恒温环境下 1d，随后放入-20℃低温环境下进行快速降温，试验过程中使用的数据采集器数据采集间隔为 1s。

图 4.2　部分待测试样

4.1.2　不同浓度下卤水相变温度变化

1. 卤水降温曲线分析

考虑到现场路基实测最高温度约为 40℃，同时盐岩填料孔隙溶液盐分浓度一般不小于饱和卤水浓度的 50%，本小节以饱和卤水在 40℃时的易溶盐含量为基准，分别配制 50%、70%、80%、90%饱和浓度的卤水溶液。另外，考虑到卤水所含阴离子中 Cl^- 和 SO_4^{2-} 含量相对较高，现有研究表明含 Na_2SO_4 盐渍土盐胀较为剧烈，因此配制相同体积且质量分数为 4%、8%的 Na_2SO_4 溶液作为对照组，具体试验方案如表 4.1 所示。将配制好的溶液分别放置于金属容器中并安装温度传感器，随后将容器放置于高低温试验箱内进行降温试验。

表 4.1　试验溶液配制方案及试验条件

溶液类型	降温环境	卤水浓度	试验前处理
卤水	−20℃恒温	50%饱和浓度	40℃恒温 1d
		70%饱和浓度	
		80%饱和浓度	
		90%饱和浓度	
		饱和浓度	
Na_2SO_4溶液	−20℃恒温	质量分数 4%	40℃恒温 1d
		质量分数 8%	

单次试验持续 2～4h，相变温度根据降温曲线的波动、恒定和跳跃确定。为便于对比不同浓度卤水降温特征，各浓度卤水均在自身温度为 30℃时开始记录数据。图 4.3 为试验结束后的溶液表面状态，各溶液降温曲线如图 4.4 所示。

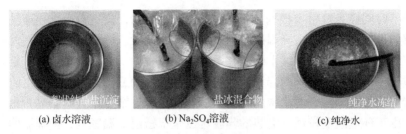

(a) 卤水溶液　　　　　　　(b) Na₂SO₄溶液　　　　　　　(c) 纯净水

图 4.3　降温试验后的溶液表面状态

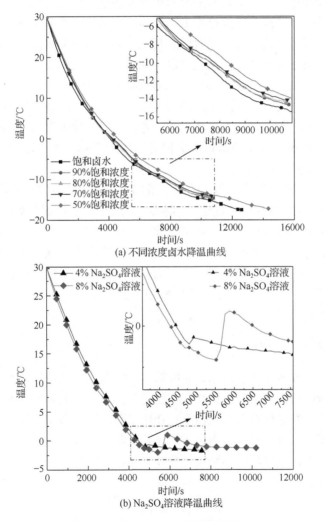

(a) 不同浓度卤水降温曲线

(b) Na₂SO₄溶液降温曲线

图 4.4　卤水和 Na₂SO₄ 溶液降温曲线

分析图 4.4(a)可知,不同浓度卤水降温曲线均未出现明显的过冷现象,且恒定阶段维持时间极为短暂。根据 Kozlowski[27]研究可知，只有自由水在冻结前释放出足够的潜热时，才能在降温曲线上观察到跳跃阶段，否则仅会在较短时间内保持稳定，随后下降或者连续下降。在上述降温过程中，卤水并未发生冻结现象。冷却过程中，各浓度卤水的降温曲线存在轻微的波动或极为短暂的恒定阶段，说明随着温度逐渐降低，卤水中的易溶盐溶解度降低且结合水分子结晶析出，释放潜热。由于环境温度较低，潜热的释放难以全部抵消负温影响，使降温曲线难以出现跳跃阶段和恒定阶段。

　　分析图 4.4(b)可知，Na_2SO_4 溶液的相变放热过程持续时间较长，冻结特征显著，这主要是因为溶液在降温过程中释放的潜热抵消了负温影响，残余潜热使降温曲线出现了明显的跳跃和恒定阶段。其中，8% Na_2SO_4 溶液在负温阶段共发生了两次相变，第一次相变为硫酸盐结晶，相变温度约为-1.3℃；第二次相变为冰水相变，此阶段出现明显的过冷温度和冻结温度，分别为-2.1℃和-0.69℃。4% Na_2SO_4 溶液仅存在水盐共晶，说明在降温过程中 $Na_2SO_4 \cdot 10H_2O$ 晶体析出必须具备一定的过饱和状态，否则不会析出。此外，对比两种浓度的 Na_2SO_4 溶液可知，Na_2SO_4 溶液在降温过程中会出现两次相变，溶液浓度越大，首次出现相变的温度越高，但对冻结温度影响不大。

　　综上可知，溶液在降温过程中的残余潜热决定了跳跃阶段和恒定阶段的发生，卤水由于未冻结和 Na_2SO_4 含量较低，降温曲线并未出现明显的温度跳跃，但在降温过程中仍出现了盐分结晶析出现象。此外，卤水中 Cl^- 与 SO_4^{2-} 的浓度比较高，不仅会降低 $Na_2SO_4 \cdot 10H_2O$ 晶体的析出温度，还能降低溶液的过冷温度和冻结温度。由于 NaCl 的溶解度受外界温度影响较小，对冻结温度影响更大，在低浓度时，NaCl 溶液在-21.1℃以下才会产生冰晶，这也是卤水在-20℃环境中并未发生水冻结的原因之一[28]。

2. 不同浓度卤水相变温度

　　卤水作为一种多元溶液体系，易溶盐含量较高和复杂的离子组成使其在降温过程中的水盐相变较为复杂。卤水存在盐分结晶，潜热的释放会使降温速率出现突变或不连续，当潜热释放不足而不存在恒定阶段时，其切线斜率的突变温度可视为相变温度。为进一步揭示卤水易溶盐相变温度，参考 Han 等[29]的研究方法，基于二维数据点，计算从正温到负温曲线末端的切线斜率：

$$\lambda_i = \left| \frac{T_i - T_{i-1}}{t_i - t_{i-1}} \right|, \quad i > 1 \tag{4.1}$$

式中，λ_i 为降温曲线在某一时间点的斜率；T_i 为与时间点 t_i 对应的温度点，℃；t_i 为时间，s。

$$T_{\mathrm{f}} = \begin{cases} T_i, & \lambda_i = 0 \\ \dfrac{\sum\limits_{k=1}^{n} T_k}{n}, & \lambda_k = 0, \quad \lambda_k < \lambda_j, k \neq j \\ T_i, & \lambda_i < \lambda_j, \quad i \neq j \end{cases} \tag{4.2}$$

式中，T_{f} 为相变温度；i、j、k 为 T 和 λ 的下角标，其中 $j \neq i (j=1, 2\cdots, i-1, i+1\cdots)$，$k$ 对应拐点附近不连续的二维数据点，并重新编号。

　　根据式(4.2)，T_{f} 可以确定为：①切线斜率为 0 的拐点对应温度；②具有相同最小切线斜率(0 或非 0)的多个不连续拐点对应的平均温度；③切线斜率最小的拐点对应温度。根据这一方法确定卤水在降温过程中的相变温度，如图 4.5 所示。

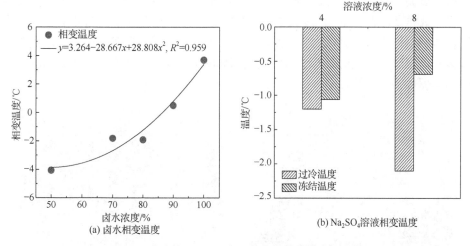

图 4.5　卤水及 Na_2SO_4 溶液相变温度计算及试验值

　　由图 4.5 可知，随着卤水浓度降低，卤水在降温过程中的相变温度呈下降趋势。饱和卤水的相变温度最高，约为 3.7℃，50% 饱和浓度卤水的相变温度最低，仅为 −4.06℃。通过线性拟合可得卤水浓度与相变温度的关系式为 $y=3.264-28.667x+28.808x^2$，$R^2=0.959$，说明两者相关性较强。根据 Na_2SO_4 溶液可知，冻结前必须具备一定量的 Na_2SO_4 才会出现芒硝相变结晶。综合前文结果可知，溶液的含盐量越高，其在一定程度上的盐分结晶相变温度越高。由于盐溶液饱和浓度小于结晶盐起始析出浓度，卤水在饱和浓度时仍须温度下降至易溶盐大量结晶，方可在降温曲线上观测出温度波动；未饱和卤水由于自身浓度低，须降至更低温度方可结晶释放大量潜热。根据不同浓度卤水的相变温度，初步判断卤水相变温度区间为 −5～5℃。

4.2　盐岩填料及其孔隙溶液相变特征

前述试验研究了卤水相变特征，由于液态水结晶要克服土颗粒表面自由能做功，盐岩填料相变结晶比卤水更为复杂[30]。为探明盐岩填料及其孔隙溶液的相变特征，本节基于降温试验，全面探究不同含卤水率和卤水浓度下的盐岩填料相变温度变化规律。

4.2.1　含卤水率的影响

为了分析盐岩填料的相变温度变化规律，选择 SC-10 级配盐岩填料为研究对象进行试验，控制压实度为 89%，制备含卤水率为 10%、12%、14%、16%的盐岩试样。试样直径为 5cm，高度为 5cm，制样前将卤水置于 40℃恒温环境下 1d。将温度传感器埋入盐岩试样内并用胶泥密封，而后采用隔水薄膜进行包裹避免水分散失，低温环境采用的高低温试验箱控制如图 4.6 所示。插有温度传感器的试样降温容器如图 4.7 所示。

图 4.6　高低温试验箱　　　　　图 4.7　插有温度传感器的试样降温容器

由于现场路基实测最高温度为 40℃，试验前将盐岩试样在 40℃恒温环境下养护 8h。随后，将其放置于-20℃环境下进行试验，试验过程中采用温度传感器每隔 2min 采集一次数据。为了便于对比不同含卤水率盐岩试样的降温特征，在各试样测试温度降至 30℃时开始记录数据。不同含卤水率盐岩试样的降温曲线和相变温度如图 4.8 所示。

由图 4.8(a)可知，不同含卤水率盐岩试样的降温曲线均存在显著的过饱和和温度跳跃阶段，该阶段主要集于-5～-10℃。含卤水率为 10%、12%、14%和 16%的盐岩试样分别在-6.6℃、-6.3℃、-9.4℃和-8.8℃发生温度跳跃，温度小幅上升，晶核形成并使结晶盐析出释放潜热。不同含卤水率试样的温度升高幅度存在一定

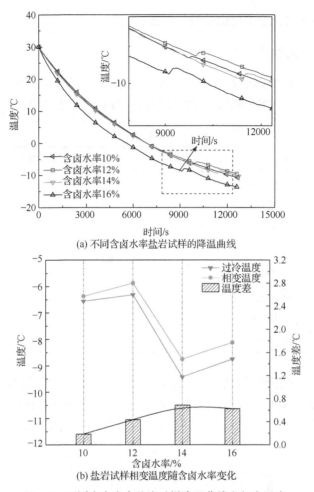

(a) 不同含卤水率盐岩试样的降温曲线

(b) 盐岩试样相变温度随含卤水率变化

图 4.8　不同含卤水率盐岩试样降温曲线和相变温度

规律，随着含卤水率增大，试样温度升高幅度呈增加趋势，这主要是由于含卤水率较高时土-水-盐体系中的易溶盐总量较多，在孔隙中生成更多的结晶盐。

与卤水相比，盐岩试样降温曲线存在明显的过冷和温度跳跃阶段，这主要是由于盐岩填料易溶盐含量高达 30%，且主要以氯盐和硫酸盐为主，在拌和饱和卤水后，土-水-盐体系中产生大量的离子交换。在降温过程中，卤水中的硫酸盐浓度较低且氯盐受温度影响较小，其余浓度较高的盐类分别析出结晶，此时土-水-盐体系中的离子交换作用使卤水中硫酸盐浓度增加，待浓度超过硫酸盐结晶析出浓度时，结晶盐晶核形成，$Na_2SO_4 \cdot 10H_2O$ 晶体析出释放潜热，具体表现为降温曲线在某一温度突然升高随后降低。此外，降温曲线无恒定阶段且卤水并未冻结，这也证明了上述过程为盐胀过程并非冻胀，因此可认为饱和卤水成型盐岩试样在降温过程中的膨胀变形主要由盐结晶引起。

4.2.2　卤水浓度的影响

　　为了研究卤水浓度对盐岩填料相变温度的影响,以 SC-10 级配盐岩填料为研究对象,分别制备 50%～90%饱和浓度的卤水溶液,具体试验方案如表 4.2 所示。

表 4.2　试验方案设计

填料类型	卤水浓度	含卤水率/%	工艺参数	试验前处理	降温环境
盐岩	90%饱和浓度	14	89%压实度	40℃恒温 8h	−20℃恒温
	80%饱和浓度				
	70%饱和浓度				
	50%饱和浓度				
	90%饱和浓度	16			
	80%饱和浓度				
	70%饱和浓度				
	50%饱和浓度				

　　试验前将温度传感器安装至试样内部并用胶泥封闭,试验过程中采用温度传感器每隔 2min 采集一次数据。为便于对比不同含卤水率盐岩试样的降温特征,在各试样温度降至30℃时开始记录数据。不同卤水浓度盐岩试样的降温曲线如图4.9所示。

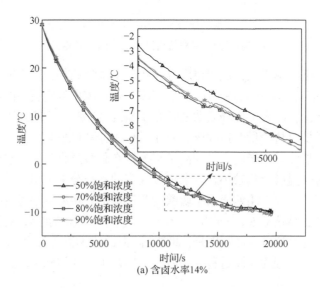

(a) 含卤水率14%

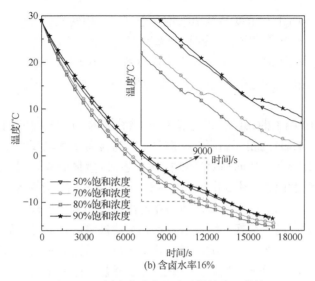

(b) 含卤水率16%

图 4.9 不同卤水浓度盐岩试样的降温曲线

分析图 4.9 可知，不同卤水浓度盐岩试样的降温速率差异较小，70%和 80% 饱和浓度时的降温速率略快于 50%和 90%饱和浓度。另外，各曲线均存在较为显著的温度突变点，含卤水率为 14%的盐岩试样主要集中于−5～−7℃，温度区间略低于含卤水为 16%的试样，且含卤水率越高时，盐岩填料的初次盐分结晶相变温度越高。

进一步分析卤水浓度对盐岩试样相变温度的影响规律，基于式(4.1)与式(4.2)计算各盐岩试样相变温度，结果如图 4.10 所示。

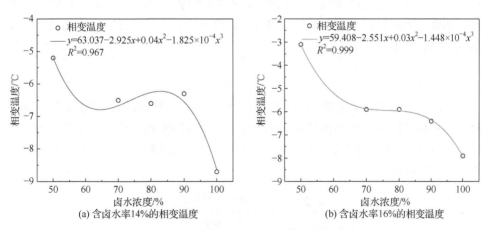

(a) 含卤水率14%的相变温度   (b) 含卤水率16%的相变温度

图 4.10 不同卤水浓度盐岩试样的相变温度

分析图 4.10 可知，随着卤水浓度的升高，盐岩试样相变温度整体呈下降趋势。

当卤水浓度由50%饱和浓度升至70%饱和浓度时，相变温度下降显著；卤水浓度为70%、80%、90%饱和浓度时的相变温度相差不大。当含卤水率为14%时，相变温度主要集中于−6.3～−6.6℃；当含卤水率为16%时，则主要分布于−5.9～−6.4℃。当含卤水浓度为饱和浓度时，二者的相变温度最低，14%时为−8.7℃，16%时为−7.9℃。

对比图4.10两条曲线的整体趋势可知，含卤水率为16%时的相变温度整体高于含卤水率为14%时的相变温度，这主要是因为含卤水率较高时孔隙溶液中的易溶盐含量也相对较高，从而降温过程中的相变温度整体偏高。就不同卤水浓度盐岩试样的相变温度而言，其变化趋势与4.1.2小节中的结论存在差异，表面上看两者呈相反趋势。实际上，烘干盐岩填料在与卤水拌和闷料过程中，卤水会与盐岩颗粒之间发生大量离子交换，待盐岩填料孔隙溶液溶解盐分稳定后，初始拌和卤水浓度越低，稳定后产生的孔隙溶液含盐量越高，从而表现出随着初始拌和卤水浓度升高，相变温度呈下降趋势。因此，在实际盐岩路基填筑施工过程中，应保证拌和卤水具有较高的矿化度，从而有效降低盐岩填料剧烈盐胀的温度区间，保证路基具有良好的稳定性及耐久性。

4.3　降温作用下盐岩路基填料变形特性

4.3.1　持续降温作用的影响

前文研究了盐岩填料变形的内在机理，为了进一步研究盐岩填料盐胀变形规律，本小节基于正交试验设计，系统分析持续梯度降温作用下盐岩填料的变形规律，明确多因素综合影响下盐岩填料变形敏感因素，为后续有针对性地进行深入研究提供科学参考。

1. 试验方案

影响盐岩填料盐胀变形的主要因素有含卤水率、最大粒径、压实度和上覆荷载等，选用四因素三水平正交试验($L_9(4^3)$)，采用SPSS数据统计软件设计正交试验，以确定影响盐岩路基变形特性的敏感因素，正交试验因素水平与正交试验见表4.3、表4.4。

表4.3　正交试验因素水平

水平	因素			
	含卤水率(W)/%	压实度(C)/%	最大粒径(G)/mm	上覆荷载(L)/kPa
1	12	89	10	0

续表

水平	因素			
	含卤水率(W)/%	压实度(C)/%	最大粒径(G)/mm	上覆荷载(L)/kPa
2	14	93	20	1.415
3	16	97	40	2.830

表 4.4　四因素三水平正交试验

试验编号	因素				水平组合
	W	C	G	L	
1	1	1	1	1	W12C89G10L0
2	1	2	2	2	W12C93G20L1.415
3	1	3	3	3	W12C97G40L2.830
4	2	1	2	3	W14C89G20L2.830
5	2	2	3	1	W14C93G40L0
6	2	3	1	2	W14C97G10L1.415
7	3	1	3	2	W16C89G40L1.415
8	3	2	1	3	W16C93G10L2.830
9	3	3	2	1	W16C97G20L0

降温装置采用高低温试验箱(图 4.11)，试验方法参照《公路土工试验规程》(JTG 3430—2020)[8]中盐渍土盐胀试验进行设计。高低温试验箱温控范围为-30～100℃，温度波动为±0.5℃；盐胀试验采用重型击实试验的大型击实桶，内径为15.2cm，高度为 17cm。制备好的待测盐岩试样如图 4.12 所示。

图 4.11　降温装置　　　　　　　图 4.12　部分待测盐岩试样

新疆罗布泊地区温度环境通常为季节渐变温和昼夜交替变温的叠加，温度变化较为复杂。因此，在设定温度程序时，采用梯度降温。现场实测路基最高温度和最低温度分别为 40℃和-10℃，由于 20～40℃盐胀变形极其微弱，因此设置降温程序为 20℃→10℃→5℃→0℃→-5℃→-10℃，每级降温结束后恒温 8h，变形量由百分表测量。根据正交试验表中的试样配比方案拌和闷料 24h 后，采用静压法制备直径为 15.2cm、高度为 12cm 的盐岩试样，并依次编号为 1#～9#。将制备好的试样放入 40℃恒温环境下养护 8h 后，在顶部安装百分表并施加预定荷载，上覆荷载以 1.415kPa 为基准[按 5cm 沥青面层荷载换算，同时结合《公路土工试验规程》(JTG 3430—2020)[8]中盐渍土盐胀试验要求施加的上覆荷载，设定试验中间水平为 1.415kPa，水平 1 和水平 3 分别为 0kPa 和 2.830kPa]。随后，将安装好的试样放置于高低温试验箱内进行试验。

2. 连续降温作用下的变形规律

不同上覆荷载下的盐岩试样变形规律如图 4.13～图 4.15 所示。由图 4.13 可知，由于环境温度逐级递减，试样内部开始产生相变并生成结晶盐，且温度越低生成晶体越多，试样变形量越大。20℃时，9#试样并未产生盐胀变形，其余试样变形程度相对较大，可见较大的压实度增加了土体之间的黏结力，提高整体结构强度，一定程度上抑制盐岩填料初期的盐胀变形。当环境温度为 5～-10℃时，不同试样均发生盐胀变形，说明此温度区间属于盐岩填料盐胀剧烈区间，这同样与4.1.2 小节结论一致。5#试样在此温度区间的盐胀变形幅度最大，这主要是不同最大粒径填料级配存在差异，使土粒间孔隙特征和胶结情况存在差异。粗颗粒盐岩含盐量更高，结晶程度更好，细颗粒含土量较高，不同级配盐岩填料易溶盐含量差异显著，从而大粒径盐岩填料变形程度更高。

图 4.14 中，由于施加上覆荷载，盐岩试样盐胀变形均得到了不同程度的抑制。当上覆荷载为 1.415kPa 时，2#、6#试样起胀温度明显降低，20℃时均为溶陷状态。当温度降至 10～5℃时，二者开始发生膨胀变形。6#试样前期压缩变形量小于 2#

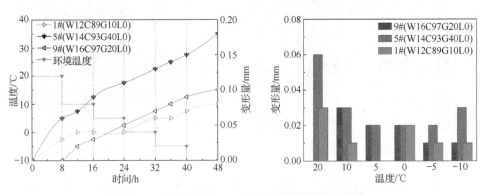

图 4.13　上覆荷载 0kPa 时盐岩路基填料变形规律

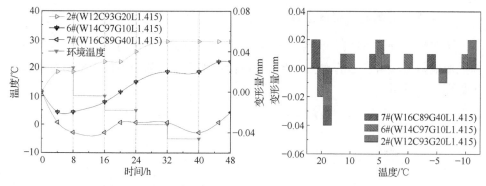

图 4.14　上覆荷载 1.415kPa 时盐岩路基填料变形规律

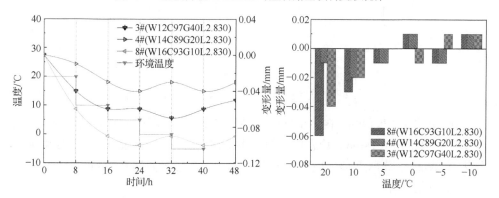

图 4.15　上覆荷载 2.830kPa 时盐岩路基填料变形规律

试样，这主要是由于 6#试样压实度较高，孔隙结构较为密实。7#试样起胀温度与无荷载时区别不大，且最终变形量大于 2#、6#试样，这主要是因为 7#试样制备时采用 16%饱和卤水拌和最大粒径 40mm 填料，总体含盐量较高，所以无论是起胀温度还是总变形量整体最大。

由图 4.15 可知，当上覆荷载提升至 2.830kPa 时，盐胀变形得到较大程度的限制。不同试样最终盐胀变形量均为负值，其中 3#、4#试样压缩变形量较小。在环境温度为 5℃之前，随着温度的降低，各盐岩试样在荷载的作用下均处于压缩状态；当温度为 5～-5℃时，不同试样均发生轻微膨胀变形。因此，认为盐岩路基填料盐胀变形剧烈温度区间为-5～5℃。综合上述试验结果可知，盐岩填料在单次降温作用下盐胀变形量最大为 0.18mm，远小于《公路路基设计规范》(JTG D30—2015)中关于盐渍土路基盐胀性的要求[16]。因此，在盐岩填筑路基设计及施工时，按最佳含卤水率拌和填料并使压实度满足要求，盐岩路基能具备较低的盐胀性，同时保证良好的路用性能。

3. 盐岩路基填料变形敏感性

为了深入分析不同因素对盐岩填料变形特性影响，采用极差分析、方差分析探明影响盐岩填料变形的敏感因素。单次降温作用下盐岩填料最终变形量试验结果如图 4.16 所示。

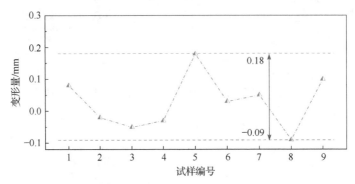

图 4.16　单次降温作用下盐岩填料变形量试验结果

由图 4.16 初步得知，在正交试验水平设定条件下，不同试样的最终变形量主要集中于−0.09～0.18mm。盐岩填料的最小压缩变形量为−0.02mm，最大压缩变形量为−0.09mm。膨胀变形量最大的试样为 5#，其变形量高达 0.18mm。

1) 极差分析

极差分析原理是利用正交试验设计的整齐可比性，计算某个因素在每一水平下的试验指标均值与极差。通过对比不同因素的极差大小，确定其对试验指标的影响程度。盐岩填料变形特性极差分析、变化趋势分别如表 4.5、图 4.17 所示。

表 4.5　盐岩填料变形影响因素正交试验极差　　　　(单位：mm)

因素	水平 1		水平 2		水平 3		变形量极差
	K_1	k_1	K_2	k_2	K_3	k_3	
含卤水率	0.010	0.003	0.180	0.060	0.060	0.020	0.057
压实度	0.100	0.033	0.070	0.023	0.080	0.027	0.010
最大粒径	0.020	0.007	0.050	0.017	0.180	0.060	0.053
上覆荷载	0.360	0.120	0.060	0.020	−0.170	−0.057	0.177

注：K_i 为单一因素在单一水平下实验结果的加和值；k_i 为单一因素在单一水平下实验结果的平均值。

图 4.17 中，变形量随含卤水率增大先增大后减小，随盐岩填料最大粒径增大而增大，随上覆荷载增大而减小。试验条件中，当含卤水率为 14% 时，变形量 k_2 高达 0.060mm，当最大粒径为 10mm 时，变形量 k_1 低至 0.007mm。计算 4 种因素

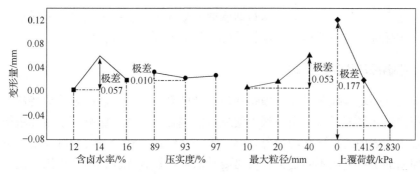

图 4.17　盐岩填料变形量随影响因素变化趋势图

不同水平的极差，分别为 0.057mm、0.010mm、0.053mm、0.177mm。由此可知，上覆荷载是影响盐岩路基填料盐胀变形的主要因素，其次为含卤水率和最大粒径，压实度影响较小。

2) 方差分析

极差分析与方差分析相比，能更直观地反映某一因素对盐胀变形量的影响大小，但无法区分试验过程中条件改变引起的数据波动和试验误差引起的数据波动，不能对因素影响的显著性给出更精确的数量计算。因此，进一步采用 SPSS 统计分析软件对数据进行方差分析。同时，由于极差分析中压实度对盐岩填料整体变形量影响极其微弱，因此方差分析仅选取含卤水率、最大粒径和上覆荷载三种因素。结果如表 4.6 所示。

表 4.6　盐岩填料变形影响因素方差分析

方差来源	III类平方和	自由度	均方	F	显著性
修正模型	0.57	6	0.010	122.143	0.008
截距	0.007	1	0.007	89.286	0.011
含卤水率	0.005	2	0.003	32.714	0.030
最大粒径	0.005	2	0.002	31.000	0.031
上覆荷载	0.047	2	0.024	302.714	0.003

注：$R^2 = 0.997$，调整后 $R^2 = 0.989$。

通过方差分析，假设原定三种因素对变形量无影响，计算出三种因素对变形量影响的显著性，表 4.6 最后一列显著性是根据 F 给出的相伴概率 P，$P < 0.05$ 认为应拒绝该假设，则有 95% 的把握相信该因素对盐岩填料变形量有显著影响。根据计算结果可知，三种因素 P 均小于 0.05，其中上覆荷载对变形量影响最大，其次为含卤水率，最后是最大粒径，说明上覆荷载对盐岩路基填料的变形具有较高

的抑制能力。此外，由于盐岩填料盐胀变形量随最大粒径增加呈显著增长趋势，因此在实际施工时应严格控制填料破碎的最大粒径满足规范要求。

4.3.2　冻融循环作用的影响

前述试验基本探明了盐岩填料在单次梯度降温作用下的盐胀变形特性，实际上罗布泊地区昼夜温差、季节温差明显，路基在气候变化影响下发生冻融循环，此过程中盐岩中的易溶盐随水分迁移、聚集，结晶-溶解、积盐-脱盐过程反复进行，路基的工程性质不断变化，有必要针对盐岩填料在冻融循环作用下的变形特性开展研究。基于此，本小节根据新疆罗布泊地区气温特征，系统研究冻融循环下盐岩路基变形规律，进而为盐岩路基抗变形设计提供有益参考。

1. 试验方案

考虑到冻融循环对盐岩路基填料盐胀具有累积作用，针对不同冻融循环次数下盐岩填料变形规律展开研究。根据 4.3.1 小节试验结果，选取变形最不利因素条件进行拌和闷料 24h，采用静压法成型预定压实度的盐岩试样。闷料时分别采用饱和卤水、70%和 50%饱和浓度卤水进行拌和。随后，在制备好的试样上安装百分表，进行冻融循环试验，试验装置与 4.3.1 小节一致，具体试验方案如表 4.7 所示。

表 4.7　冻融循环作用下盐岩路基变形试验方案设计

序号	卤水浓度	上覆荷载/kPa	工艺参数	冻融循环次数	降温程序
1	饱和浓度				
2	70%饱和浓度	0			
3	50%饱和浓度		最大粒径 40mm	7 次	−10℃冻 12h
4	饱和浓度		含卤水率 14%		40℃融 12h
5	70%饱和浓度	1.415	压实度 89%		
6	50%饱和浓度				

考虑到新疆罗布泊地区冬季较为寒冷，夏季炎热，采用季节冻融循环条件设定试样低温环境为-10℃，高温环境为 40℃。将试样在负温下 12h 后高温溶解 12h，作为一个冻融循环周期，分别记录盐岩试样 7 次冻融循环过程中的变形规律。在进行冻融试验时对试样进行裹覆，避免水分散失。试验 1～3 主要探究冻融循环作用下盐岩填料变形规律，试验 4～6 主要研究上覆荷载对盐岩填料变形的抑制程度。

2. 冻融循环作用下的变形规律

为了研究盐岩填料在冻融循环下的变形规律，在试验过程中记录不同卤水浓度试样在负温结晶和高温溶解过程中的变形量变化情况。自试验开始，每间隔 12h 记录一次数据，即分别记录负温结束和高温完成时盐岩试样的变形量。

1) 盐岩填料变形量随时间变化规律

不同卤水浓度拌和盐岩试样在冻融循环过程中的变形量随时间变化规律如图 4.18 所示。分析图 4.18 可知，在冻融循环作用下，不同卤水浓度盐岩试样均产生盐胀变形，且卤水浓度越低盐岩试样整体变形量越大。其中，70%饱和浓度卤水在冻融循环初期盐胀变形量最大，50%饱和浓度卤水试样次之，二者 48h 时的盐胀变形量分别为 0.54mm 和 0.42mm。饱和卤水试样在冻融循环初期一直处于膨胀状态，60h 后才出现溶解期变形恢复趋势，且整体变形量较小，7 次冻融循环结束后，试样变形量仅为 0.38mm。50%、70%饱和浓度卤水试样最终变形量相对较大，7 次冻融循环结束后试样变形量分别为 1.81mm 和 1.14mm，表现出极强的累加性。说明低矿化度卤水会与盐岩颗粒之间产生离子交换，土-水-盐体系溶解稳定后，盐岩填料孔隙溶液盐分含量升高并在降温过程中析出更多的结晶盐，从而表现出较大幅度的盐胀变形，这同 4.2.2 小节研究得到的规律一致。同时，说明盐类结晶改变了土体原本的胶结结构或点接触结构，盐岩颗粒错动，体积膨胀；当温度升高时，结晶盐释放结晶水，盐岩颗粒回落出现体缩现象，但由于盐岩颗粒强度较高且颗粒间存在较强的内摩擦力，溶解期回落现象并不显著。

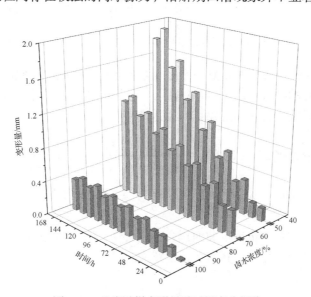

图 4.18　盐岩试样变形量随时间变化规律

2) 冻融循环作用下盐岩填料变形拟合分析

为了明确盐岩填料在冻融循环作用下卤水浓度与盐胀变形量的关系，采用专业函数绘图软件 Origin 对测定数据进行曲面拟合分析。试拟合多次后发现 GaussCum 函数拟合效果最好，如图 4.19 所示。

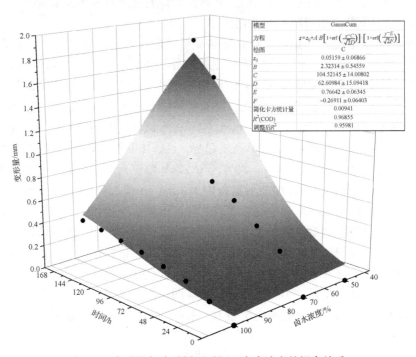

图 4.19　变形量与冻融循环时间、卤水浓度的拟合关系

由图 4.19 可知，拟合后得到一定卤水浓度条件下冻融循环变形量随时间变化规律，拟合函数的拟合优度 R^2 和调整后 R^2 均在 0.95 以上，可见拟合曲面方程效果较好，可以反映三者之间的关系，表达式为

$$z = 0.052 + 0.25 \times 2.323\left[1 + \mathrm{erf}\left(\frac{x - 104.521}{62.610\sqrt{2}}\right)\right]\left[1 + \mathrm{erf}\left(\frac{y - 0.766}{-0.269\sqrt{2}}\right)\right] \quad (4.3)$$

式中，x 为卤水浓度，%；y 为冻融循环时间，h；z 为冻融循环结束后的变形量，mm。

进一步采用方差分析确定曲面拟合的显著性，如表 4.8 所示。F 的相伴概率 P 远小于 0.01，说明拟合模型具有统计学意义。

表 4.8　拟合函数方差分析

来源	自由度	平方和	均方	F	P
回归	5	5.21409	1.04282	110.8686	7.11162×10^{-13}
残差	18	0.16931	0.00941	—	—
未修正整体	24	13.0448	—	—	—
修正整体	23	5.3834	—	—	—

3. 上覆荷载作用下的变形规律

综合前文试验结果可知，上覆荷载对盐岩路基填料在降温过程中的盐胀变形具有较大程度的抑制作用。因此，本小节主要对上覆荷载对盐岩填料冻融循环的盐胀变形规律开展研究，综合分析上覆荷载对不同卤水浓度盐岩试样变形的抑制情况，进而为路基结构型式设计提供参考。图 4.20 为盐岩试样随冻融循环次数的变形量。

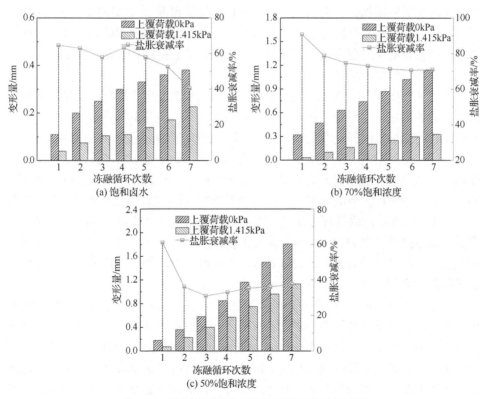

图 4.20　不同卤水浓度盐岩随冻融次数的变形量

分析图 4.20(a)可知，随着冻融循环次数的增加，不同上覆荷载作用下的盐岩路基填料变形量呈累加趋势。当上覆荷载为 0kPa 时，盐岩路基填料冻融初期的变形量增速较快，5～7 次以后增速放缓。冻融循环 1～3 次的盐岩填料变形量增加约 0.14mm，冻融循环 5～7 次仅增加 0.05mm。可见饱和卤水拌和的盐岩试样在多次冻融循环后重新排列，颗粒在升温过程中的回落量增大，使得变形量的累加越来越小。上覆荷载为 1.415kPa 时的盐胀规律则与之相反，冻融循环 1～3 次变形量增加 0.07mm，冻融循环 5～7 次增加 0.09mm。对比有上覆荷载和无上覆荷载时试样的变形量可知，随着冻融循环次数增加，上覆荷载对盐胀变形的抑制程度呈下降趋势，冻融循环 7 次时，盐胀衰减率仍高达 41%，可见上覆荷载能有效抑制盐岩路基填料的结晶膨胀力。

由图 4.20(b)可知，随着冻融循环次数的增加，无上覆荷载的盐岩试样变形量呈线性增加趋势，冻融循环 7 次时的变形量高达 1.14mm。当上覆荷载提升至 1.415kPa 时，70%饱和浓度卤水成型盐岩试样盐胀程度得到了极大程度的抑制，变形量增速较为缓慢。对比有上覆荷载和无上覆荷载时试样的变形量可知，随着冻融循环次数的增加，上覆荷载对盐胀变形的抑制程度呈轻微下降趋势，冻融循环 5 次后，盐胀衰减率稳定于 71%。可见上覆荷载的作用使得硫酸盐及其他盐类结晶体在稳定增长过程中难以破坏填料原有的骨架嵌挤结构，使最终变形量远小于无上覆荷载时的变形量。

由图 4.20(c)可知，在无上覆荷载时，50%饱和浓度卤水成型盐岩试样随冻融循环次数的增加，变形量同样呈线性增长趋势。当上覆荷载提升至 1.415kPa 时，盐岩试样的变形量同样呈线性增长趋势，冻融循环 7 次后变形量分别为 1.81mm 和 1.13mm。说明在一定范围内卤水浓度越低，其拌和路基填料的孔隙溶液盐分浓度越高，从而导致盐胀变形更为剧烈。分析不同上覆荷载作用下试样的变形量可知，随着冻融循环次数的递增，上覆荷载对盐胀变形的抑制呈先降低后升高的趋势，盐胀衰减率从冻融循环 1 次的 61%降低至冻融循环 3 次的 31%，随后又稳步提升至冻融循环 7 次的 38%。可见附加上覆荷载对低矿化度卤水拌和盐岩试样的盐胀变形抑制程度相对较小，且随着冻融循环次数的增加，上覆荷载对盐胀变形的抑制效果逐渐减弱。

综上所述，饱和卤水成型盐岩试样满足《公路路基设计规范》(JTG D30—2015)中二级及以下路基的盐胀率要求[16]。70%及以下饱和浓度卤水成型盐岩试样冻融循环 7 次后的盐胀变形量大于 1.14mm，与《盐渍土地区公路设计与施工指南》[31]中二级公路盐胀性下界值较为相近。因此，在进行盐岩路基设计与施工时，建议以 70%饱和浓度卤水成型盐岩试样冻融循环 7 次后的盐胀率作为理论参考，根据路基设计高度和盐胀深度进行路基防冻设计，同时施工时采用的卤水浓度须大于饱和浓度的 70%，以保证路基填筑时具有良好的长期使用性能。上覆荷载对盐岩填料盐胀抑制作用较强，在进行路基结构型式设计时可充分利用荷载抑制作用，合理运用盐岩填筑路基。

4.4　盐岩路基填料持水特性

土体间水分迁移不仅是一个简单的过程，从能量角度看，土中水同样存在势能，其势能差促使水分迁移。这一势能被称为土水势，是非饱和土水分迁移的内在驱动力。土水势包括基质势、溶质势、重力势、压力势和温度势。其中，基质势由土体对水分的吸持作用引起，机理较为复杂。明确非饱和土的持水能力是准确掌握土中能量变化、开展水分迁移规律研究的重要前提，因此有必要针对盐岩路基填料持水特性开展研究。非饱和土的持水能力可通过土-水特征曲线(soil-water characteristic curve，SWCC)进行表征。基于此，本节对不同干密度下盐岩填料的土-水特性开展研究，明确适用于盐岩填料的土-水特征曲线模型，为揭示盐岩路基水分迁移机理提供有益参考。

4.4.1　土-水特征曲线测试原理及方法

土-水特征曲线定义为吸力(基质吸力或总吸力)与土体含水率(体积含水率、质量含水率和饱和度)之间的本构关系曲线。土-水特征曲线主要通过试验测定，常用试验方法主要有体积压力板法、电位计法、滤纸法、张力计法、离心机法和渗析法等。与其他测试方法相比，滤纸法具有测量范围大、精度高、价格低廉等特点。本节试验采用滤纸法测定盐岩路基填料土-水特征曲线。

1) 试验原理

滤纸法测试原理较为简单，当干燥滤纸和盐岩填料接触时，水分即从土样迁移至滤纸中，且滤纸为多孔介质材料，极易吸水。经过一定时间，滤纸和土体会达到平衡状态，即两者的吸力相同。此时，土中含水率与滤纸含水率相同。通过滤纸特定的滤定曲线，可以换算出滤纸的吸力，从而得到土中基质吸力大小。

2) 试验方法

美国材料与试验协会(ASTM)推荐试验采用 Whatman No.42 型无灰级定量滤纸来测试土体的基质吸力，试验步骤如下。

(1) 制备盐岩试样。取过 2mm 筛盐岩填料，加入一定质量的饱和卤水，控制含卤水率在 4%~26%，将盐岩与卤水拌和均匀后闷料不少于 24h。

(2) 制备预计干密度土样。采用静压法制备预计干密度土样，随后将环刀压入土样制备环刀试样，制备完成后立即用密封盒将环刀试样密封。环刀直径为 61.8mm，高度为 20mm，体积为 60cm³。

(3) 测试试样成型与养护。在两个含卤水率相同的环刀试样中间放置 3 层烘干的滤纸，中间为测试滤纸，直径为 55mm，上下为保护滤纸，用于避免中间滤纸受到土样的污染。中间滤纸在放入土样之前用分析天平(精度 0.0001g)称重并记录，而后迅速将 3 张滤纸加入两个环刀试样之间，整个过程尽量在 15s 以内完成。随后，采用电工防水胶带将两个试样固定在一起，置于密封盒内，并将其放入恒温箱内恒温 7d，恒温箱温度控制为 20℃。

(4) 基质吸力计算。7d 后，滤纸与盐岩填料达到水分交换平衡状态，取出试样，用镊子取出中间湿滤纸，放入电子天平进行称量，过程尽量控制在 15s 以内，记录滤纸质量。随后，将环刀中盐岩填料取出并烘干至恒重，计算土样含卤水率，根据 ASTM 推荐的方程计算土样的基质吸力。具体试验过程如图 4.21 所示。

$$\begin{cases} \lg s = 5.327 - 0.0779 w_{\mathrm{f}}, & w_{\mathrm{f}} < 45.3\% \\ \lg s = 2.412 - 0.0135 w_{\mathrm{f}}, & w_{\mathrm{f}} \geqslant 45.3\% \end{cases} \tag{4.4}$$

式中，s 为土样的基质吸力，kPa；w_{f} 为滤纸的质量含水率，%。

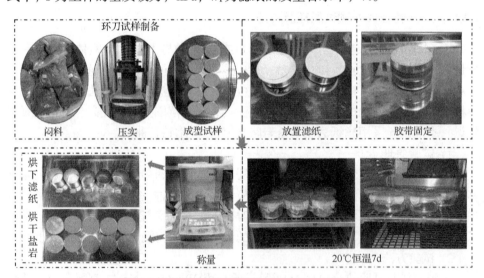

环刀试样制备

闷料　　　　压实　　　　成型试样　　　　放置滤纸　　　　胶带固定

烘下滤纸烘干盐岩

称量　　　　20℃恒温7d

图 4.21　滤纸法测试盐岩填料 SWCC 试验过程

4.4.2　不同干密度下的盐岩土-水特征曲线

为了全面分析干密度变化对盐岩填料土-水特性的影响，分别制备压实度为 89%、93%、97% 的不同含卤水率盐岩环刀试样，通过前文试验方法对不同干密度的盐岩环刀试样进行试验，试验结束后计算环刀试样和滤纸中的含水率，并依据滤纸吸力率定曲线[式(4.4)]计算盐岩填料基质吸力，结果如表 4.9 所示。滤纸含水率随试样含卤水率的变化规律如图 4.22 所示。

表 4.9　罗布泊盐岩填料滤纸法基质吸力测试结果

试样序号	试样属性		滤纸含水率/%	lg s	基质吸力/kPa
	干密度/(g/cm³)	平均含卤水率/%			
1-1		6.8	25.4	3.35	2245.59
1-2		10.4	39.5	2.25	179.15
1-3	1.56	10.6	41.2	2.12	131.10
1-4		14.8	45.1	1.81	64.69
1-5		17.6	46.8	1.78	60.23
1-6		20.4	53.6	1.69	48.85
2-1		4.0	13.0	4.32	20727.8
2-2		5.2	20.0	3.77	5942.12
2-3		10.4	33.5	2.72	523.69
2-4	1.50	14.7	47.8	1.77	58.46
2-5		15.2	51.4	1.72	52.29
2-6		18.4	64.3	1.54	35.04
2-7		23.1	63.6	1.55	35.72
3-1		6.2	12.2	4.37	23663.76
3-2		7.4	16.1	4.07	11725.87
3-3		10.5	27.9	3.16	1429.41
3-4	1.43	14.5	46.5	1.78	60.81
3-5		19.6	59.4	1.61	40.71
3-6		23.4	60.3	1.60	39.59
3-7		26.2	60.3	1.60	39.58

图 4.22 中，对于含卤水率为 4%～26%的盐岩试样，含卤水率越小，接触式滤纸法测得的滤纸含水率也越小。当盐岩试样含卤水率为 4%～20%时，随着含卤水率的增加，平衡后滤纸含水率增幅较大；当盐岩试样含卤水率大于 20%时，平衡后滤纸含水率的变化趋于稳定。以含卤水率为 14%为界，当含卤水率小于 14%时，土样的干密度越大，平衡后的滤纸含水率越大。因为在相同含卤水率下，干密度越大、孔隙率越小，土样对水分的吸力越小，所以平衡后的滤纸含水率越大。

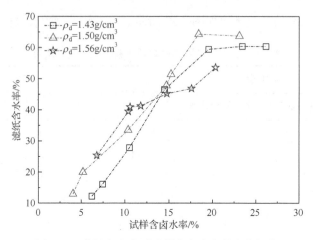

图 4.22　滤纸含水率随试样含卤水率的变化规律

含卤水率大于 14%时趋势相反，说明土样干密度越小，其饱和含卤水率越大，此时重力势大于基质势，土样对水分的吸持能力减弱，平衡 7d 后的滤纸含水率越大。

　　图 4.23 为不同干密度条件下盐岩试样的实测土-水特征曲线。由图 4.23 可知，以基质吸力 100kPa 为界，曲线可分为高基质吸力段和低基质吸力段。在高基质吸力段，干密度大的盐岩试样土-水特征曲线总是低于干密度小的盐岩试样，且曲线斜率小。究其原因，干密度小的盐岩试样孔隙大，孔隙之间连通性好，饱和含水率高，进气值较大，基质吸力相对较大。此外，盐岩填料密实程度高，土中大孔隙减少、小孔隙增多，但连通性差，水分在较低的吸力作用下即可排出。在低基

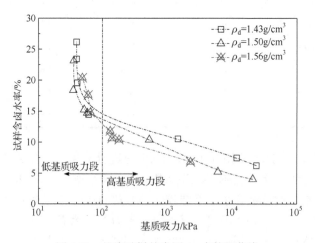

图 4.23　盐岩试样的实测土-水特征曲线

质吸力段，干密度对盐岩试样的基质吸力影响较小。实际上，在低基质吸力阶段，卤水溶度也会对基质吸力产生影响。孔隙溶液表面张力、接触角影响气-液交界面与固相基质间的毛细作用。密实度较小时，盐岩试样孔隙较大，盐分对孔隙溶液表面张力和接触角的影响明显，进而影响基质势，这也是低基质吸力段不同干密度盐岩试样吸力差异较小的原因之一。

4.4.3　土-水特征曲线模型选取及拟合

通过试验测得相应含水率及吸力后，还需要选取数学模型进行土-水特征曲线 (SWCC)拟合表述，适宜的模型能用于非饱和土的水盐迁移运动方程计算，预测和分析非饱和土的力学性能等。国内外常用的 SWCC 数学模型有 3 种：Gardner 模型、van Genuchten 模型和 Fredlund & Xing 模型，本小节针对以上模型进行拟合寻优，明确适用于盐岩填料的土-水特征曲线模型。表 4.10 为本书试验条件下的 3 种国内外常用土-水特征曲线模型。

表 4.10　土-水特征曲线模型

类型	模型	数学表达式	参数意义
对数函数的幂函数形式	Fredlund & Xing	$\theta = C(\psi)\dfrac{\theta_s}{b\left\{\ln\left[e+\left(\dfrac{\psi}{a}\right)^b\right]\right\}^c}$ $C(\psi)=1-\dfrac{\ln\left(1+\dfrac{\psi}{\psi_r}\right)}{\ln\left(1+\dfrac{10^6}{\psi_r}\right)}$	θ-含水率；θ_s-饱和含水率；ψ-基质吸力；a-进气值函数的土性参数；b-超过土的进气值时土中流出率函数的土性参数；c-残余含水率函数的土性参数；ψ_r-出现残留含水率时表示吸力的函数土性参数
幂函数形式	van Genuchten	$\theta=\theta_r+\dfrac{\theta_s-\theta_r}{\left[1+(\psi/a)^b\right]^{1-\frac{1}{b}}}$	θ_r-残余含水率；其余同上
	Gardner	$\theta=\theta_r+\dfrac{\theta_s-\theta_r}{1+\left(\dfrac{\psi}{a}\right)^b}$	a-含水率为$(\theta_s-\theta_r)/2$ 时对应的基质吸力；其余同上

根据表 4.10 中的 SWCC 数学模型对不同干密度下盐岩试样的试验结果进行拟合，拟合曲线如图 4.24 所示。其中，图 4.24(a)为 Fredlund & Xing 模型拟合结果，图 4.24(b)为 van Genuchten 模型拟合结果，图 4.24(c)为 Gardner 模型拟合结果。各模型拟合参数和拟合优度结果见表 4.11。

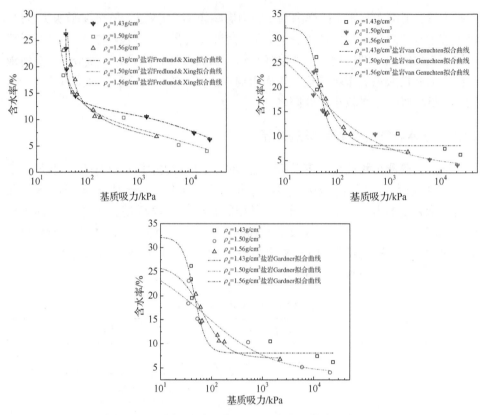

图 4.24　不同干密度盐岩试样土-水特征曲线拟合结果

表 4.11　土-水特征曲线数学模型拟合参数和拟合优度

模型	干密度/(g/cm³)	拟合参数	拟合优度
	1.43	a=39.384；b=2.246；c=0.122	R^2=0.990
Fredlund & Xing	1.50	a=23.363；b=1.637；c=0.394	R^2=0.944
	1.56	a=36.908；b=1.706；c=0.387	R^2=0.980
	1.43	a=41.420；b=4.204；θ_r=8.083	R^2=0.887
van Genuchten	1.50	a=12.909；b=1.408；θ_r=3.216	R^2=0.908
	1.56	a=45.042；b=2.376；θ_r=6.991	R^2=0.958
	1.43	a=45.692；b=3.753；θ_r=8.082	R^2=0.924
Gardner	1.50	a=67.554；b=0.633；θ_r=3.793	R^2=0.897
	1.56	a=64.421；b=1.789；θ_r=7.075	R^2=0.927

由表 4.11 可知，在 3 种土-水特征曲线模型中，Fredlund & Xing 模型对 3 种干密度拟合的拟合优度均在 0.944 及以上，其中干密度为 1.43g/cm³ 和 1.56g/cm³ 时的拟合优度分别为 0.990 和 0.980，拟合效果良好。van Genuchten 模型和 Gardner 模型在干密度较小时拟合结果一般，前者在干密度为 1.43g/cm³ 时的拟合优度仅为 0.887，后者在干密度为 1.50g/cm³ 时的拟合优度为 0.897。此外，Fredlund & Xing 模型适用于全吸力范围(0~10⁶kPa)，因此认为 Fredlund & Xing 模型可作为描述盐岩填料土-水特征曲线的最佳模型，用于描述和预测重塑盐岩试样的土-水特征曲线。

4.5　盐岩路基填料毛细水迁移规律

较大的基质吸力可使毛细水上升，使路基在含水率周期性变化的条件下出现干湿循环，路基在盐类反复结晶溶解的过程中极易发生溶蚀病害，强度迅速衰减[32]。因此，本节采用恒温条件下毛细水迁移试验，系统研究基质势影响下的盐岩路基填料毛细水迁移规律。

4.5.1　试验方案设计

为了探究盐岩路基填料毛细水迁移规律，同时考虑饱水岩土材料在重力作用下会排出，本节试验设计分为两组试验条件，一是无补水条件，二是补水条件，具体试验方案见表 4.12。试验共 6 个工况，前 3 种工况为无补水条件，研究盐岩路基填料的持水度；工况 4 和工况 5 分析压实度对盐岩路基填料毛细水上升规律的影响；工况 5 和工况 6 对比有无覆盖层对盐岩路基毛细水上升规律的影响。

表 4.12　盐岩路基填料毛细水迁移试验方案

工况	环境温度	初始含卤水率/%	压实度/%	覆盖层	补水方式	试验时间/d
1		10				
2		14	89	有	无补水	
3		18				
4	恒温 20℃	10	93	有		5
5		10	89	有	有补水	
6		10	89	无		

具体制样过程如下：先制备预定含卤水率的盐岩填料，然后将土样用塑料口袋密封 24h，从而使内部水分扩散均匀；采用分层压实法装入内径为 5cm、高度为 10cm 的多个有机玻璃管中，并将其连接，每根管最终长度为 40cm；装样之前，

按照预定干密度和含卤水率计算成型试样所需盐岩质量，然后逐层压实以保证试样密实均匀，每层捣实后用刮土刀将土样刮毛。试验装置如图 4.25 所示。

(a) 工况1～3　　　　　　　　　　　　　　(b) 工况4～6

图 4.25　盐岩填料毛细水迁移试验装置

试验结束后，按照 10cm 间隔取土称量，放入 105℃烘箱内烘干至恒重，计算不同位置处的含卤水率。待烘干盐岩试样如图 4.26 所示。

图 4.26　待烘干盐岩试样

4.5.2　持水度

饱和度较高的岩土材料在重力势作用下会排出孔隙水，但仍有一部分水由于毛细-吸附作用滞留于孔隙中。在水文地质学领域，将岩土材料在重力水排出后仍能保持水的体积与材料总体积之比定义为持水度[33]。根据持水度的概念可知，当盐岩填料含卤水率等于持水度时，若有多余水分进入试样内部，则这部分水在重力势的影响下流走。图 4.27 为工况 1～3 试验结束后含卤水率分布曲线。为消除温度梯度对水分迁移的影响，本组试验设置为恒温 20℃，只分析重力势对不同初始含卤水率盐岩试样的影响。

如图 4.27 所示，初始含卤水率为 10%时，试样各位置含卤水率变化幅度较

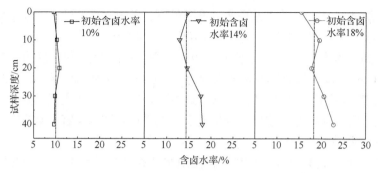

图 4.27　工况 1~3 试验结束时含卤水率分布曲线

小；初始含卤水率为 14% 时，开始出现显著的水分向下迁移现象。初始含卤水率越大，试样向下迁移的水量越大，这主要是由于在 20℃环境下，盐岩试样在含卤水率为 14% 以上时基质吸力较小，此时盐岩填料处于低基质吸力段。土中的重力势大于基质势，使试样发生非饱和土渗流。因此，可以认为盐岩试样在 20℃时的持水度换算成质量含卤水率约为 10%。

4.5.3　毛细水迁移

为了探究盐岩路基填料毛细水迁移规律，以工况 4、5、6 的试验结果为例，研究压实度对盐岩试样毛细水迁移规律的影响，同时对比分析有无覆盖层条件下盐岩试样毛细水迁移情况。

1) 压实度影响

考虑水分在土中的毛细作用，在压实度分别为 89%、93% 的两组试样土柱下端设置透水石，并置于盛有卤水的水槽中。土柱放置 5d 后，按 10cm 间隔取土烘干，测试其含卤水率变化情况，如图 4.28 所示。

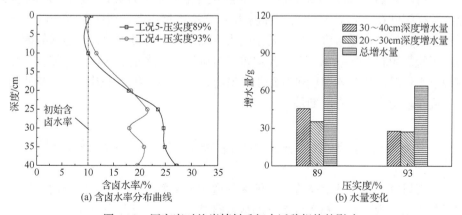

图 4.28　压实度对盐岩填料毛细水迁移规律的影响

分析图 4.28 可知, 在液态卤水补充条件下, 不同深度处试样含卤水率变化显著。压实度为 89% 时, 毛细水最大上升高度高于 40cm; 压实度为 93% 时, 毛细水上升最大高度约为 35cm。对比不同深度区间试样质量变化, 压实度为 89% 的试样在 20~40cm 深度试样整体卤水增水量均大于压实度为 93% 的试样, 可见盐岩路基填料毛细作用随压实度增加而降低。这主要是因为不同压实度试样孔隙结构有差异, 基质吸力同样存在差异, 压实度小, 土样孔隙结构丰富, 基质吸力较大。

2) 覆盖层影响

为了对比覆盖层对盐岩路基填料毛细水迁移规律的影响, 分别在压实度为 89%、有无覆盖层的两组试样下端设置透水石, 并放置于盛有卤水的水槽中。试样静置 5d 后, 按 10cm 的间隔取土烘干, 测试不同深度含卤水率变化情况, 如图 4.29 所示。

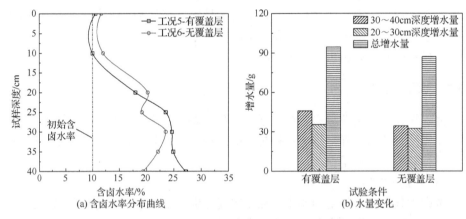

图 4.29　覆盖层对盐岩填料毛细水迁移规律的影响

分析图 4.29 可知, 有无覆盖层的两组试样毛细水上升最大高度均在 40cm 以上。试样深度在 20cm 以上时, 有覆盖层试样增水量更多; 深度为 20cm 以下时, 无覆盖层试样增水量较多。这主要是因为毛细水在上升过程中, 不透水的覆盖层增加了盐岩填料上部孔隙气压, 无覆盖层时试样上部水量迁移较多。综上可知, 在地下水位较浅的盐岩路段进行路基修筑时, 为避免毛细水上升影响路基使用性能, 应在路堤内部设置隔断层。

4.6　基于覆盖效应的盐岩路基填料水分迁移规律

现有研究表明, 西北寒冷干旱地区的道面覆盖效应主要是低温作用下气态水的迁移所致。为了分析覆盖效应下的盐岩路基填料水分迁移重分布规律, 揭示水分迁移内在机理, 本节基于冻融循环下的水分迁移试验, 系统研究补水方式对盐岩路基填料水分迁移规律的影响。

4.6.1　试验方案设计

本节试验采用一维土样水气迁移试验装置，试验装置主要由土样容器、高低温试验箱和温度传感器组成，其中高低温试验箱与 4.3 节一致。土样容器为 0.5cm 厚有机玻璃制成的透明圆柱体，内部试样直径为 10cm，高度为 40cm。为保持试验的一维性，避免试样侧壁与外界产生热量交换，容器外侧用保温材料包裹。装填试样时，在土体中埋设 8 个温度传感器，间隔为 5cm，传感器接线沿土样容器侧壁与温度示数装置连接，实时采集土体不同深度的温度。为了对比干旱地区无地下水补充或气态水补充的覆盖效应，工况 1 采用气态水补充的方式，工况 2 对试样底部进行完全封闭，具体试验方案见表 4.13。

表 4.13　覆盖效应影响因素试验方案

试验工况	环境温度	含卤水率/%	压实度/%	补水方式	循环次数
1	−10℃ 12h			气态水	
		10	89		5
2	20℃ 12h			无补水	

试验以 SC-20 级配盐岩填料为研究对象，制样前对盐岩填料进行烘干处理，烘干后制备含卤水率为 10% 的盐岩填料，用塑料口袋密封 24h，从而使内部水分扩散均匀。随后，采用分层压实法装入内径为 10cm、高度为 40cm 的有机玻璃管中。按照预定干密度和含卤水率计算成型试样所需盐岩质量，然后逐层压实以保证试样密实均匀，每层捣实后用刮土刀将击实试样表面刮毛。将制备好的试样用保温材料裹覆后进行试验，试验以环境温度−10℃维持 12h 再以 20℃升温 12h 为一个冻融循环周期，试验共进行 5 次冻融循环。部分待测试样和试验装置如图 4.30 所示。

(a) 部分待测试样　　　　　　　　　　　　　(b) 试验装置

图 4.30　部分待测试样和试验装置

4.6.2　温度分布规律

分析冻循环过程中各土层温度分布特征，将各土层温度传感器数据整理并绘制成折线图，如图 4.31 所示。图 4.32(a)～(c)分别为第 1 次冻融循环的温度分布曲线和各循环负温、正温结束时不同深度处的温度分布曲线。

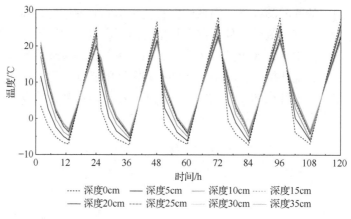

图 4.31　盐岩各土层温度随时间变化

由图 4.31 可知，降温过程中盐岩试样从顶端开始降温，顶端温度为-10℃的降温过程中，试样由上而下形成温度梯度。在升温阶段，顶端温度为 20℃，各土层温度逐渐回升，土柱底端温度变化相对滞后，温度总体呈抛物线变化趋势。试样自顶端向下 5cm 处温度变化区间为-6.3～21.1℃，10cm 处温度变化区间为-5.7～20.3℃，20cm 处温度变化区间为-4.7～18℃。

由图 4.32 可知，在第 1 次冻融循环内，试样自上边界开始降温，随着土层深度增加，下部温度变化相对滞后，因此降温初期试样温度梯度较为显著。随着负温时间的增加，试样上下边界的温度差逐渐减小。负温结束时试样上边界温度为

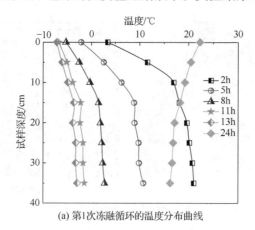

(a) 第1次冻融循环的温度分布曲线

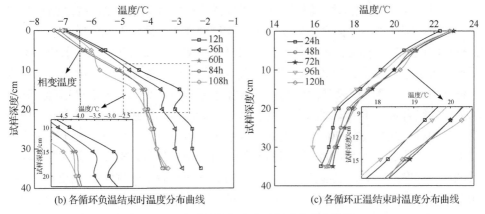

图 4.32 冻融循环各阶段试样温度分布曲线

−7.1℃，下边界温度为−2.9℃，上下边界温度差仅为 4.2℃。对比不同冻融循环阶段中负温与正温结束时的温度分布曲线可知，每个循环相同时间的整体温度趋势基本相同。负温结束时的温度曲线随冻融循环次数增加而下移，这主要是由于水分迁移与热量传导为耦合过程，盐岩填料经过反复结晶-溶解，其孔隙结构和含卤水率均发生了一定程度的变化。另外，由于水的比热容大，当试样上侧含水率升高时，温度最终稳定后的传递深度增加。

4.6.3 水分迁移规律

为了明确寒冷干旱地区盐岩路基填料水分迁移规律，采用无补水和补充气态水两种工况研究补水方式对盐岩路基填料水分分布的影响，具体试验结果如图 4.33 所示。

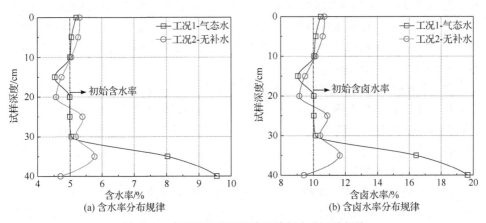

图 4.33 冻融循环后盐岩路基填料水分迁移规律

分析图 4.33 可知，盐岩填料中水分更倾向于向冷端迁移。5 次冻融循环结束后，试样各深度处的含卤水率发生了不同程度的变化。两种工况试样在表层均出现较小幅度增长。在无补水条件下，表层含水率增长了 0.32%，气态水补充条件下表层含水率增长约 0.21%。这主要是负温期间温度梯度使水分持续迁移并汇聚于试样顶部，在负温结束时，0～5cm 深度盐岩填料处于剧烈相变温度区间，其中的易溶盐结合水分子大量结晶，阻碍了水分迁移通道，导致试样上部含水率增幅较小。两种工况在 10～20cm 深度处的含水率分布曲线均出现一定程度的左移，其中工况 2 下部含水率出现较大幅度增长，在 35cm 处含水率增长了 0.77%。说明试样因温度势影响，上部含水率增长，当温度回升后，此时含水率高于填料在 20℃时的持水度，该部分液态水会向下迁移，使下部含水率增加。工况 1 在 30～40cm 深度的含水率在毛细作用影响下显著增加，20～30cm 深度几乎无水分向上迁移。

综上，在覆盖层下部，由于温度梯度影响，土体含水率增加，但由于盐类结晶相变生成的结晶盐(如芒硝晶体等)对水分和盐分迁移具有阻断作用，不足以使顶部土体饱和，试样下部由于气态水迁移，含水率大幅增加。因此，在寒旱地区进行盐岩路基建设时，不仅要考虑隔水措施，还要结合路基浅层增水规律及相变温度剧烈区间深度等，在增水相变剧烈深度以下位置采取相应的隔气措施，以保障路基在道面覆盖影响下的长期稳定性。

4.7　本 章 小 结

本章基于降温试验分析了卤水浓度、含卤水率等因素对卤水、盐岩填料及其孔隙溶液相变特征的影响规律，探究了单次降温作用下盐岩填料的盐胀变形规律，确定了多次冻融循环后盐岩填料盐胀累积规律、不同干密度盐岩填料的持水特性，构建了适于盐岩填料的土-水特征曲线模型，阐明了覆盖效应下的盐岩路基填料水分迁移规律。主要研究结论如下。

(1) 不同卤水浓度降温曲线均未出现明显的过冷阶段，且在-20℃条件下未发生冻结现象，但存在明显盐结晶现象；Na_2SO_4 溶液的相变放热持续时间较长，冻结特征显著；质量分数为 8% 的 Na_2SO_4 溶液过冷温度和冻结温度分别为-2.1℃和-0.69℃；在降温过程中，随着卤水浓度降低，相变温度逐渐下降，其中饱和卤水的相变温度约为 3.7℃。

(2) 盐岩试样降温曲线存在显著过冷和温度跳跃阶段，主要集中于-5～-10℃；含卤水率为 10%～16% 的盐岩试样相变温度集中于-5.88～-8.75℃；降温后饱和卤水成型盐岩试样膨胀变形主要由盐结晶引起，在盐岩路基施工过程中提升拌和卤水浓度有利于降低盐岩填料盐胀剧烈温度区间。

(3) 单次降温作用下的盐岩试样最终变形量为 0.09～0.18mm，环境温度 5～ -5℃为盐岩填料盐胀相对剧烈区间；不同因素对盐岩路基填料变形的影响程度由大到小依次为上覆荷载、含卤水率、最大粒径和压实度；拌和卤水浓度越小，盐岩填料变形量越大，上覆荷载能有效抑制盐岩路基填料的结晶膨胀力。

(4) 在低基质吸力段，干密度对盐岩填料基质吸力影响较小；推荐采用 Fredlund&Xing 模型表征盐岩填料的土-水特征曲线；盐岩路基填料毛细作用随压实度增大而减小；在地下水位较浅的盐岩路段修筑路基工程时，应在路堤内设置隔断层。

(5) 基于冻融循环下的水分迁移试验测试了覆盖效应下盐岩路基填料土层温度、含水率分布特性，试验过程中盐岩土柱底端温度变化相对滞后，温度总体呈抛物线变化趋势；在无补水条件下，表层含水率增加了 0.32%，气态水补充条件下表层含水率增加约 0.21%；在实际工程中，应在路基相变剧烈深度以下位置采取隔气措施。

第5章　考虑颗粒破碎的盐岩集料基层组成设计

盐岩的矿物成分主要为氯盐和硫酸盐，是一种经长期物理、化学及生物作用过程形成的盐类沉积物。将盐岩全部替代天然集料时，其用作路面基层材料的可行性有待明确。与传统路面基层材料相比，盐岩孔隙多、强度低和易破碎等特性更为明显，在将其用于基层中时须明确破碎特征，并在考虑颗粒破碎特性的基础上构建盐岩集料基层组成设计方法，以确保盐岩集料基层符合工程设计要求。本章全面分析盐岩集料颗粒破碎影响因素，评价不同因素影响下盐岩集料整体破碎情况，基于优选的破碎颗粒分布模型明确盐岩集料破碎颗粒分布规律；并以优化盐岩集料基层级配组成设计为出发点，明晰盐岩集料基层组成设计流程，构建盐岩集料基层颗粒破碎级配转移模型，提出盐岩集料基层组成设计方法；进行盐岩集料基层组成设计验证，为盐岩集料基层组成设计奠定理论基础。

5.1　盐岩集料级配变化及其影响因素

盐岩集料压碎值较大且内部孔隙发育，在将盐岩集料用于基层填筑时，其主要在碾压过程中受盐岩集料粒径规格和含卤水率等因素影响而发生破碎。盐岩集料粒径较大时存在较多裂隙缺陷，在外力作用下易发生破碎。另外，卤水在不同粒径规格盐岩集料接触处形成的水膜厚度有所不同，受到外力影响时，盐岩集料重新排列存在差异。本节主要研究不同规格类型和含卤水率盐岩集料在击实能量作用下的破碎特性，以期提升盐岩集料作为基层材料时的稳定性。

5.1.1　不同规格盐岩集料级配变化

盐岩集料规格是影响盐岩集料破碎的主要内在因素，不同规格盐岩集料内部结构具有显著差异，受外力作用时其排列形式及受力方式也不同[34]。盐岩粗集料在成型试样后主要起骨架作用，盐岩细集料主要起填充胶结作用，使得成型后试样的力学性能发生显著变化。本节分析击实作用下盐岩集料破碎颗粒的级配变化情况，以确定不同规格盐岩集料破碎颗粒分布规律。

1. 不同规格盐岩集料破碎前后颗粒级配对比

对 4.75～9.5mm、9.5～13.2mm、13.2～16.0mm、16.0～19.0mm、19.0～26.5mm、

26.5～31.5mm 六种不同规格盐岩集料进行破碎，如图 5.1 所示。试验所用仪器主要为 JZ-2D 型电动击实仪，由击实锤、击实筒、计时器和传送带等组成。击实锤质量为 4.5kg，锤底直径为 5cm，击实锤下落高度为 45cm。在不考虑损失的前提下通过击实锤做功获得击实能量，可通过式(5.1)确定，采用的击实能量分别为546kJ/m³、1092kJ/m³、1639kJ/m³、2185kJ/m³ 和 2677kJ/m³。试验时将不同规格盐岩集料在 105℃温度条件下烘干，然后分三层装入击实筒，每层击实能量相同，最后将盐岩集料破碎后的颗粒进行筛分，获得不同规格盐岩集料在不同击实能量作用下的破碎颗粒级配曲线。图 5.2 为盐岩集料破碎试验过程，图 5.3 为不同规格盐岩集料破碎前后的级配曲线。

$$E = \frac{Nnmgh}{2177} \tag{5.1}$$

式中，N 为击实层数；n 为每层击实次数；m 为击实锤质量，kg；g 为重力加速度；h 为击实锤下落高度，取 0.45m。

(a) 4.75～9.5mm盐岩集料　　(b) 9.5～13.2mm盐岩集料　　(c) 13.2～16.0mm盐岩集料

(d) 16.0～19.0mm盐岩集料　　(e) 19.0～26.5mm盐岩集料　　(f) 26.5～31.5mm盐岩集料

图 5.1　不同规格盐岩集料

由图 5.3 可知，在输入不同击实能量后，不同规格盐岩集料均发生破碎，破碎后的颗粒由大到小连续分布，具有连续型级配曲线特征。随击实能量增大，盐岩集料破碎后的级配曲线间变幅变窄，且初始粒径较大的盐岩集料变幅显著。表明随着击实能量的增加，盐岩集料破碎逐渐趋于稳定，初始粒径越大的盐岩集料

(a) 破碎前　　　　　　(b) 破碎中　　　　　　(c) 破碎后

图 5.2　盐岩集料破碎试验过程

受击实能量的影响越大。盐岩集料破碎后粒径大于 4.75mm 的各档通过率变化较大，小于 4.75mm 的各档通过率变化相对较小。这主要是由于盐岩粗集料之间以"点对点"接触，力在粗集料之间传递，接触力超过盐岩集料强度时发生破碎，初始粒径越大时，盐岩粗集料之间发生"点对点"接触的概率越大，从而初始粒径越大的盐岩集料发生破碎的程度也越高。

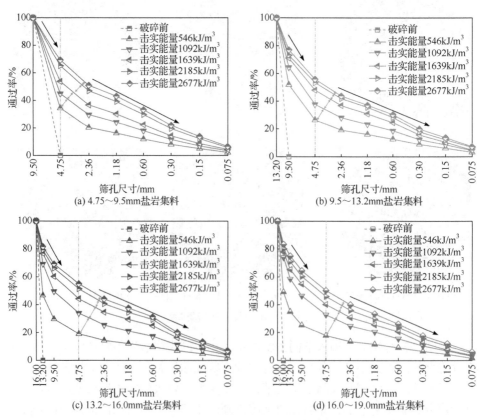

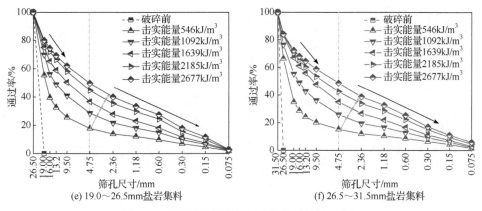

(e) 19.0～26.5mm盐岩集料　　　　　(f) 26.5～31.5mm盐岩集料

图 5.3　不同规格盐岩集料破碎前后的级配曲线

2. 不同规格盐岩集料破碎前后各粒径质量变化规律

基于不同规格盐岩集料破碎前后级配曲线，进一步得到盐岩集料破碎前后各粒径筛余百分率，图 5.4 为不同规格盐岩集料在击实能量为 546kJ/m³ 和 2677kJ/m³

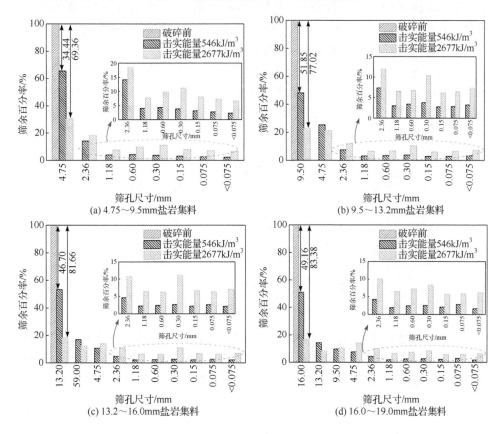

(a) 4.75～9.5mm盐岩集料　　　　　(b) 9.5～13.2mm盐岩集料

(c) 13.2～16.0mm盐岩集料　　　　　(d) 16.0～19.0mm盐岩集料

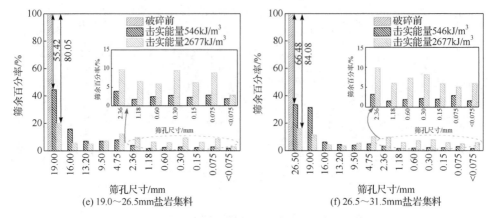

图 5.4　不同规格盐岩集料破碎前后筛余百分率

时破碎前后的筛余百分率。

由图 5.4 可知，不同规格盐岩集料破碎后初始粒径的筛余百分率变化显著。其中，26.5～31.5mm 盐岩集料破碎后的初始粒径筛余百分率变化量最大，当击实能量为 546kJ/m³ 时，筛余百分率变化量为 66.48%，当击实能量为 2677kJ/m³ 时，筛余百分率变化量为 84.08%。对于不同规格盐岩集料，其破碎后粒径小于 2.36mm 盐岩颗粒的筛余百分率变化不大，不超过 20%。

Guyon 等[35]基于颗粒破碎的形式将颗粒破碎分为破裂、破碎和研磨三类，如图 5.5 所示。破裂是指颗粒整体破碎成许多粒径相当的颗粒；破碎是将原颗粒破碎成粒径稍小或更小的颗粒；研磨主要是颗粒间来回摩擦、错动，产生一些微小的颗粒，粒径基本不发生改变。

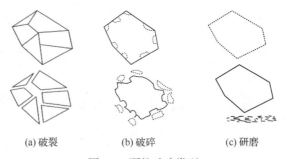

(a) 破裂　　　　　　(b) 破碎　　　　　　(c) 研磨

图 5.5　颗粒破碎类型

不同规格盐岩集料在击实能量作用下出现多种粒径的颗粒。粗颗粒粒径明显减小，且表层有一定程度的磨圆，不同规格盐岩集料破碎后的级配曲线也呈现出细颗粒含量增加的变化，即破碎是盐岩集料在击实过程中颗粒破碎的主要形式。

5.1.2 不同含卤水率盐岩集料级配变化

在击实能量作用下，盐岩集料会发生滑移、错动及重新排列。盐岩集料发生运动时需要克服盐岩集料间阻力，盐岩集料间阻力受其表面结合水膜的影响显著，对于结合水膜较薄的盐岩集料表面，需要较多的击实能量来克服盐岩集料间的阻力。随着结合水膜增厚，盐岩集料间阻力变小，消耗的击实能量相对较低。本小节针对不同含卤水率盐岩集料在击实能量作用下的颗粒级配变化规律进行研究，明确不同含卤水率盐岩集料在击实能量作用下的颗粒破碎情况，进而明确在盐岩集料基层组成设计时是否需要考虑含卤水率影响。首先，将不同规格盐岩集料分别按照 2%、4% 和 6% 的含卤水率进行拌和，拌和后将盐岩集料装入密封塑料袋，室温条件下闷料 24h；其次，在击实能量为 2677kJ/m³ 下进行击实破碎，破碎后将盐岩集料放入 105℃ 烘箱中烘干；最后，取出盐岩集料进行筛分试验。图 5.6 和图 5.7 分别为不同含卤水率下盐岩集料破碎后的级配曲线和各粒径筛余百分率变化情况。

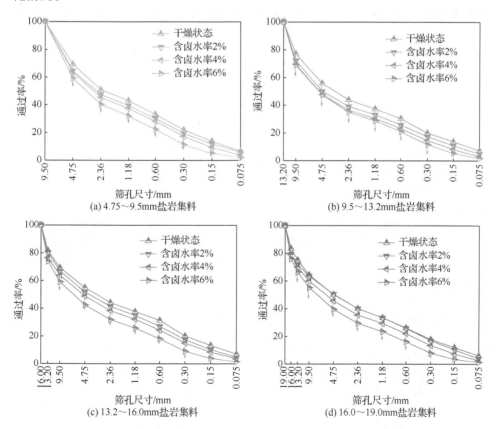

(a) 4.75~9.5mm盐岩集料

(b) 9.5~13.2mm盐岩集料

(c) 13.2~16.0mm盐岩集料

(d) 16.0~19.0mm盐岩集料

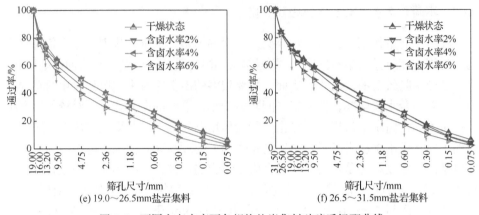

图 5.6　不同含卤水率下各规格盐岩集料破碎后级配曲线

由图 5.6 可知，随着含卤水率的增加，不同规格盐岩集料破碎后的级配曲线向左下偏移，且级配曲线间变幅越宽。含卤水率为 2%的各规格盐岩集料破碎后级配曲线变幅最小，含卤水率为 6%时最大，这表明含卤水率增加有助于降低不同规

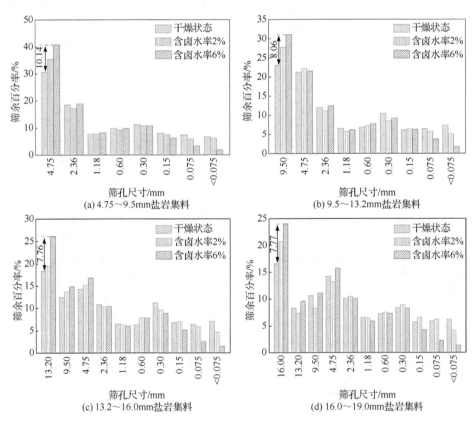

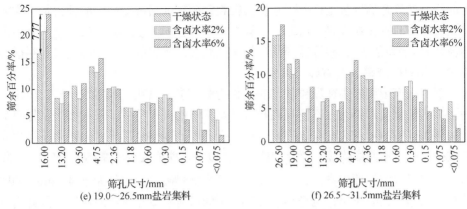

图 5.7　不同含卤水率下盐岩集料破碎后各粒径筛余百分含量

格盐岩集料发生破碎的概率，且含卤水率越大降低越显著。对比不同规格盐岩集料破碎后的级配曲线可知，当含卤水率为 2%时，4.75～9.5mm 盐岩集料变幅最大，26.5～31.5mm 盐岩集料变幅最小，随含卤水率的进一步增加，26.5～31.5mm 盐岩集料变幅最大。这主要是因为含卤水率较小时盐岩集料接触面未形成水膜，随着含卤水率的进一步增大，接触面结合水膜变厚，减小了盐岩集料间相对移动的阻力，盐岩集料趋于密实，降低了盐岩集料破碎的概率。

由图 5.7 可知，随着含卤水率增加，不同规格盐岩集料破碎后粒径小于4.75mm 的筛余百分率大致呈现降低的趋势，而大于 4.75mm 的筛余百分率基本呈现上升的趋势。随着含卤水率增加，4.75～9.5mm、9.5～13.2mm、13.2～16.0mm 和 16.0～19.0mm 盐岩集料破碎后初始粒径的筛余百分率增加较明显，当含卤水率为 6%时，4.75～9.5mm 盐岩集料破碎后初始粒径的筛余百分率增加最显著，为 10.14%。这进一步表明含卤水率增加会降低盐岩集料发生破碎的概率。

5.2　盐岩集料破碎特性

5.2.1　破碎特性评价指标优选

在集料规格类型、含卤水率等多种因素影响下，盐岩集料发生不同程度的破碎，破碎后的级配曲线和筛余百分率均不相同。为了准确评价不同规格和含卤水率下盐岩集料破碎前后的级配变化情况，优选破碎评价指标对盐岩集料破碎颗粒情况进行定量描述及综合分析。既有评价颗粒破碎的量化指标多以破碎前后粒径为基础，在粗粒土、堆石料等破碎颗粒中已有相关研究。颗粒破碎的量化指标主要分为两类，包括根据特征粒径破碎前后改变确定的评价指标和根据破碎前后级配曲线改变确定的评价指标[36]。根据特征粒径破碎前后改变确定的评价指标主要包括破碎前后颗粒粒径 d_{15} 比值 B_{15}、颗粒有效粒径 d_{10} 比值 B_{10}、破碎前后颗粒限制粒径 d_{60} 的差值 B_{60}。根据破碎前后级配曲线改变确定的评价指标主要包括破碎率 B_g、相对破碎率 B_r、破碎势差值 B_p。

现有研究中用来表征颗粒破碎的量化指标较多，已在工程实践中广泛应用。为了准确量化盐岩集料在不同规格和含卤水率下的破碎特性，采取多个指标对盐岩集料破碎后的颗粒级配变化进行评价。由于不同规格和不同含卤水率下盐岩集料破碎后的级配曲线连续、光滑，因此选择以级配曲线改变为基础的破碎率 B_g 作为盐岩集料破碎的评价指标之一。此外，盐岩集料破碎后粒径大于 4.75mm 的颗粒具有承担骨架的作用，粒径小于 4.75mm 的颗粒起填充胶结的作用，因此进一步提出相对破碎系数 $B_{4.75}$ 对盐岩集料破碎情况进行详细评价。破碎率 B_g 和相对破碎系数 $B_{4.75}$ 计算如式(5.2)和式(5.3)所示：

$$B_g = \sum |\omega_i - \omega_{0i}| \tag{5.2}$$

$$B_{4.75} = \frac{B_g'}{B_g''} \tag{5.3}$$

式中，ω_{0i} 为试验前第 i 个粒径的质量分数，%；ω_i 为试验后相应第 i 个粒径的质量分数，%；B_g' 为粒径小于 4.75mm 时的破碎率；B_g'' 为粒径大于 4.75mm 时的破碎率。

5.2.2　不同规格盐岩集料破碎特性

基于不同规格盐岩集料破碎前后的级配曲线，采用优选的盐岩集料颗粒破碎评价指标对不同规格盐岩集料的破碎颗粒级配变化规律进行系统研究。根据式(5.2)和式(5.3)分别计算不同规格盐岩集料在击实能量作用下的破碎率 B_g 和相对破碎系数 $B_{4.75}$，计算结果分别如表 5.1 和表 5.2 所示。图 5.8 为不同规格盐岩集料破碎率 B_g 和相对破碎系数 $B_{4.75}$ 的变化规律。

表 5.1　不同规格盐岩集料破碎率 B_g 计算结果

盐岩集料规格/mm	不同击实能量作用下的 B_g/%				
	546kJ/m³	1092kJ/m³	1639kJ/m³	2185kJ/m³	2677kJ/m³
4.75~9.5	68.884	89.935	107.607	130.334	138.721
9.5~13.2	103.707	128.695	142.061	146.103	154.043
13.2~16.0	93.390	138.325	153.696	158.365	163.323
16.0~19.0	98.330	148.052	155.990	160.253	166.754

续表

盐岩集料规格/mm	不同击实能量作用下的 B_g/%				
	546kJ/m³	1092kJ/m³	1639kJ/m³	2185kJ/m³	2677kJ/m³
19.0～26.5	110.836	139.833	150.020	157.612	160.106
26.5～31.5	132.965	152.960	166.730	168.422	160.727

表 5.2　不同规格盐岩集料相对破碎系数 $B_{4.75}$ 计算结果

盐岩集料规格/mm	不同击实能量作用下的 $B_{4.75}$				
	546kJ/m³	1092kJ/m³	1639kJ/m³	2185kJ/m³	2677kJ/m³
4.75～9.5	0.525	0.817	1.165	1.871	2.264
9.5～13.2	0.360	0.607	0.922	1.143	1.264
13.2～16.0	0.235	0.514	0.794	1.057	1.220
16.0～19.0	0.218	0.489	0.673	0.850	1.008
19.0～26.5	0.216	0.399	0.579	0.808	0.990
26.5～31.5	0.180	0.350	0.541	0.739	1.377

　　结合表 5.1 和图 5.8(a)可知，当击实能量一定时，破碎率总体上随着初始粒径的增加而呈现上升趋势，其中 9.5～13.2mm 盐岩集料的破碎率上升幅度较大。同种规格盐岩集料的破碎率随击实能量增大而增大，击实能量为 2185 kJ/m³ 时，26.5～31.5mm 盐岩集料的破碎率最大，为 168.422%；当击实能量为 546 kJ/m³ 时，4.75～9.5mm 盐岩集料的破碎率最小，为 68.884%。在击实前期，集料规格类型是影响盐岩集料破碎的关键因素，在击实后期，击实能量对破碎的影响变大。

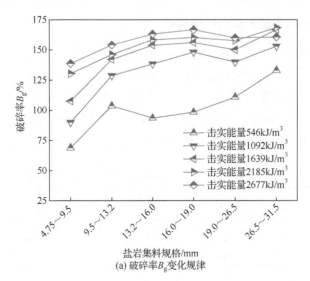

(a) 破碎率 B_g 变化规律

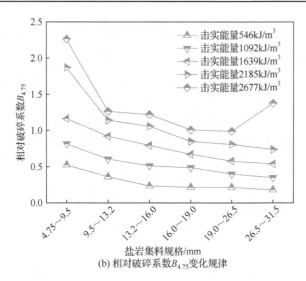

(b) 相对破碎系数$B_{4.75}$变化规律

图 5.8　不同规格盐岩集料破碎评价指标变化规律

结合表 5.2 和图 5.8(b)可知，随着初始粒径的增大，相对破碎系数基本呈现下降的趋势，且下降幅度逐渐变缓。这说明初始粒径较小的盐岩集料产生的细颗粒较多，初始粒径较大的盐岩集料在破碎后产生的粗颗粒相对较多，随着初始粒径的增加，盐岩集料破碎后产生的粗细颗粒相差不大。同规格盐岩集料的相对破碎系数随击实能量增大而增大，击实能量为 2677kJ/m³ 时，4.75～9.5mm 盐岩集料的相对破碎系数最大，为 2.264；当击实能量为 546kJ/m³ 时，26.5～31.5mm 盐岩集料相对破碎系数最小，为 0.180。这说明击实前期盐岩集料产生颗粒受集料规格类型影响较大，击实后期主要受击实能量影响。

5.2.3　不同含卤水率盐岩集料破碎特性

基于不同含卤水率盐岩集料破碎后的颗粒级配曲线，采用优选的盐岩集料破碎评价指标对不同含卤水率盐岩集料的破碎颗粒级配变化规律进行系统研究。根据式(5.2)和式(5.3)分别计算不同含卤水率盐岩集料在击实能量作用下的破碎率 B_g 和相对破碎系数 $B_{4.75}$，计算结果分别如表 5.3 和表 5.4 所示。图 5.9 为不同含卤水率盐岩集料破碎率 B_g 和相对破碎系数 $B_{4.75}$ 的变化规律。

表 5.3　不同含卤水率盐岩集料破碎率 B_g 计算结果

| 含卤水率/% | 不同规格盐岩集料的 B_g/% | | | | | |
	4.75～9.5mm	9.5～13.2mm	13.2～16.0mm	16.0～19.0mm	19.0～26.5mm	26.5～31.5mm
0	138.721	154.043	163.323	166.754	160.106	168.162
2	129.161	144.532	160.988	158.461	156.215	168.068

含卤水率/%	不同规格盐岩集料的 B_g/%					
	4.75~9.5mm	9.5~13.2mm	13.2~16.0mm	16.0~19.0mm	19.0~26.5mm	26.5~31.5mm
4	127.286	139.260	152.896	158.135	159.392	165.956
6	118.435	137.922	147.799	151.990	158.482	165.057

表 5.4　不同含卤水率盐岩集料相对破碎系数 $B_{4.75}$ 计算结果

含卤水率/%	不同规格盐岩集料的 $B_{4.75}$					
	4.75~9.5mm	9.5~13.2mm	13.2~16.0mm	16.0~19.0mm	19.0~26.5mm	26.5~31.5mm
0	2.264	1.264	1.220	1.008	0.990	1.146
2	1.823	1.005	1.069	1.018	0.912	1.118
4	1.751	0.913	0.951	0.838	0.812	1.007
6	1.452	0.903	0.733	0.653	0.584	0.789

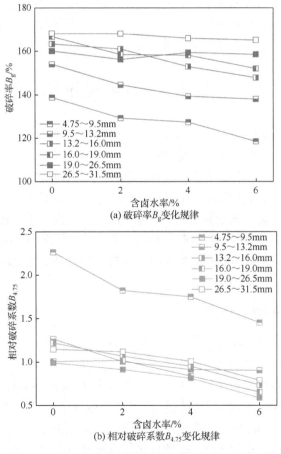

(a) 破碎率 B_g 变化规律

(b) 相对破碎系数 $B_{4.75}$ 变化规律

图 5.9　不同含卤水率盐岩集料破碎评价指标变化规律

结合表 5.3 和图 5.9(a)可知,随着含卤水率增加,不同规格盐岩集料破碎率总体呈现下降的趋势。当含卤水率为 2%时,4.75～9.5mm 和 9.5～13.2mm 两种盐岩集料破碎率下降幅度均较大。随着含卤水率继续增加,不同规格盐岩集料的破碎率下降幅度有所减小,当含卤水率增加到 6%时,4.75～9.5mm 盐岩集料破碎率最小,为 118.435%。这可能是卤水增加使得盐岩集料破碎颗粒间结合水膜变厚,减小了其相对移动的阻力,提高了盐岩集料破碎颗粒间的密实性,改变了颗粒破碎模式,从而降低了盐岩集料发生破碎的概率。

结合表 5.4 和图 5.9(b)可知,随着含卤水率增加,不同规格盐岩集料相对破碎系数逐渐减小。当含卤水率为 6%时,4.75～9.5mm 盐岩集料相对破碎系数最大,为 1.452,19.0～26.5mm 盐岩集料相对破碎系数最小,为 0.584。这说明相对破碎系数减小与盐岩集料的规格类型和含卤水率相关。

综合两项颗粒破碎特性指标随含卤水率的变化规律可知,破碎率和相对破碎系数均随含卤水率增加而减小,这说明卤水的润滑作用使得盐岩集料发生破碎的程度降低。因此,在盐岩集料基层组成设计中应考虑含卤水率的影响,为提出合理的盐岩集料基层组成设计方法提供参考。

5.3　盐岩集料破碎颗粒分布规律

5.1 节和 5.2 节研究了盐岩集料破碎的影响因素,并基于盐岩集料特征和基层材料要求优选了盐岩集料破碎评价指标,评价了不同因素影响下的盐岩集料破碎变化特性。但是,未能将盐岩集料破碎后颗粒级配曲线数值化,不同规格和含卤水率盐岩集料在击实能量作用下的破碎颗粒分布规律尚不明确,难以量化评估击实能量作用下盐岩集料级配演化规律。鉴于此,本节优选颗粒破碎的分布模型,同时基于 5.1.1 小节盐岩集料破碎颗粒的级配曲线,优选合适的颗粒破碎分布模型用于表征盐岩集料破碎颗粒级配曲线,为盐岩集料基层组成设计方法研究提供参考。

5.3.1　破碎颗粒分布模型优选

盐岩集料破碎会对盐岩集料基层级配组成及工程特性产生较大影响,描述盐岩集料在击实过程中级配曲线的变化规律成为盐岩集料基层组成设计的关键。常用的破碎颗粒分布模型包括风化模型、两参数韦布尔(Weibull)分布模型、分形分布模型、考虑破碎耗能的级配演化模型、基于有效概率的级配演化模型等。其中,风化模型、两参数 Weibull 分布模型和分形分布模型通过参数变化可以适用于多种材料的破碎过程,在量化材料破碎变化规律研究中应用广泛。

1. 风化模型

Fukumoto[37]最早建立了用于描述土颗粒级配曲线的风化模型。风化模型假定土颗粒总量为 1，经 y_0 年风化后的破碎率为常数 r。采用最大筛孔尺寸为 D_{max} 的套筛对风化后的破碎土颗粒进行筛分，筛分率为 λ，则自上而下第 n 级筛上土颗粒百分含量为 $(1-r) \cdot r^{n-1}$。若经过 m 个 y_0 年后土颗粒的破碎率 r 不变，则第 n 级筛上土颗粒含量为

$$q_{n-1} = C_{m+n-2}^{n-1} \cdot (1-r)^m \cdot r^{n-1} \tag{5.4}$$

根据式(5.4)，通过第 n 级筛的土颗粒含量为

$$p_n = 1 - \sum_{i=0}^{n} C_{m+i-1}^{m-1} \cdot (1-r)^m \cdot r^i \tag{5.5}$$

式中，筛孔级数 n 是筛分率和筛孔尺寸的函数，即

$$n = \log\left(\frac{D_{max}}{D_n}\right) \bigg/ \log \lambda \tag{5.6}$$

根据式(5.4)可得土颗粒在风化破碎后颗粒级配曲线的平均值 μ 和方差 σ^2 为

$$\begin{cases} \mu = mr/(1-r) \\ \sigma^2 = mr/(1-r)^2 \end{cases} \tag{5.7}$$

根据式(5.7)可以求出风化模型参数 r 和 m 为

$$\begin{cases} r = 1 - \dfrac{\mu}{\sigma^2} \\ m = \dfrac{\mu^2}{\sigma^2 - \mu} \end{cases} \tag{5.8}$$

对于某一土体，根据式(5.8)，可按照颗粒级配曲线求出对应的风化模型参数，进而采用风化模型将颗粒级配曲线数值化。假定筛分率 λ 为定值 2，颗粒最大粒径为 13.2mm，则需要筛孔尺寸 D_1=9.5 mm，D_2=4.75 mm，D_3=2.36 mm，D_4=1.18 mm，D_5=0.6 mm，D_6=0.3 mm，D_7=0.15 mm，D_8=0.075 mm。当 r 由 0.3 增加到 0.5，m=3 时，r 对模型的影响如图 5.10(a)所示；当 m 由 3.0 增加到 3.2，r=0.4 时，m 对模型的影响如图 5.10(b)所示。

由图 5.10(a)可知，m 一定时，随着 r 的增加，级配曲线变得平缓，不同参数对应级配曲线围成的面积先增大后减小，这说明 r 对级配曲线的斜率和形状影响较大。由图 5.10(b)可知，r 一定时，随着 m 的增加，级配曲线变得平缓，且对级配曲线中细颗粒的通过率影响较大。

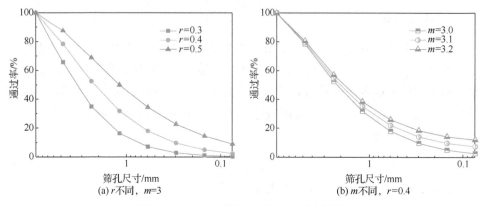

图 5.10　r、m 变化影响下的级配曲线特征

2. 两参数 Weibull 分布模型

采用两参数 Weibull 分布模型时，对于任意粒径范围为 $d_{i-1} \sim d_i$ 的材料，颗粒发生破碎时将破碎到较小粒径范围 $d_{j-1} \sim d_j (j = 1, 2, \cdots, i)$。若 p_j 为第 j 级筛孔尺寸材料破碎后颗粒通过率，则描述颗粒破碎的两参数 Weibull 分布模型为

$$p_j = 1 - \exp\left[-\left(\frac{d_j}{a}\right)^b\right] \tag{5.9}$$

式中，a 为破碎程度参数；b 为破碎分布特性参数；d_j 为第 j 级筛孔尺寸。

对式(5.9)取两次对数，得到对数坐标下的颗粒破碎分布模型，如式(5.10)所示：

$$\ln\left[\ln\left(\frac{1}{1 - p_j}\right)\right] = b \ln d_j - b \ln a \tag{5.10}$$

式中，$\ln\left\{\ln\left[1/\left(1 - p_j\right)\right]\right\}$ 和 $\ln d_j$ 可通过筛分试验数据计算获得；参数 a 和 b 根据线性拟合确定。

当参数 a 由 1.5 增加到 2.5，$b = 0.7$ 时，参数 a 对模型的影响如图 5.11(a)所示；当参数 b 由 0.6 增加到 0.8，$a = 2$ 时，参数 b 对模型的影响如图 5.11(b)所示。

由图 5.11(a)可知，在参数 b 一定的情况下，随着参数 a 增加，其对应级配曲线的通过率减小，意味着颗粒破碎缓慢减少。由图 5.11(b)可知，在 a 一定的条件下，随着参数 b 增加，级配曲线各点斜率增大，意味着颗粒破碎缓慢增加。

3. 分形分布模型

基于分形理论，采用筛孔尺寸为 r 的筛子筛分破碎颗粒，将筛下破碎颗粒质量记为 $M_1(r)$，筛上破碎颗粒质量记为 $M_2(r)$，破碎颗粒总质量记为 M_t，

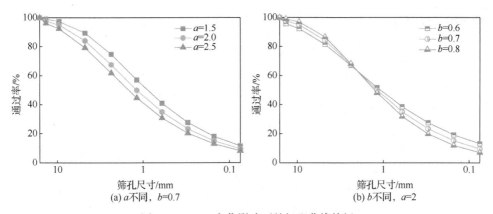

图 5.11　a、b 变化影响下的级配曲线特征

则有

$$M_t = M_1(r) + M_2(r) \tag{5.11}$$

大于某粒径 d_i 的颗粒体积在三维空间可表示为

$$V = C_v \left[1 - \left(\frac{d_i}{\lambda_v} \right)^{3-D} \right] \tag{5.12}$$

式中，D 为分形维数；C_v、λ_v 分别为表征颗粒粒径大小、形状的常数。

假设破碎后各级筛孔间颗粒密度相同，ρ 为密度，则大于某粒径 d_i 的颗粒质量为

$$M_2(d_i) = \rho C_v \left[1 - \left(\frac{d_i}{\lambda_v} \right)^{3-D} \right] \tag{5.13}$$

当 $d_i = 0$ 时，$M_t = \rho C_v$；当 d_i 为颗粒最大粒径 d_{max} 时，$M_2(d_{max}) = 0$，即 $\lambda_v = d_{max}$。

由式(5.11)～式(5.13)可知，破碎颗粒质量与颗粒粒径之间的分形关系为

$$\frac{M_1(d_i)}{M_t} = \left(\frac{d_i}{d_{max}} \right)^{3-D} \tag{5.14}$$

对式(5.14)取对数，有

$$\lg\left[M_1(d_i) / M_t \right] = (3 - D) \lg(d_i / d_{max}) \tag{5.15}$$

式中，$\lg\left[M_1(d_i) / M_t \right]$ 和 $\lg(d_i / d_{max})$ 可通过筛分试验数据计算获得；分形维数 D 根据线性拟合确定。

当分形维数 D 由 2.3 增加到 2.6 时，分形维数 D 对模型的影响如图 5.12 所示。由图 5.12 可知，不同分形维数 D 下的级配曲线形态与风化模型不同参数 r 下的级配曲线形态相似。随着分形维数 D 增大，级配曲线的通过率增大，意味着颗

粒破碎缓慢增加。

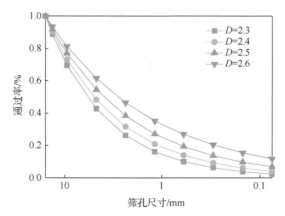

图 5.12　D 变化影响下的级配曲线

综合对比不同颗粒破碎分布模型可知，风化模型需要确定三个参数，即筛分率 λ、破碎率 r 和风化时间，且筛分率 λ 对筛孔尺寸要求严格。对于两参数 Weibull 分布模型，不同破碎程度参数和不同破碎分布特性参数能够影响曲线的形状和斜率，适用范围较广；分形分布模型只需要确定分形维数，且计算简单。因此，基于不同颗粒破碎分布模型参数敏感性分析，推荐采用两参数 Weibull 分布模型和分形分布模型描述盐岩集料破碎颗粒分布规律。

5.3.2　不同规格集料破碎颗粒分布规律

基于不同规格盐岩集料破碎后的筛分结果，根据式(5.10)和式(5.15)分别在双对数坐标系中进行盐岩集料破碎颗粒分布曲线拟合，拟合结果如图 5.13～图 5.18 所示。

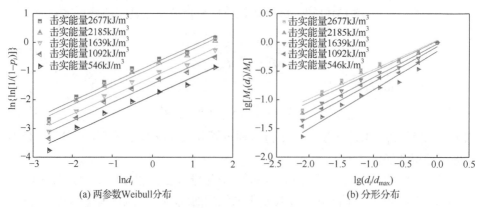

图 5.13　4.75～9.5mm 盐岩集料破碎颗粒分布对比

由图 5.13～图 5.18 可知，不同规格盐岩集料的两参数 Weibull 分布和分形分布曲线均呈线性变化，说明两参数 Weibull 分布和分形分布都可以很好地描述不

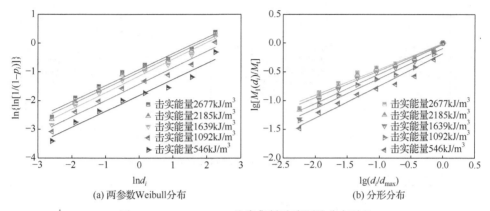

(a) 两参数Weibull分布　　　　　　　　　(b) 分形分布

图 5.14　9.5～13.2mm 盐岩集料破碎颗粒分布对比

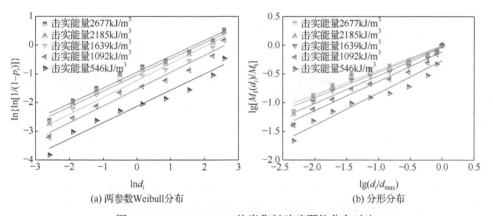

(a) 两参数Weibull分布　　　　　　　　　(b) 分形分布

图 5.15　13.2～16.0mm 盐岩集料破碎颗粒分布对比

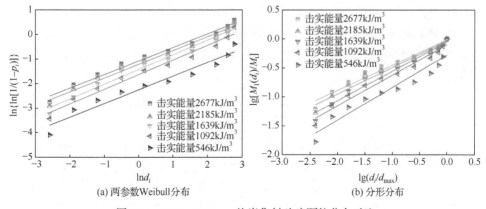

(a) 两参数Weibull分布　　　　　　　　　(b) 分形分布

图 5.16　16.0～19.0mm 盐岩集料破碎颗粒分布对比

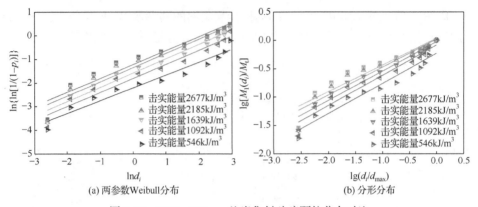

图 5.17　19.0～26.5mm 盐岩集料破碎颗粒分布对比

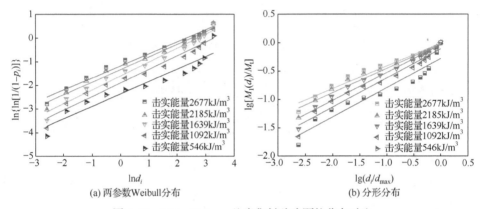

图 5.18　26.5～31.5mm 盐岩集料破碎颗粒分布对比

同规格盐岩集料破碎颗粒的级配分布规律。随着击实能量的增加，不同规格盐岩集料破碎后的各粒径颗粒含量逐渐增加，且增长幅度逐渐减缓。这说明随着击实能量的增加，不同规格盐岩集料试样趋于密实，进一步增加击实能量对盐岩集料试样中破碎颗粒分布的影响减弱。

根据不同规格盐岩集料在击实能量下的两参数 Weibull 分布和分形分布曲线，计算得到不同规格盐岩集料两参数 Weibull 分布和分形分布曲线的拟合优度，结果见表 5.5。

表 5.5　不同规格盐岩集料破碎颗粒分布的拟合优度

集料规格/mm	不同击实能量下的拟合优度									
	546kJ/m³		1092kJ/m³		1639kJ/m³		2185kJ/m³		2677kJ/m³	
	两参数 Weibull 分布	分形分布	两参数 Weibull 分布	分形分布	两参数 Weibull 分布	分形分布	两参数 Weibull 分布	分形分布	两参数 Weibull 分布	分形分布
4.75～9.5	0.968	0.954	0.972	0.970	0.976	0.974	0.970	0.960	0.967	0.952

续表

集料规格/mm	不同击实能量下的拟合优度									
	546kJ/m³		1092kJ/m³		1639kJ/m³		2185kJ/m³		2677kJ/m³	
	两参数Weibull分布	分形分布	两参数Weibull分布	分形分布	两参数Weibull分布	分形分布	两参数Weibull分布	分形分布	两参数Weibull分布	分形分布
9.5～13.2	0.960	0.946	0.970	0.969	0.979	0.959	0.979	0.969	0.975	0.965
13.2～16.0	0.957	0.920	0.972	0.968	0.959	0.940	0.975	0.955	0.978	0.955
16.0～19.0	0.942	0.917	0.971	0.970	0.975	0.968	0.980	0.969	0.981	0.968
19.0～26.5	0.945	0.934	0.950	0.946	0.963	0.950	0.932	0.900	0.920	0.878
26.5～31.5	0.980	0.905	0.976	0.958	0.974	0.970	0.957	0.964	0.903	0.961

由表 5.5 可知，采用两参数 Weibull 分布和分形分布描述不同规格盐岩集料的破碎特性均具有较大的拟合优度，同样说明两参数 Weibull 分布和分形分布适用于描述不同规格盐岩集料破碎颗粒的分布规律。两参数 Weibull 分布的拟合优度相对较大，因此推荐采用两参数 Weibull 分布描述不同规格盐岩集料破碎颗粒的分布规律。

根据不同规格盐岩集料的两参数 Weibull 分布曲线，分别采用指数函数和高斯函数对两参数 Weibull 分布颗粒破碎程度参数 a 和破碎分布特性参数 b 进行拟合，分析相关性，具体如图 5.19 所示，拟合函数表达式如式(5.16)所示：

$$\begin{cases} a = gp^x + q \\ b = k + \dfrac{1}{l\sqrt{2\pi}}\exp\left[-2\left(\dfrac{x-m}{n}\right)^2\right] \end{cases} \qquad (5.16)$$

式中，g、p、q、k、l、m、n 为拟合系数，各拟合系数见表 5.6。

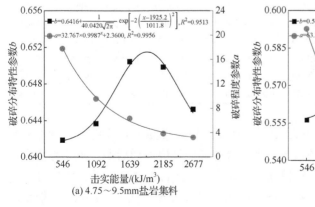

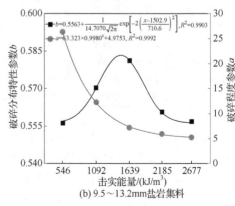

(a) 4.75～9.5mm盐岩集料　　　　(b) 9.5～13.2mm盐岩集料

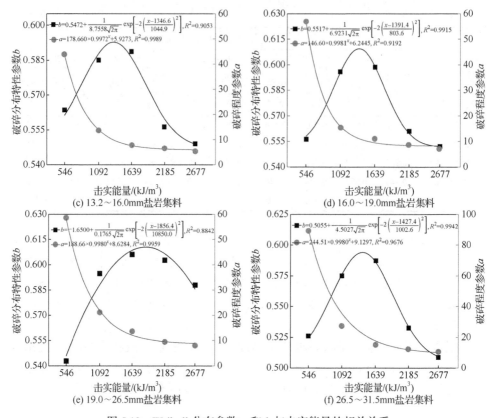

图 5.19　Weibull 分布参数 a 和 b 与击实能量的相关关系

表 5.6　两参数 Weibull 分布参数 a 和 b 与击实能量的拟合系数和拟合优度

集料规格 /mm	破碎程度参数 a				破碎分布特性参数 b				
	g	p	q	R^2	k	l	m	n	R^2
4.75～9.5	32.767	0.9987	2.3600	0.9956	0.6416	40.0420	1925.2	1011.8	0.9513
9.5～13.2	63.323	0.9980	4.9753	0.9992	0.5563	14.7070	1502.9	710.6	0.9903
13.2～16.0	178.660	0.9972	5.9273	0.9989	0.5472	8.7558	1346.6	1044.9	0.9053
16.0～19.0	146.600	0.9981	6.2445	0.9192	0.5517	6.9231	1391.4	803.6	0.9915
19.0～26.5	188.660	0.9976	8.6284	0.9959	−1.6500	0.1765	1856.4	10850.0	0.8842
26.5～31.5	244.510	0.9980	9.1297	0.9676	0.5055	4.5027	1427.4	1002.6	0.9942

　　由图 5.19 可知，两参数 Weibull 分布破碎程度参数 a 随击实能量的增加而逐渐减小，与击实能量呈良好的指数关系，且击实能量增大到后期，破碎程度参数 a 趋于稳定。结合式(5.9)，破碎程度参数 a 越大，盐岩集料破碎颗粒的通过率越小，破碎的可能性越低。两参数 Weibull 分布的破碎分布特性参数 b 随击实能量的增加呈先增大后减小的趋势。

将式(5.16)代入式(5.9)，并将表 5.6 中的拟合系数代入，可得到不同规格盐岩集料破碎后颗粒的通过率与筛孔尺寸和击实能量的演化模型，即

$$p_j = 1 - \exp\left(-\left(\frac{d_j}{gp^x + q}\right)^{\left\{k + \frac{1}{l\sqrt{2\pi}}\exp\left[-2\left(\frac{x-m}{n}\right)^2\right]\right\}}\right) \tag{5.17}$$

根据式(5.17)可得不同规格盐岩集料破碎后颗粒的筛余百分率，即

$$y_j = p_{j+1} - p_j \tag{5.18}$$

式中，y_j 为第 j 级筛孔的筛余百分率，%。

5.3.3　不同含卤水率集料破碎颗粒分布规律

基于不同含卤水率盐岩集料破碎后的筛分结果，根据式(5.10)和式(5.15)分别在双对数坐标系中进行盐岩集料破碎颗粒分布曲线拟合，拟合结果如图 5.20～图 5.25 所示。

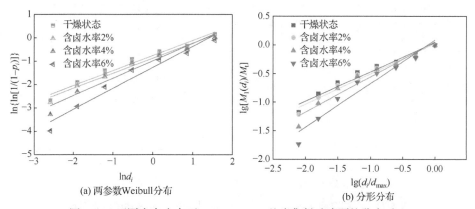

(a) 两参数Weibull分布　　　　　　　　(b) 分形分布

图 5.20　不同含卤水率下 4.75～9.5mm 盐岩集料破碎颗粒分布对比

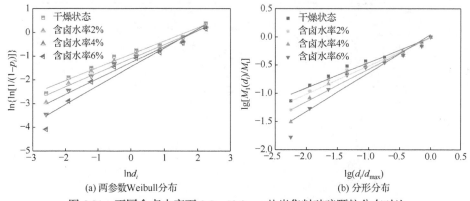

(a) 两参数Weibull分布　　　　　　　　(b) 分形分布

图 5.21　不同含卤水率下 9.5～13.2mm 盐岩集料破碎颗粒分布对比

由图 5.20～图 5.25 可知，不同含卤水率盐岩集料的两参数 Weibull 分布和分形分布曲线均呈现线性变化，说明两参数 Weibull 分布和分形分布同样能够描述

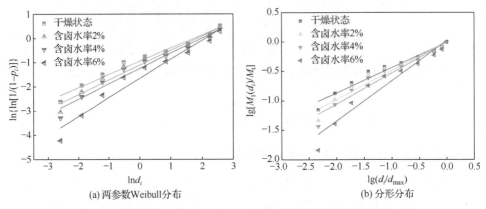

(a) 两参数Weibull分布   (b) 分形分布

图 5.22 不同含卤水率下 13.2～16.0mm 盐岩集料破碎颗粒分布对比

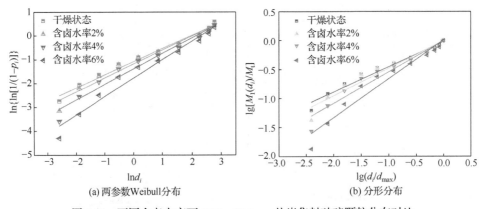

(a) 两参数Weibull分布   (b) 分形分布

图 5.23 不同含卤水率下 16.0～19.0mm 盐岩集料破碎颗粒分布对比

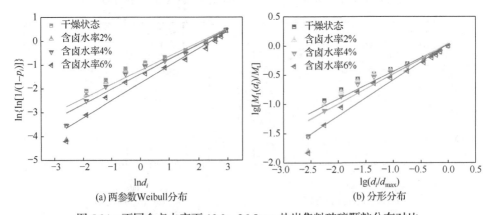

(a) 两参数Weibull分布   (b) 分形分布

图 5.24 不同含卤水率下 19.0～26.5mm 盐岩集料破碎颗粒分布对比

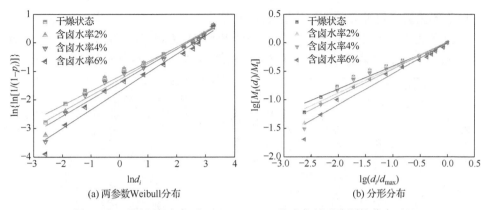

(a) 两参数Weibull分布　　　　　　　　　(b) 分形分布

图 5.25　不同含卤水率下 26.5～31.5mm 盐岩集料破碎颗粒分布对比

不同含卤水率盐岩集料破碎颗粒的分布规律。随着含卤水率的增加，盐岩集料破碎后的各粒径颗粒含量逐渐减小，这说明盐岩集料试样趋于密实，盐岩集料破碎受击实能量的影响相对减弱。

根据不同含卤水率盐岩集料的两参数 Weibull 分布和分形分布曲线，计算得到不同含卤水率盐岩集料两参数 Weibull 分布和分形分布曲线的拟合优度，结果见表 5.7。

表 5.7　不同含卤水率盐岩集料破碎颗粒分布的拟合优度

| 集料规格 /mm | 不同含卤水率下的拟合优度 | | | | | | | |
| | 0% | | 2% | | 4% | | 6% | |
	两参数 Weibull 分布	分形 分布	两参数 Weibull 分布	分形 分布	两参数 Weibull 分布	分形 分布	两参数 Weibull 分布	分形 分布
4.75～9.5	0.967	0.952	0.973	0.963	0.950	0.938	0.952	0.940
9.5～13.2	0.975	0.965	0.965	0.956	0.948	0.938	0.934	0.920
13.2～16.0	0.973	0.955	0.963	0.942	0.961	0.942	0.951	0.934
16.0～19.0	0.981	0.955	0.962	0.936	0.958	0.935	0.962	0.944
19.0～26.5	0.920	0.878	0.873	0.829	0.961	0.935	0.962	0.944
26.5～31.5	0.980	0.961	0.958	0.927	0.961	0.934	0.967	0.950

由表 5.7 可知，不同含卤水率盐岩集料在击实能量破碎作用后，两参数 Weibull 分布和分形分布均具有较大的拟合优度，进一步说明两参数 Weibull 分布和分形分布均可描述不同含卤水率盐岩集料破碎颗粒的分布规律。同分形分布拟合优度相比，两参数 Weibull 分布的拟合优度较大，因此为减小分布模型在描述盐岩集料破碎颗粒分布规律过程中产生的误差，推荐采用两参数 Weibull 分布描述不同

含卤水率盐岩集料破碎颗粒的分布规律。

根据盐岩集料在不同击实能量下的两参数 Weibull 分布曲线，获得两参数 Weibull 分布颗粒破碎程度参数 a 和破碎分布特性参数 b，具体如图 5.26 所示。

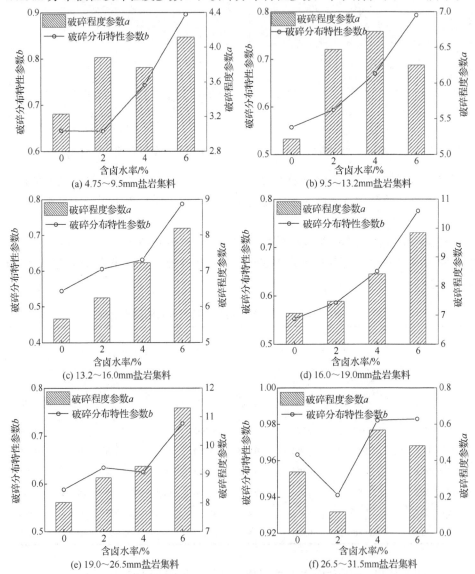

图 5.26　两参数 Weibull 分布参数 a 和 b 与含卤水率的关系

由图 5.26 可知，随着含卤水率的增加，规格为 4.75～9.5mm、9.5～13.2mm、13.2～16.0mm、16.0～19.0mm 和 19.0～26.5mm 的盐岩集料破碎程度参数 a 和破碎分布特性参数 b 大致呈现增加的趋势，而 26.5～31.5mm 盐岩集料破碎程度参

数 a 和破碎分布特性参数 b 的增加规律性不明显。这主要是因为不同规格盐岩集料自身结构存在差异性，在集料接触面的结合水膜厚度有所差异，且盐岩集料初始粒径越大，差异性越显著。

5.4　盐岩集料基层组成设计

5.4.1　设计流程

将盐岩集料用于基层材料时，需要将不同规格盐岩集料分级和搭配使用，以满足工程对盐岩集料基层目标级配范围要求，确保盐岩集料基层具有足够的承载能力。然而，盐岩集料本身强度低，在外力作用下盐岩集料会发生破碎。破碎后盐岩粗集料和细集料数量难以控制，难以保证盐岩粗集料形成嵌挤骨架并使细集料发挥填充胶结作用，对盐岩集料基层的力学性能及稳定性产生不利影响。合理的组成设计方法成为盐岩集料基层推广应用的关键，但缺少基层组成设计时考虑集料破碎对级配产生影响的相关研究报道。因此，有必要考虑盐岩集料破碎对级配产生的影响，进而基于不同规格盐岩集料破碎前后颗粒级配变化结果，结合盐岩集料类似无机结合料稳定材料的特点与本书构建的盐岩集料基层颗粒破碎级配转移模型，提出适用于盐岩集料基层组成设计的方法。

本书盐岩集料基层组成设计包括原材料选择、目标级配选择、预估级配确定和结果评价。

1) 原材料选择

罗布泊盐岩地区地表土层状分布结构明显，盐壳表层为薄砂土，往下含盐量极速减少，其下依次为盐层和含盐砂土层。自盐层向下，由于土中含水率较大，下层土强度均较低，具有较高强度的盐岩主要存在于表层盐壳中。盐岩块采挖时应严禁深挖，取料深度范围为 20～50cm，应呈板块状结构，板结厚度宜大于 30cm，易溶盐含量应大于 40%，且不得含有其他杂质，如砂土等。

盐岩集料基层组成设计时采用饱和卤水。

2) 目标级配选择

盐岩集料基层作为路面结构层，其力学性能主要取决于盐岩集料颗粒间的嵌挤作用和自身的结晶作用，即颗粒间的内摩阻力和黏结力。内摩阻力主要源于盐岩粗集料形成的骨架结构，黏结力主要源于细集料。这是由于盐岩细集料比表面积较大，与卤水接触的概率较大。若盐岩细集料过多，可能会导致盐岩集料基层稳定性不足；若细集料过少，则不能保证盐岩集料基层形成整体性材料，对力学性能产生不利影响。在卤水拌和养护后，盐岩集料间通过结晶作用形成整体性材料，具有无机结合料稳定类材料板结性的特点。鉴于此，目标级配参考《公路路面基层施工技术细则》(JTG/T F20—2015)推荐的二级公路基层用无机结合料稳定类材料级配范围[14]。考虑到盐岩集料应用于基层材料时破碎对其产生的影响，目标级配应为连续型级配，且随着含卤水率增大，盐岩集料破碎率降低，目标级配应尽可能靠近级配范围的上限。

3) 预估级配确定

首先，根据不同规格盐岩集料破碎后颗粒的筛余百分比与筛孔尺寸和击实能量的演化模型，并基于马尔可夫链，构建盐岩集料基层颗粒破碎级配转移模型。其次，采用盐岩集料基层颗粒破碎级配转移模型，并结合非线性规划，确定盐岩集料基层预估级配。最后，基于含卤水率对盐岩集料破碎的影响，对盐岩集料基层预估级配进行修正。

4) 结果评价

以优选的级配范围中值为基准，对盐岩集料基层修正后的预估级配进行可靠性评价。本节从平均绝对误差与均方根误差出发，结合级配范围上下限，综合确定平均绝对误差与均方根误差均应低于 10%。

盐岩集料基层组成设计流程如图 5.27 所示。

5.4.2 盐岩集料基层组成设计方法

1. 理论基础

盐岩集料基层组成设计的目的是通过破碎后颗粒级配组成预估破碎前的级配组成，由此可将盐岩集料基层预估级配确定过程看作预测类问题。在道路工程领域，常用的预测方法有时间序列法、灰色预测法、神经网络模型等，这些方法均需要大量数据作为样本，很难适用于样本较少的情况[38]。将盐岩集料用于基层时，需要将不同规格盐岩集料进行掺配，在外力作用下，不同规格盐岩集料会发生不同程度的破碎，而不同规格盐岩集料破碎颗粒分布规律有所差异，且不同规格盐岩集料破碎后颗粒粒径复杂多样。此外，盐岩集料用于基层时发生的破碎将直接影响盐岩试样在筛分试验中与级配有关的参数，各级筛孔的分计筛余时刻发生变化，盐岩集料破碎颗粒转移到下一筛孔的分计筛余只与现在所处筛孔的分计筛余有关，与之前所处筛孔的分计筛余无关。同时，盐岩集料破碎过程是离散的，可以确定其有限可列的状态空间，从而盐岩集料破碎具备典型马尔可夫过程的特点。因此，本小节引入随机过程中的马尔可夫链，不仅可以基于少量数据建模，而且以解析的方式分析盐岩集料破碎的时序变化特性，可为构建盐岩集料基层级配转移模型提供理论依据。考虑到盐岩集料基层破碎后的颗粒级配组成应靠近目标级配，进一步引入最优化方法中的非线性规划求解盐岩集料基层破碎前的级配组成。

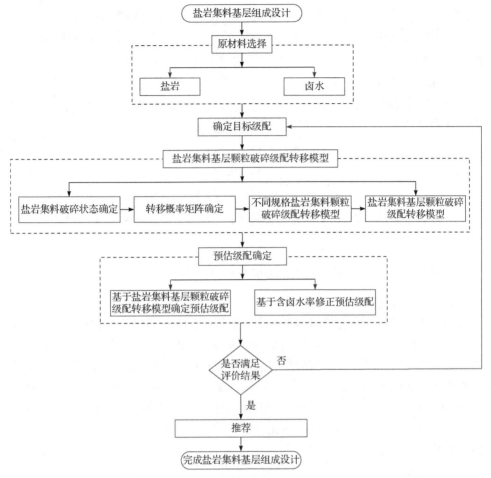

图 5.27 盐岩集料基层组成设计流程

1) 马尔可夫理论基础

随机过程是依赖参数 t 的随机变量族 $\{X(\omega, t), t \in T\}$ ，T 是参数集。对于随机过程 $\{X(t), t \in T\}$ ，其状态空间为 T ，若满足以下条件：

(1) 给定任意正整数 n ，$t_1 < t_2 < \cdots < t_n < t_{n+1}, t_k \in T (k = 1, 2, \cdots n, n+1)$ ；

(2) 对于随机过程 $\{X(t), t \in T\}$ ，状态空间 E 中任意状态 $x_1 < x_2 < \cdots < x_n < x_{n+1}$ ，有 $P\{X(t_{n+1}) \leqslant x_{n+1} \mid X(t_1) = x_1, \cdots, X(t_n) = x_n\} = P\{X(t_{n+1}) \leqslant x_{n+1} \mid X(t_n) = x_n\}$ ，则称随机过程 $\{X(t), t \in T\}$ 为马尔可夫过程。$t_1, t_2, \cdots, t_{n-1}$ 表示过去，t_n 表示现在，t_{n+1} 表示将来，则马尔可夫过程可表述为：在现在已知的条件下，将来的状态只与现在的状态有关，这种性质称为马氏性。

对于马尔可夫过程，若状态空间 E 和时间参数 T 均离散，条件概率

$P\{X_{n+1}=i_{n+1}\,|\,X_0=i_0,\cdots,X_n=i_n\}=P\{X_{n+1}=i_{n+1}\,|\,X_n=i_n\}$，则称$\{X_n,n=0,1\cdots\}$为马尔可夫链。条件概率$p_{ij}(n)=P\{X_{n+1}=j\,|\,X_n=i\}$表示状态$i$经一步转移到状态$j$的概率，称马尔可夫链$\{X_n,n=0,1\cdots\}$在时刻$n$的一步转移概率。

2) 非线性规划理论基础

目标函数和约束条件中至少有一个非线性函数的最优化问题称为非线性规划，数学模型为

$$\min f(x)$$
$$\text{s.t.}\begin{cases} c_i(x)=0, & i\in E \\ c_i(x)\leqslant 0, & i\in I \end{cases} \tag{5.19}$$

式中，$f(x)$为目标函数；$c_i(x)$为约束函数；E和I分别为等式约束集和不等式约束集。

2. 基于马尔可夫链的颗粒破碎级配转移模型

1) 盐岩集料破碎状态确定

为了更好地反映盐岩集料基层在击实能量作用下的破碎演化过程，并且避免盐岩集料基层中承担骨架的盐岩粗集料被破碎，根据基层材料分档、掺配要求及筛分试验所用筛孔尺寸，将盐岩集料基层中发挥嵌挤骨架作用的盐岩集料共分为六种规格，即4.75~9.5mm、9.5~13.2mm、13.2~16.00mm、16.0~19.0mm、19.0~26.5mm、26.5~31.5mm，并采用各级筛孔尺寸表示不同规格盐岩集料的破碎演化状态。每组规格盐岩集料的破碎演化过程可看作是一条马尔可夫链，各组的状态传递如图 5.28 所示。

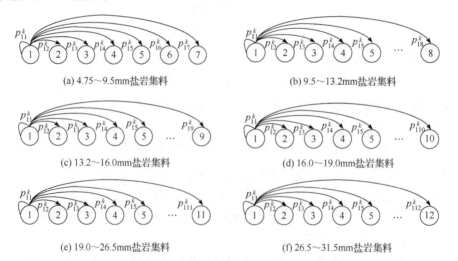

(a) 4.75~9.5mm盐岩集料　　　　　(b) 9.5~13.2mm盐岩集料

(c) 13.2~16.0mm盐岩集料　　　　　(d) 16.0~19.0mm盐岩集料

(e) 19.0~26.5mm盐岩集料　　　　　(f) 26.5~31.5mm盐岩集料

图 5.28　不同规格盐岩集料破碎状态传递

2) 转移概率矩阵确定

定义不同规格盐岩集料在破碎演化过程中，状态 i 经一步转移到状态 j 的概率为一步转移概率，根据不同规格盐岩集料破碎状态传递图可得到转移概率矩阵 P，其形式如下：

$$P = \left(p_{ij}^k \right)_{nn} = \begin{pmatrix} p_{11}^k & \cdots & p_{1n}^k \\ \vdots & & \vdots \\ 0 & \cdots & p_{nn}^k \end{pmatrix}, \quad p_{ij}^k > 0, \quad \sum_{j=1}^n p_{ij}^k = 1 \tag{5.20}$$

式中，p_{ij}^k 为规格 k 的盐岩集料从状态 i 经一步转移到状态 j 的概率。

3) 不同规格盐岩集料破碎级配转移模型

破碎前不同规格盐岩集料各级筛孔的筛余百分率组成向量 $\left(x_i^k \right)$，不同击实能量作用下破碎后各级筛孔的筛余百分率组成向量 $\left(y_i^k \right)$，则有

$$\left(x_i^k \right) = \left(x_1^k, x_2^k, \cdots, x_n^k \right) \tag{5.21}$$

$$\left(y_i^k \right) = \left(y_1^k, y_2^k, \cdots, y_n^k \right) \tag{5.22}$$

式中，x_i^k 为规格 k 的盐岩集料破碎前各级筛孔的筛余百分率，%；y_i^k 为规格 k 的盐岩集料破碎后各级筛孔的筛余百分率，%。

通过不同规格盐岩集料破碎演化的一步转移概率将两者联系起来，即不同规格盐岩集料破碎级配转移模型为

$$\left(y_1^k, y_2^k, \cdots, y_n^k \right) = \left(x_1^k, x_2^k, \cdots, x_n^k \right) \begin{pmatrix} p_{11}^k & \cdots & p_{1n}^k \\ \vdots & & \vdots \\ 0 & \cdots & p_{nn}^k \end{pmatrix} \tag{5.23}$$

或写为

$$\boldsymbol{Y}^k = \boldsymbol{X}^k \boldsymbol{P}^k \tag{5.24}$$

一步转移概率矩阵 $\boldsymbol{P}$ 中含有未知数 p_{ij}^k，根据式(5.23)计算结果和式(5.18)计算结果的平方误差最小确定，如式(5.25)所示：

$$\delta^2 = \sum_1^n \left(Y_n - Y_0 \right)^2 \tag{5.25}$$

在击实能量作用下，不同规格盐岩集料破碎演化从小筛孔到大筛孔的情形不可能发生，即当 $i > j$ 时，$p_{ij}^k = 0$，对于 $p_{ij}^k = 0$ 的情形，p_{ij}^k 可通过对式(5.25)求导计算。

4) 盐岩集料基层颗粒破碎级配转移模型

盐岩集料基层颗粒破碎后各级筛孔的筛余百分率组成向量 A' ，有

$$A' = (a'_1, a'_2, a'_3, \cdots, a'_n) \tag{5.26}$$

盐岩集料基层由不同规格盐岩集料分级和搭配而成，假设不同规格盐岩集料的破碎过程是相互独立的，则将盐岩集料基层的破碎过程视为不同规格盐岩集料破碎过程的叠加。进一步根据不同规格盐岩集料破碎级配转移模型，确定盐岩集料基层颗粒破碎级配转移模型为

$$
\begin{aligned}
a'_j &= \sum_1^6 y_j^k \\
&= y_j^{4.75\sim9.5} + y_j^{9.5\sim13.2} + y_j^{13.2\sim16.0} + y_j^{16.0\sim19.0} + y_j^{19.0\sim26.5} + y_j^{26.5\sim31.5} \\
&= \sum_1^6 x^k p_{ij}^k \\
&= x^{4.75\sim9.5} p_{ij}^{4.75\sim9.5} + x^{9.5\sim13.2} p_{ij}^{9.5\sim13.2} + x^{13.2\sim16.0} p_{ij}^{13.2\sim16.0} \\
&\quad + x^{16.0\sim19.0} p_{ij}^{16.0\sim19.0} + x^{19.0\sim26.5} p_{ij}^{19.0\sim26.5} + x^{26.5\sim31.5} p_{ij}^{26.5\sim31.5}
\end{aligned}
\tag{5.27}
$$

式中， a'_j 为盐岩集料基层破碎后第 j 级筛孔尺寸的筛余百分率，%。

3. 预估级配确定与修正

1) 预估级配确定

根据盐岩集料基层颗粒破碎级配转移模型，获得破碎后的盐岩集料基层级配组成为 $A' = (a'_1, a'_2, a'_3, \cdots, a'_n)$ ，结合选择的盐岩集料基层目标级配组成 $A = (a_1, a_2, a_3, \cdots, a_n)$ ，进一步建立非线性规划模型确定盐岩集料基层的预估级配，非线性规划模型为

$$
\begin{cases}
\min z = |a'_1 - a_1| + |a'_2 - a_2| + |a'_3 - a_3| + \cdots + |a'_n - a_n| \\
\text{s.t.} \begin{cases} a_1 + a_2 + a_3 + \cdots + a_n = 1 \\ a_1 \geqslant 0, a_2 \geqslant 0, a_3 \geqslant 0, \cdots, a_n \geqslant 0 \end{cases}
\end{cases}
\tag{5.28}
$$

采用 LINGO 软件对式(5.28)进行快速求解，即可求出盐岩集料基层的预估级配，然后与盐岩集料基层试验破碎后各粒径的筛余百分率进行对比，验证确定的盐岩集料基层预估级配。

2) 基于含卤水率的预估级配修正

根据 5.1.2 小节含卤水率对不同规格盐岩集料破碎颗粒级配影响的研究可知，含卤水率对盐岩集料破碎颗粒具有显著影响，为降低含卤水率对盐岩集料基层级配组成的影响，对盐岩集料基层的预估级配进行修正。考虑到随着含卤水率增大，盐岩集料破碎率降低和高含卤水率导致盐岩集料基层破碎后筛分困难，含卤水率

取 6%，然后进行击实试验，最后对击实后盐岩集料基层进行烘干和筛分，获得湿化破碎后的级配组成；参考《公路路面基层施工技术细则》(JTG/T F20—2015)中的目标级配范围[14]，对湿化破碎后盐岩集料基层的级配组成进行修正，对于 4.75mm 以下的盐岩集料不考虑颗粒破碎的影响，直接进行修正。

考虑到 4.75mm 以上盐岩集料须考虑颗粒破碎的影响，建立非线性方程组求解盐岩集料基层的预估级配修正值：

$$
\begin{pmatrix}
1 & 0 & \cdots & 0 & p_{11}^{4.75} & \cdots & p_{11}^{26.5} \\
\vdots & \vdots & & 0 & \vdots & & \vdots \\
0 & 0 & \cdots & 0 & p_{17}^{4.75} & \cdots & p_{17}^{26.5} \\
\vdots & \vdots & & \vdots & \vdots & & \vdots \\
0 & 0 & \cdots & 0 & 0 & \cdots & p_{1n}^{26.5}
\end{pmatrix}
\begin{pmatrix}
\Delta a_1 \\ \vdots \\ \Delta a_7 \\ \vdots \\ \Delta a_n
\end{pmatrix}
=
\begin{pmatrix}
\Delta a_1' \\ \vdots \\ \Delta a_7' \\ \vdots \\ \Delta a_n'
\end{pmatrix}
\tag{5.29}
$$

式中，Δa_j 为盐岩集料基层湿化破碎前的修正值；$\Delta a_j'$ 为盐岩集料基层湿化破碎后的级配修正值。

4. 级配设计结果评价

盐岩集料基层组成设计时，以优选的级配范围中值为基准，评价设计结果的可靠性。从绝对误差(absolute error，AE)和相对误差(relative error，RE)出发，将盐岩集料基层修正后击实试验验证级配与级配范围中值进行比较。绝对误差和相对误差可分别通过式(5.30)和式(5.31)确定：

$$
AE = \left| p_i' - p_i \right| \tag{5.30}
$$

$$
RE = \frac{\left| p_i' - p_i \right|}{p_i} \tag{5.31}
$$

式中，p_i' 为盐岩集料基层修正后击实试验验证级配中 i 级筛孔尺寸的通过率，%；p_i 为级配范围中值中 i 级筛孔尺寸的通过率，%。

为进一步分析误差的数字特征，对绝对误差和相对误差进行统计分析。常用误差评价指标有平均误差(mean error，ME)、平均绝对误差(mean absolute error，MAE)、均方误差(mean square error，MSE)、均方根误差(root mean square error，RMSE)等。其中，平均绝对误差是评价误差平均幅值的综合指标，能够避免误差正、负值相互抵消的情况，同平均误差相比可以准确反映误差大小；均方根误差是试验值同真值偏差的平方与试验次数比的平方根，能够反映试验值与真值的偏离幅度，可以整体上评价设计结果的可靠性。本书采用平均绝对误差和均方根误差综合评价设计结果，平均绝对误差和均方根误差可分别通过式(5.32)和式(5.33)

确定：

$$MAE = \frac{\sum_{i=1}^{n} \left| p_i' - p_i \right|}{n} \tag{5.32}$$

$$RMSE = \sqrt{\frac{\sum_{i=1}^{n} \left(p_i' - p_i \right)^2}{n}} \tag{5.33}$$

式中，n 为筛孔尺寸级数。

5.5 盐岩集料基层组成设计方法应用

5.5.1 目标级配选择

根据级配范围与目标级配选择要求，参考《公路路面基层施工技术细则》(JTG/T F20—2015)中推荐的二级公路用水泥稳定级配碎石级配范围[14]，选取 C-C-1、C-C-2、C-C-3 三种级配，见表 5.8～表 5.10。

表 5.8 C-C-1 级配范围与目标级配

级配	不同筛孔的通过率/%												
	31.5 mm	26.5 mm	19.0 mm	16.0 mm	13.2 mm	9.5 mm	4.75 mm	2.36 mm	1.18 mm	0.6 mm	0.3 mm	0.15 mm	0.075 mm
级配上限	100	94	83	78	73	64	50	36	26	19	14	10	7
级配下限	90	81	67	61	54	45	30	19	12	8	5	3	2
目标级配	100	94	83	78	73	64	50	36	26	19	14	10	7

表 5.9 C-C-2 级配范围与目标级配

级配	不同筛孔的通过率/%											
	26.5 mm	19.0 mm	16.0 mm	13.2 mm	9.5 mm	4.75 mm	2.36 mm	1.18 mm	0.6 mm	0.3 mm	0.15 mm	0.075 mm
级配上限	100	87	82	75	66	50	36	26	19	14	10	7
级配下限	90	73	65	58	47	30	19	12	8	5	3	2
目标级配	100	87	82	75	66	50	36	26	19	14	10	7

表 5.10　C-C-3 级配范围与目标级配

级配	不同筛孔的通过率/%										
	19.0mm	16.0mm	13.2mm	9.5mm	4.75mm	2.36mm	1.18mm	0.6mm	0.3mm	0.15mm	0.075mm
级配上限	100	92	83	71	50	36	26	19	14	10	7
级配下限	90	79	67	52	30	19	12	8	5	3	2
目标级配	100	92	83	71	50	36	26	19	14	10	7

5.5.2　预估级配确定

根据《公路工程无机结合料稳定材料试验规程》(JTG 3441—2024)中的击实试验方法分类[39]和盐岩集料基层目标级配，选择击实试验方法为丙法，即击实能量为 2677kJ/m³。基于 5.1.1 小节盐岩集料破碎后各粒径筛余百分率，并结合式(5.20)~式(5.25)计算不同规格盐岩集料的一步转移概率，如表 5.11 所示。

表 5.11　不同规格盐岩集料一步转移概率

集料规格/mm	一步转移概率											
4.75~9.5	—	—	—	—	—	$p_{11}^{4.75\sim9.5}$	$p_{12}^{4.75\sim9.5}$	$p_{13}^{4.75\sim9.5}$	$p_{14}^{4.75\sim9.5}$	$p_{15}^{4.75\sim9.5}$	$p_{16}^{4.75\sim9.5}$	$p_{17}^{4.75\sim9.5}$
	—	—	—	—	—	0.31	0.18	0.08	0.10	0.11	0.08	0.07
9.5~13.2	—	—	—	—	$p_{11}^{9.5\sim13.2}$	$p_{12}^{9.5\sim13.2}$	$p_{13}^{9.5\sim13.2}$	$p_{14}^{9.5\sim13.2}$	$p_{15}^{9.5\sim13.2}$	$p_{16}^{9.5\sim13.2}$	$p_{17}^{9.5\sim13.2}$	$p_{18}^{9.5\sim13.2}$
	—	—	—	—	0.23	0.21	0.12	0.07	0.07	0.11	0.06	0.06
13.2~16.0	—	—	—	$p_{11}^{13.2\sim16.0}$	$p_{12}^{13.2\sim16.0}$	$p_{13}^{13.2\sim16.0}$	$p_{14}^{13.2\sim16.0}$	$p_{15}^{13.2\sim16.0}$	$p_{16}^{13.2\sim16.0}$	$p_{17}^{13.2\sim16.0}$	$p_{18}^{13.2\sim16.0}$	$p_{19}^{13.2\sim16.0}$
	—	—	—	0.18	0.12	0.14	0.11	0.06	0.06	0.11	0.07	0.06
16.0~19.0	—	—	$p_{11}^{16.0\sim19.0}$	$p_{12}^{16.0\sim19.0}$	$p_{13}^{16.0\sim19.0}$	$p_{14}^{16.0\sim19.0}$	$p_{15}^{16.0\sim19.0}$	$p_{16}^{16.0\sim19.0}$	$p_{17}^{16.0\sim19.0}$	$p_{18}^{16.0\sim19.0}$	$p_{19}^{16.0\sim19.0}$	$p_{110}^{16.0\sim19.0}$
	—	—	0.17	0.08	0.11	0.14	0.10	0.06	0.10	0.08	0.06	0.06
19.0~26.5	—	$p_{11}^{19.0\sim26.5}$	$p_{12}^{19.0\sim26.5}$	$p_{13}^{19.0\sim26.5}$	$p_{14}^{19.0\sim26.5}$	$p_{15}^{19.0\sim26.5}$	$p_{16}^{19.0\sim26.5}$	$p_{17}^{19.0\sim26.5}$	$p_{18}^{19.0\sim26.5}$	$p_{19}^{19.0\sim26.5}$	$p_{110}^{19.0\sim26.5}$	$p_{111}^{19.0\sim26.5}$
	—	0.20	0.06	0.05	0.07	0.12	0.10	0.10	0.06	0.06	0.06	0.09
26.5~31.5	$p_{11}^{26.5\sim31.5}$	$p_{12}^{26.5\sim31.5}$	$p_{13}^{26.5\sim31.5}$	$p_{14}^{26.5\sim31.5}$	$p_{15}^{26.5\sim31.5}$	$p_{16}^{26.5\sim31.5}$	$p_{17}^{26.5\sim31.5}$	$p_{18}^{26.5\sim31.5}$	$p_{19}^{26.5\sim31.5}$	$p_{110}^{26.5\sim31.5}$	$p_{111}^{26.5\sim31.5}$	$p_{112}^{26.5\sim31.5}$
	0.16	0.12	0.04	0.04	0.06	0.10	0.10	0.06	0.07	0.08	0.06	0.05

利用式(5.26)和式(5.27)确定盐岩集料基层预估级配，计算结果如表 5.12 所示。

表 5.12　盐岩集料基层预估级配

级配类型	不同筛孔的通过率/%												
	31.5 mm	26.5 mm	19.0 mm	16.0 mm	13.2 mm	9.5 mm	4.75 mm	2.36 mm	1.18 mm	0.6 mm	0.3 mm	0.15 mm	0.075 mm
C-C-1	100	62	29	20	14	13	10	5	1	—	—	—	—
C-C-2	—	100	35	27	14	14	10	5	1	—	—	—	—
C-C-3	—	—	100	52	25	14	8	4	—	—	—	—	—

　　根据盐岩集料基层预估级配配制盐岩集料，进一步进行击实试验验证，试验结果如图 5.29 所示。

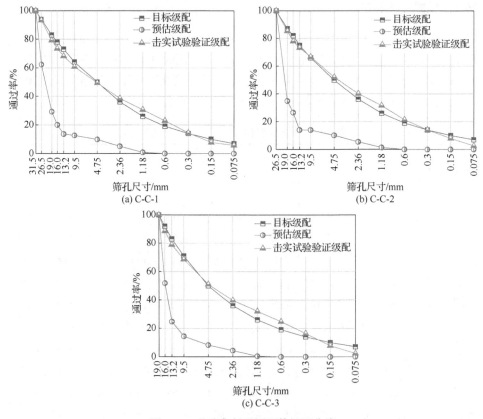

图 5.29　盐岩集料基层预估级配曲线

5.5.3　预估级配修正

　　以盐岩集料基层预估级配作为修正时的试验级配，含卤水率为 6%，试验过程如图 5.30 所示。图 5.31 为盐岩集料基层湿化后击实试验验证级配曲线。

(a) 配料　　　　　　　　　(b) 湿化

(c) 破碎　　　　　　　　　(d) 破碎后

图 5.30　盐岩集料基层破碎过程

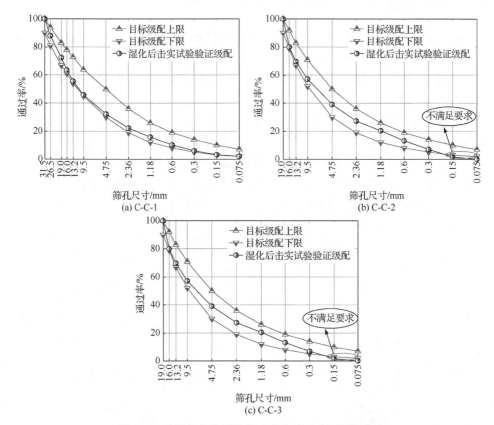

(a) C-C-1　　　　　　　　　(b) C-C-2

(c) C-C-3

图 5.31　盐岩集料基层湿化后击实试验验证级配曲线

对不符合级配范围的盐岩集料基层预估级配进行修正，修正后预估级配曲线如图 5.32 所示。

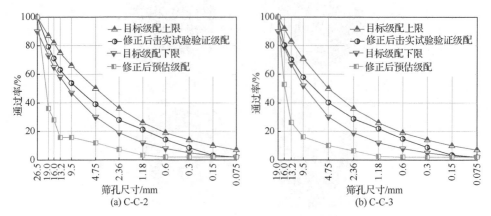

图 5.32　盐岩集料基层修正后预估级配曲线

5.5.4　设计方法评价

根据式(5.30)和式(5.31)计算盐岩集料基层修正后击实试验验证级配的绝对误差和相对误差，结果如图 5.33 所示。

由图 5.33 可知，筛孔尺寸为 0.075～4.75mm 时盐岩集料基层修正后击实试验验证级配绝对误差较小，筛孔尺寸大于 4.75mm 时绝对误差较大。其中，C-C-1 级配盐岩集料基层修正后击实试验验证级配绝对误差最大，为 8.66%，这主要因为是盐岩细集料内部存在孔隙和缺陷较少，在盐岩集料基层中填充骨架空隙，在外力作用下不易发生破碎，能够近似反映级配范围中值。随着筛孔尺寸减小，盐岩集料基层修正后击实试验验证级配相对误差大致呈现上升的趋势，这主要是因为级配范围中值本身较小，对相对误差计算结果影响较大。

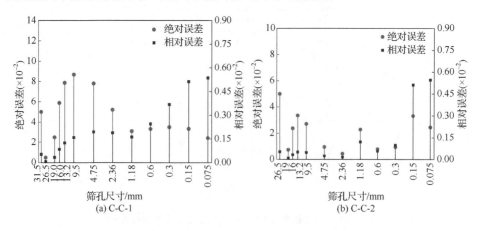

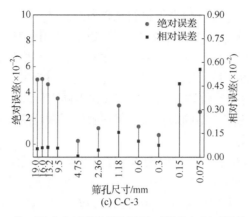

(c) C-C-3

图 5.33　修正后击实试验验证级配绝对误差与相对误差

根据式(5.32)和式(5.33)计算盐岩集料基层修正后击实试验验证级配的平均绝对误差与均方根误差，计算结果如表 5.13 所示。

表 **5.13**　修正后击实试验验证级配平均绝对误差与均方根误差

级配类型	MAE($\times 10^{-2}$)	RMSE($\times 10^{-2}$)
C-C-1	4.5	5.1
C-C-2	2.1	2.5
C-C-3	2.8	3.2

由表 5.13 可知，盐岩集料基层修正后击实试验验证级配平均绝对误差和均方根误差由小到大顺序为 C-C-2＜C-C-3＜C-C-1，其中 C-C-2 平均绝对误差和均方根误差最小，分别为 0.021 和 0.025，精度最高。C-C-1 平均绝对误差和均方根误差最大，分别为 0.045 和 0.051，精度最低。选取的 C-C-1、C-C-2、C-C-3 三种级配均符合设计结果要求。

5.6　本　章　小　结

本章对比评价了不同规格和含卤水率盐岩集料的破碎情况，探明了不同规格和含卤水率盐岩集料的颗粒级配演化特征，并明晰了盐岩集料基层组成设计流程，确定了盐岩集料基层预估级配及其修正方法，提出了盐岩集料基层组成设计方法并进行试验验证。主要研究结论如下。

(1) 不同规格盐岩集料破碎后颗粒具有连续型级配曲线特征，级配曲线形状受盐岩集料规格类型影响较大；随着击实能量增加，盐岩集料破碎逐渐趋于稳定；

含卤水率增加有助于降低盐岩集料的破碎率。

(2) 盐岩集料破碎率随着初始粒径增加而呈上升趋势；在击实前期，集料规格类型是影响盐岩集料破碎的关键因素，随着含卤水率增加，盐岩集料破碎率和相对破碎系数均逐渐下降；盐岩集料基层组成设计时应考虑含卤水率的影响。

(3) 推荐采用两参数 Weibull 分布描述不同规格和含卤水率盐岩集料破碎颗粒的分布规律，确定了不同规格盐岩集料破碎后颗粒的通过率与筛孔尺寸和击实能量的演化关联模型。

(4) 基于规范推荐的三种级配进行了盐岩集料基层组成设计方法验证，评价了盐岩集料基层组成设计方法的有效性，盐岩集料基层修正后击实试验验证级配平均绝对误差和均方根误差由小到大顺序为 C-C-2＜C-C-3＜C-C-1，均小于 0.1，符合设计要求。

第6章 盐岩集料基层力学性能及变形特性

将盐岩作为路面基层材料时，盐岩自身结晶程度、晶粒大小、孔隙率等特征使其力学性能与传统基层材料有所不同，其力学性能与盐分类型、级配组成、含水状态、密实程度等因素密切相关，良好的力学性能对盐岩作为路面基层材料起着至关重要的作用；此外，盐岩固相和液相与传统基层填料有所不同，其液相为盐溶液，固相含有易溶盐。盐岩液相和固相中的盐分受温度、含盐量和含水率影响易发生相变，盐溶液以结晶盐析出后固相体积增大，易溶盐以盐溶液形式存在时将影响其密度，导致盐岩集料基层发生变形。本章基于无侧限抗压强度、劈裂强度、弯拉强度和抗压回弹模量等性能指标，全面分析级配、失水率和初始干密度影响下盐岩集料基层力学性能变化规律，推荐盐岩集料基层级配和含卤水率等技术参数，构建盐岩集料基层力学性能非线性回归预估模型；进一步分析单次降温和多次冻融循环变温条件下盐岩集料基层的变形规律，基于三维颗粒流离散元方法建立盐岩集料基层变形模型，明确盐岩集料基层在变形过程中的细观变化，为盐岩用于路面基层填筑现场施工参数确定及结构耐久性提升提供技术指导。

6.1 盐岩集料击实特性

针对 5.4 节盐岩集料基层组成设计方法应用结果，本章采用《公路路面基层施工技术细则》(JTG/T F20—2015)[14]中二级公路用水泥稳定级配碎石推荐的 C-C-1、C-C-2、C-C-3 三种级配进行研究，不同级配的级配曲线如图 6.1 所示。考虑到随着含卤水率增大，盐岩集料颗粒破碎率降低和高含卤水率导致盐岩集料破碎后筛分困难，且在盐岩集料基层组成设计方法中基于含卤水率对其进行了修正，本章预定含卤水率均较大，因此不再考虑含卤水率对盐岩集料颗粒破碎的影响。击实试验前根据 C-C-1、C-C-2、C-C-3 三种预估级配进行配料，配料完成后将其在50℃条件下烘干，并根据预定含卤水率均匀拌和；拌和均匀后采用双层塑料袋密封闷料 24h，然后进行击实试验，击实过程参考《公路工程无机结合料稳定材料试验规程》(JTG 3441—2024)[39]相关试验方法进行，试验仪器为多功能电动击实仪。试验时，将制备好的盐岩集料基层试样分三次装入击实筒中，每层击实 98 次，击实后采用刮土刀将试样表面整平，称取并计算得到不同预定含卤水率试样的湿密度。击实试验结束后，从试样内部由上至下称取不少于 700g 的两份代表性试样进行含水率测试，进而确定每次击实后试样的干密度和卤水干密度，击实试验过程如图 6.2 所示。三种不同级配盐岩集料基层的击实结果如图 6.3 所示。

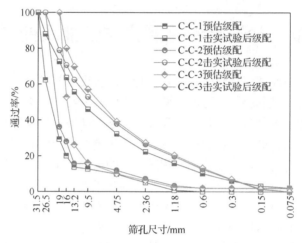

图 6.1　C-C-1、C-C-2、C-C-3 级配曲线

(a) 闷料　　　　　　　　　　(b) 击实

(c) 脱模　　　　　　　　　　(d) 烘干

图 6.2　击实试验过程

　　不同级配盐岩集料基层击实曲线如图 6.3 所示。由图 6.3 可知，随着含水率和含卤水率的增大，不同级配盐岩集料基层的干密度和卤水干密度先增大后减小。在达到最佳含水率之前，干密度的变化幅度较大；在最佳含卤水率之前，卤水干密度变化幅度相对较小；当到达最佳含水率和最佳含卤水率之后，干密度和卤水干密度的变化幅度刚好相反。这说明当含水率较低时，卤水中的水分对盐岩集料

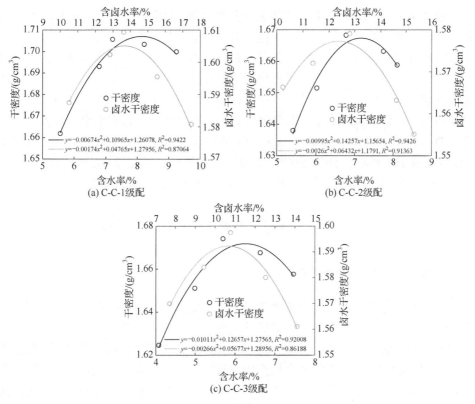

图 6.3　不同级配盐岩集料基层击实曲线

基层试样主要起润滑作用，减小其内部的阻力，使得盐岩粗集料相互嵌挤，细集料填充密实，对干密度影响显著。

根据不同级配盐岩集料基层的击实曲线，进一步计算其最佳含水率(最佳含卤水率)和最大干密度(卤水最大干密度)，具体如图 6.4 所示。

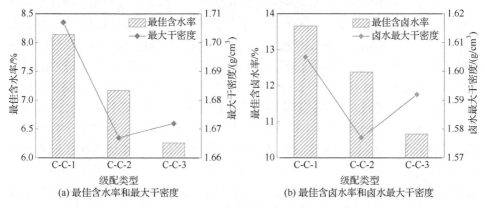

图 6.4　不同级配盐岩集料基层最佳含水率(最佳含卤水率)和最大干密度(卤水最大干密度)

由图 6.4 可知，盐岩集料基层最佳含水率和最佳含卤水率受三种级配影响显著；C-C-1 级配的盐岩集料基层最佳含水率和最佳含卤水率最大，分别为 8.14% 和 13.66%；C-C-3 级配的盐岩集料基层最佳含水率和最佳含卤水率最小，分别为 6.26% 和 10.66%。C-C-1 级配较粗，最大粒径较大，内部孔隙发育，使得最佳含水率和最佳含卤水率较大。对比不同级配盐岩集料基层的最大干密度和卤水最大干密度可知，C-C-1 级配的盐岩集料基层最大干密度和卤水最大干密度最大，分别为 1.707g/cm³ 和 1.605g/cm³。C-C-1 级配的盐岩集料基层最大粒径较大，级配较粗，使得盐岩集料基层的不均性增大，盐岩粗细集料之间填充得更加密实，卤水盐分进一步填充粗细集料空隙，使其最大干密度和卤水最大干密度最大。

6.2 成型参数对盐岩集料基层力学性能的影响

6.2.1 级配对力学性能的影响

级配组成是影响盐岩作为路面基层力学性能的重要影响因素。三种级配类型盐岩粗集料较多时，压实后盐岩集料基层形成嵌挤骨架，同时具有一定的空隙，其力学性能主要受盐岩粗集料自身的强度和各粗集料间内摩阻力影响[40]。随着盐岩细集料的增加，盐岩细集料会填充粗集料间空隙，进而增加盐岩集料基层的密实度，此时盐岩集料基层力学性能进一步受盐岩细集料黏结力的影响。因此，盐岩集料基层力学性能受级配影响而存在差异，为合理推荐盐岩集料基层最佳的级配组成，本小节将对不同级配盐岩集料基层力学性能变化规律进行研究。

1. 无侧限抗压强度

基层是直接位于路面结构层下的结构层次，起到将车辆荷载产生的垂直力扩散到垫层和路基中的作用，应具有一定的承载能力。将盐岩集料用于路面结构基层中时，盐岩集料表面会与饱和卤水发生化学作用，在碾压成型后盐岩会板结形成整体，类似无机结合料稳定材料，无机结合料稳定材料组成设计以无侧限抗压强度为主。基于此，基层采用盐岩集料时有必要研究其无侧限抗压强度变化规律，本小节针对 C-C-1 级配、C-C-2 级配和 C-C-3 级配的盐岩集料基层，基于最佳含水率和最大干密度制备成型盐岩集料基层试样，成型方法为静压法，成型仪器为压力机。考虑到三种级配对圆柱形试样试模尺寸的影响，统一采用直径和高度为 150mm 的试模。盐岩集料基层试样成型后，将其在养护室中静置养护 7d，在养护结束后进行抗压强度试验，试验仪器为万能材料试验机，试验时控制加载速率为 1mm/min。试验过程中，同时测定试样轴向应变和径向应变，获取盐岩试样泊松比，将加载过程中应力-应变曲线峰值作为盐岩集料基层试样的无侧限抗压强度。图 6.5 为养护后的三种级配盐岩集料基层试样，图 6.6 为不同级配盐岩集料基层无侧限抗压强度试验结果，表 6.1 为不同级配盐岩集料基层试样泊松比。

C-C-1　　　　C-C-2　　　　C-C-3

图 6.5　养护后不同级配盐岩集料基层试样

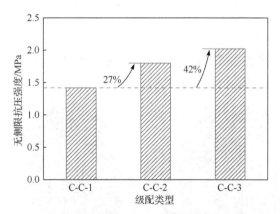

图 6.6　不同级配试样的无侧限抗压强度

表 6.1　不同级配盐岩集料基层试样泊松比

级配	C-C-1	C-C-2	C-C-3
泊松比	0.36	0.34	0.34

由图 6.6 可知，盐岩集料基层无侧限抗压强度由小到大顺序为 C-C-1＜C-C-2＜C-C-3，其中 C-C-1 级配无侧限抗压强度最小，为 1.42MPa，C-C-3 级配无侧限抗压强度最大，为 2.02MPa。同 C-C-1 级配相比，C-C-3 级配的无侧限抗压强度高

0.60MPa。这可能是因为盐岩集料本身强度低，且盐岩集料基层级配越粗，其内部存在缺陷概率越大，所以盐岩粗集料之间的嵌挤作用较为薄弱，试样强度以盐岩细集料的填充和黏结作用为主。不同级配下盐岩基层试样泊松比在 0.34～0.36，相比无机结合料稳定材料的泊松比略大。综上，实际施工时应控制其最大粒径，以保证盐岩集料基层在荷载作用下具有良好的承载能力。

2. 劈裂强度

无机结合料稳定类基层一般承受拉应力作用，其因强度不足出现的破坏通常是拉应力过大产生的断裂破坏。劈裂强度又称为间接抗拉强度，可用于评价材料的抗拉能力，因此有必要针对盐岩集料基层的劈裂强度进行研究，确保在将盐岩集料作为基层材料时能够具有良好的抗拉性能。在研究不同级配盐岩集料基层劈裂强度时，试样成型过程同前文一致，劈裂强度测试时采用万能材料试验机，试验时控制加载速率为 1mm/min。盐岩集料基层试样劈裂强度计算见式(6.1)。图 6.7 为劈裂强度试验前后盐岩集料基层试样对比，图 6.8 为不同级配盐岩集料基层劈裂强度试验结果。

$$R = \frac{2P}{\pi d h} \tag{6.1}$$

式中，R 为试样的劈裂强度，MPa；P 为试样破坏时的最大压力，N；d 为试样的直径，mm；h 为试样的高度，mm。

(a) 加载前试样　　　　　　(b) 加载至破坏后试样

图 6.7　试验前后盐岩集料基层试样

由图 6.8 可知，盐岩集料基层劈裂强度规律与无侧限抗压强度结果相似，由小到大顺序为 C-C-1＜C-C-2＜C-C-3。其中，C-C-1 级配劈裂强度最小，为 0.032MPa；C-C-3 级配劈裂强度最大，为 0.144MPa。同 C-C-1 级配相比，C-C-3 级配劈裂强度高 0.112MPa，这可能是因为盐岩集料基层劈裂强度主要与盐岩细集

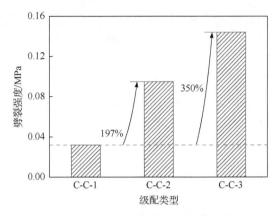

图 6.8　不同级配盐岩集料基层劈裂强度

料的黏结作用有关。C-C-3 级配中盐岩集料基层粗集料规格较少，级配偏细，空隙较少，与盐岩细集料接触的概率较大，使得盐岩集料基层内部黏结力较大。C-C-1 级配中盐岩粗集料规格较多，级配偏粗，降低了同细集料接触的概率，使得其内部黏结力较小。

3. 抗压回弹模量

在车轮荷载和基层自重作用下，盐岩集料基层会发生弹性和塑性变形，过多的塑性变形将会引起路面破坏。抗压回弹模量可有效反映盐岩集料基层在荷载作用下抵抗竖向变形的能力，因此制备不同级配盐岩集料基层试样，以明确级配对盐岩集料基层抗压回弹模量的影响。

在测试不同级配盐岩集料基层抗压回弹模量前，采取静压法制备 C-C-1 级配、C-C-2 级配、C-C-3 级配的盐岩集料基层试样。试验具体过程参考《公路工程无机结合料稳定材料试验规程》(JTG 3441—2024)[39]顶面法进行，试验仪器采用万能材料试验机，试验开始时在盐岩集料基层试样顶面先加载 0.5MPa 的单位压力预压 1min，确保仪器与试样紧密接触。抗压回弹模量测试过程中，对盐岩集料基层试样进行 5 级加载，每级荷载增加 0.2MPa，每级加载到预定荷载达 1min 后，读千分表读数，随后卸载 0.5min 后再次读千分表读数。如此逐级进行，最后一级加卸载读数完成后计算每级荷载作用下的回弹变形，得到盐岩集料基层的单位压力与回弹变形关系曲线，并基于式(6.2)计算盐岩集料基层试样的抗压回弹模量。

$$E_c = \frac{ph}{l} \tag{6.2}$$

式中，E_c 为试样抗压回弹模量，MPa；p 为单位压力，MPa；h 为试样高度，mm；l 为试样回弹变形，mm。

　　根据抗压回弹模量测试结果，绘制不同级配盐岩集料基层单位压力与回弹变形关系曲线并计算其抗压回弹模量，分别如图 6.9 和图 6.10 所示。

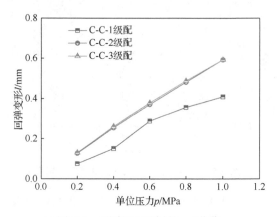

图 6.9　不同级配试样的 p-l 曲线

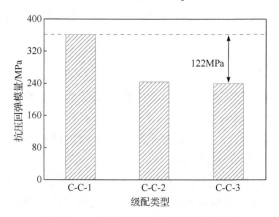

图 6.10　不同级配试样抗压回弹模量

　　由图 6.9 可知，C-C-2 级配与 C-C-3 级配盐岩集料基层试样在相同荷载加载和卸载过程中产生的回弹变形均较大，如单位压力为 0.8MPa 时，产生的回弹变形分别为 0.481mm 和 0.488mm，C-C-3 级配盐岩集料基层试样产生的回弹变形为 0.356mm。即盐岩集料基层试样最大粒径越大，级配越粗，抵抗变形的能力越强。

　　由图 6.10 可知，C-C-2 级配与 C-C-3 级配的盐岩集料基层抗压回弹模量相差不大，分别为 244MPa 和 240MPa，C-C-1 级配的抗压回弹模量最大，为 362MPa。这主要是因为盐岩粗集料的强度及形成的嵌挤骨架对盐岩集料基层模量具有重要影响，C-C-1 级配盐岩粗集料规格数量较多，易形成骨架密实形结构，从而 C-C-1 级配抗压回弹模量较大。

　　综合对比不同级配盐岩集料基层无侧限抗压强度、劈裂强度和抗压回弹模量等性能变化规律可知，C-C-3 级配的盐岩集料基层无侧限抗压强度、劈裂强度均最大，试样的无侧限抗压强度和劈裂强度受盐岩细集料填充黏结作用明显；对于回弹模量，C-C-1 级配盐岩集料基层最大，试样受盐岩粗集料影响较为明显。因此，综合不同级配盐岩集料基层力学性能变化规律，在实际施工中推荐采用 C-C-3 级配作为盐岩集料基层级配，以保证盐岩集料作为基层材料时具有较高的力学性能。

6.2.2　失水率对力学性能的影响

根据 6.2.1 小节不同级配盐岩集料基层力学性能变化规律可知，C-C-3 级配作为盐岩集料基层级配时具有较好的力学性能。通过对 C-C-3 级配盐岩集料基层试样进行无侧限抗压强度和劈裂强度试验发现，盐岩集料本身强度较低，内部黏结力较大，其黏结力主要取决于盐分板结作用。为了确定盐分板结对盐岩集料基层力学性能产生的影响，更好地在工程中保障盐岩集料基层力学性能，有必要明晰在不同失水率下盐岩集料基层力学性能的变化规律。本小节通过控制盐岩集料基层试样内部水分含量，分析其无侧限抗压强度、劈裂强度、弯拉强度和抗压回弹模量等性能变化规律，确保盐岩集料基层能够符合工程应用要求。

1. 无侧限抗压强度

为了明确失水率对盐岩集料基层抗压强度的影响，在最佳含水率下制备盐岩集料基层试样，然后分别控制试样失水率为 25%、50%、75%、100%，研究失水干燥对盐岩集料基层抗压强度的影响。失水率为 25%、50%、75%、100%的试样是按最佳含水率成型试样后，将其在一定温度下失水至最佳含水率的 25%、50%、75%、100%。考虑到新疆罗布泊地区常年干燥、炎热，夏季最高气温大于 40℃，因此控制温度为 50℃。盐岩集料基层试样达到相应失水率后，将其在自然条件下冷却以备强度试验，试验设备选用万能试验机，试验时控制加载速率为 1mm/min；试验过程中同时测定试样轴向应变和径向应变，以获取盐岩试样泊松比，同时将加载过程中应力-应变曲线峰值作为盐岩集料基层试样的无侧限抗压强度。图 6.11

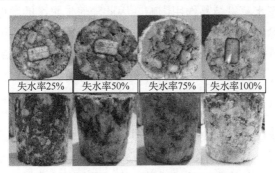

图 6.11　不同失水率的盐岩集料基层试样

为失水后的盐岩集料基层试样,图 6.12 为不同失水率试样的无侧限抗压强度试验结果,表 6.2 为不同失水率试样的泊松比计算结果。

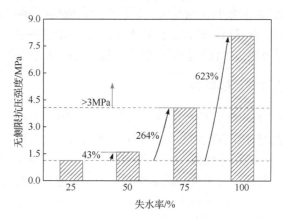

图 6.12　不同失水率试样的无侧限抗压强度

表 6.2　不同失水率试样的泊松比

失水率/%	25	50	75	100
泊松比	0.36	0.36	0.33	0.32

由图 6.12 可知,随着失水率增加,盐岩集料基层无侧限抗压强度逐渐增大;当失水率为 75%时,无侧限抗压强度为 4.1MPa,同失水率为 25%的盐岩集料基层试样相比,其无侧限抗压强度提高约 264%,能够满足《公路路面基层施工技术细则》(JTG/T F20—2015)提出的二级公路特重交通下水泥稳定材料无侧限抗压强度高于 3MPa 要求[14]。因此,可通过控制失水率调控盐岩集料基层无侧限抗压强度。结合表 6.2 可知,随着失水率的增加,盐岩集料基层试样泊松比有小幅下降趋势,即失水过程使得盐岩材料的刚度有所提升。由于盐岩集料基层试样在最佳含卤水率下成型后内部盐分含量不发生改变,在失水过程中无侧限抗压强度变化规律受到内部液态水蒸发结晶作用影响,因此随着失水率的增加,盐岩集料基层试样内部盐晶数量增多,内部网状结构纵横交错,其强度和刚度增幅明显。在实际施工时,应做好盐岩集料基层失水工作,以保证盐岩集料基层在荷载作用下具有良好承载能力。

2. 劈裂强度

为了明确失水率对盐岩集料基层劈裂强度的影响,在失水前采用静压法成型盐岩集料基层试样,然后分别在 50℃条件下控制失水率为 25%、50%、75%、100%,以制备不同失水率的盐岩集料基层试样。冷却后测试计算得到试样劈裂强度,试验和计算过程同 6.2.2 小节一致，不同失水率试样劈裂强度试验结果如图 6.13 所示。将不同失水率与盐岩集料基层劈裂强度的试验结果进行拟合，分析其相关性，结果如图 6.14 所示。

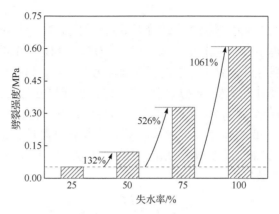

图 6.13　不同失水率试样劈裂强度

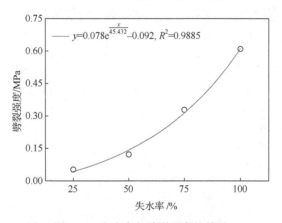

图 6.14　失水率与劈裂强度的关系

　　由图 6.13 可知，随着失水率增加，盐岩集料基层劈裂强度逐渐增大，失水率为 100%时盐岩集料基层劈裂强度最大，为 0.61MPa；同样地，随着失水率增加，盐岩集料基层劈裂强度增幅也逐渐增大，同失水率为 25%的劈裂强度相比，失水率为 100%的劈裂强度提升约 1061%，这表明失水率变化对盐岩集料基层劈裂强度具有显著影响，在现场施工中可通过加快失水提升盐岩集料基层的抗弯拉能力。

　　由图 6.14 可知，盐岩集料基层劈裂强度随失水率增加呈指数型增长，具有正相关关系，拟合相关系数为 0.9885。基层试样受拉发生破坏通常是内部黏结力不足引起的，对于盐岩集料基层试样，随着失水率增加，内部盐晶数量增多，黏结力增大，其劈裂强度增幅显著。因此，在实际施工时应做好盐岩集料基层失水工作，既可以保证盐岩集料基层具有较好的抗压强度，又能够确保不出现拉应力不足产生的破坏。

3. 弯拉强度

由于现行规范中采用弯拉强度评价无机结合料稳定类基层的抗裂性，因此参考《公路工程无机结合料稳定材料试验规程》(JTG 3441—2024)[39]对不同失水率盐岩试样的弯拉强度进行测试，盐岩级配同样为 C-C-3。试验前，按照最佳含卤水率和最大干密度并采取静压法成型梁式试样，试样尺寸为 100mm×100mm×400mm。成型试样结束后，将试样静置 1d 后拆模，然后将试样置于 50℃失水至规定失水率(25%～100%)，待试样冷却后进行弯拉强度测试，试验时控制加载速率为 50mm/min，试验结束后按照式(6.3)计算弯拉强度。图 6.15 为不同失水率试样的弯拉强度试验结果。

$$R_s = \frac{PL}{b^2 h} \tag{6.3}$$

式中，R_s 为试样弯拉强度，MPa；P 为试样破坏极限荷载，N；L 为跨距(支点距离)，mm；b 为试样宽度，mm；h 为试样高度，mm。

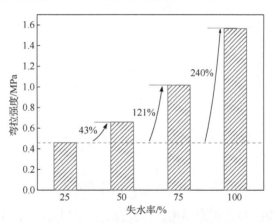

图 6.15　不同失水率试样的弯拉强度

由图 6.15 可知，随着失水率增加，盐岩集料基层弯拉强度逐渐增大，失水率为 100%时盐岩集料基层弯拉强度最大，为 1.566MPa。此外，失水率增大使得试样弯拉强度的增幅明显增大，即失水后期盐岩颗粒间形成的盐结晶使其抗裂性明显增加。当失水率为 75%时，盐岩集料基层试样弯拉强度约为 1MPa，满足《公路路面基层施工技术细则》(JTG/T F20—2015)[14]对弯拉强度的要求。此外，考虑盐岩用于公路结构层具有自愈合特性，因此可将盐岩用于公路基层，但在填筑后应保证盐岩基层充分失水，并做好相应防水处理。

4. 抗压回弹模量

前文基本明确了不同失水率下盐岩集料基层的无侧限抗压强度、劈裂强度和弯拉强度变化规律，本小节针对不同失水率盐岩集料基层抗压回弹模量变化规律进行研究。在不同失水率盐岩集料基层抗压回弹模量试验前，同样在 50℃ 条件下控制失水率为 25%、50%、75%、100%，制备不同失水率的盐岩集料基层试样，试验仪器采用万能试验机，试验和计算过程与 6.2.1 小节一致。完成抗压回弹模量试验后，计算每级荷载作用下的回弹变形，进一步得到不同失水率下盐岩集料基层的单位压力与回弹变形关系曲线，如图 6.16 所示。图 6.17 为抗压回弹模量随着失水率的变化情况。

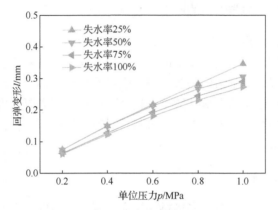

图 6.16　不同失水率试样的 *p-l* 曲线

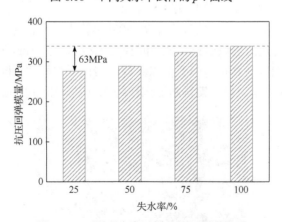

图 6.17　不同失水率试样的抗压回弹模量

由图 6.16 可知，随着盐岩集料基层试样失水率的增大，单位压力与回弹变形曲线的斜率减小，这表明试样在受到单位压力时产生的回弹变形减小，即随着失水率的增加试样的板结性更好，提升了盐岩集料基层试样抵抗外界荷载作用的变形能力。

由图 6.17 可知，盐岩集料基层的抗压回弹模量随着失水率增大而增大，当失水率由 25%增长至 100%时，盐岩集料基层的抗压回弹模量增长了 63MPa，即失水率增大对提升盐岩集料基层试样抵抗外力变形能力的效果较为明显。

综合对比不同失水率下的盐岩集料基层无侧限抗压强度、劈裂强度、弯拉强度和抗压回弹模量等性能变化规律可知，盐岩集料基层无侧限抗压强度和劈裂强度在失水后均有显著增加，试样强度在失水过程中受黏结力影响明显。因此，综合盐岩集料基层力学性能随失水率变化规律，在实际施工中应做好盐岩集料基层失水工作，以保证盐岩集料基层具有较高的力学性能。

6.2.3　初始干密度对力学性能的影响

压实度是控制公路工程施工质量评价的重要指标之一。合理的压实度会使盐岩粗细集料彼此挤紧，形成密实整体，最终提升盐岩集料基层强度。当压实不足时，盐岩集料基层会发生结构松散、塑性变形及结构破坏等病害，进而导致不同压实度下盐岩集料基层的力学性能差异较大。因此，有必要明确压实度对盐岩集料基层力学性能的影响，确保盐岩集料基层具有良好的压实度，为合理控制实际施工参数提供参考。

1. 无侧限抗压强度

为了明确初始干密度对盐岩集料基层无侧限抗压强度的影响，控制初始含卤水率为 10.66%，制备初始干密度为 1.55g/cm³、1.60g/cm³、1.65g/cm³ 和 1.70g/cm³ 的盐岩集料基层试样。试样制备完后，在 50℃烘箱中烘干，进行无侧限抗压强度测试，测试设备选用万能试验机，试验时控制加载速率为 1mm/min；试验过程中同时测定试样轴向应变和径向应变，以获取盐岩试样泊松比，同时将加载过程中应力-应变曲线峰值作为盐岩集料基层试样的无侧限抗压强度。图 6.18 为部分制

图 6.18　成型后盐岩集料基层试样

备完的盐岩集料基层试样，图 6.19 为不同初始干密度试样的无侧限抗压强度试验结果，表 6.3 为不同初始干密度试样的泊松比计算结果。

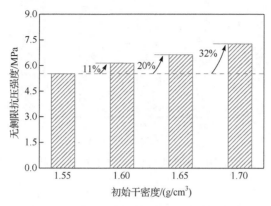

图 6.19　不同初始干密度试样的无侧限抗压强度

表 6.3　不同初始干密度试样的泊松比

初始干密度/(g/cm³)	1.55	1.60	1.65	1.70
泊松比	0.34	0.33	0.33	0.31

由图 6.19 可知，随着初始干密度增大，盐岩集料基层无侧限抗压强度逐渐增长，初始干密度由 1.55g/cm³ 增加至 1.70g/cm³ 时，无侧限抗压强度增长了 32%。这是由于随着初始干密度增加，盐岩集料基层试样中的盐岩粗集料相互嵌挤，形成骨架，并且在失水过程中产生的盐晶填充集料间空隙，从而形成较高的密实度。此外，随着初始干密度的增大，盐岩试样的泊松比呈现小幅下降趋势，基本在 0.31～0.34。这表明控制初始干密度能使盐岩集料基层更加密实，增大盐岩集料基层内部的摩擦力和黏结力，进而提升盐岩集料基层抗变形能力。

2. 劈裂强度

为了明确初始干密度对盐岩集料基层劈裂强度的影响，在进行静压成型试样时控制初始含卤水率为 10.66%，分别控制初始干密度为 1.55g/cm³、1.60g/cm³、1.65g/cm³ 和 1.70g/cm³，以成型不同初始干密度的盐岩集料基层试样。试样制备完后，在 50℃烘箱中烘干，进行劈裂强度测试，劈裂强度测试结果如图 6.20 所示。将不同初始干密度与盐岩集料基层劈裂强度的试验结果进行线性拟合，分析其相关性，结果如图 6.21 所示。

由图 6.20 可知，随着初始干密度增加，盐岩集料基层劈裂强度逐渐增大，初始干密度为 1.70g/cm³ 时盐岩集料基层劈裂强度达到 0.65MPa；同初始干密度为

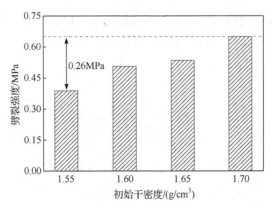

图 6.20　不同初始干密度试样的劈裂强度

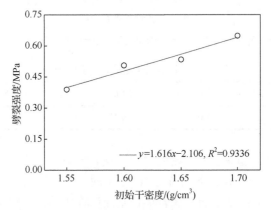

图 6.21　初始干密度与劈裂强度的关系

1.55g/cm³ 的盐岩集料基层劈裂强度相比，初始干密度为 1.70g/cm³ 的劈裂强度增加了 0.26MPa，这可能是由于随着初始干密度的增加盐岩集料基层试样中粗集料间接触增多，盐岩集料之间空隙较少，在失水后产生的网状盐晶会牢固地将盐岩集料黏结在一起，具有较大的黏结力。由图 6.21 可知，初始干密度与盐岩集料基层劈裂强度具有良好的线性相关性，拟合优度为 0.9336。这表明增大初始干密度能增大盐岩集料基层内部的黏结力，提升盐岩集料基层劈裂强度。

3. 弯拉强度

为了明确初始干密度对盐岩集料基层弯拉强度的影响，采用静压成型方式成型小梁试样，成型前采用最佳含卤水率拌和盐岩，并控制初始干密度为 1.55g/cm³、1.60g/cm³、1.65g/cm³ 和 1.70g/cm³。将试样制备完成静置 1d 后脱模，随后在 50℃ 烘箱中烘干至恒重，进行弯拉强度测试，测试结果如图 6.22 所示。

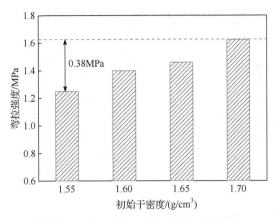

图 6.22　不同初始干密度试样的弯拉强度

由图 6.22 可知，随着初始干密度增加，盐岩集料基层的弯拉强度同样呈现逐渐增长趋势，初始干密度为 1.55g/cm³ 时盐岩集料基层试样弯拉强度为 1.25MPa，初始干密度为 1.70g/cm³ 时试样弯拉强度为 1.62MPa，不同初始干密度盐岩集料基层试样的弯拉强度均大于 1MPa。这表明初始干密度增加同样会使得干燥后盐岩颗粒间的胶结作用加强，即干密度大的试样干燥后形成的盐结晶作用力更强，进而有利于盐岩的抗弯拉性能。

4. 抗压回弹模量

前文基本明确了初始干密度影响下盐岩集料基层试样的无侧限抗压强度和劈裂强度变化规律，本小节针对盐岩集料基层试样抗压回弹模量变化规律展开研究。在进行抗压回弹模量测试前，同样控制盐岩集料基层试样初始干密度为 1.55g/cm³、1.60g/cm³、1.65g/cm³ 和 1.70g/cm³，试验仪器采用万能试验机，试验与计算过程与前文一致。同样地，完成抗压回弹模量试验后计算每级荷载作用下的回弹变形，进一步得到不同初始干密度盐岩集料基层的单位压力与回弹变形关系曲线，如图 6.23 所示，抗压回弹模量测试结果如图 6.24 所示。

由图 6.23 可知，随着初始干密度增大，单位压力与回弹变形曲线的斜率减小；当初始干密度为 1.55g/cm³ 时，盐岩集料基层试样单位压力与回弹变形曲线斜率最大；当初始干密度为 1.70g/cm³ 时，试样的单位压力与回弹变形曲线斜率最小。这是由于初始干密度越大，盐岩集料基层试样粗集料相互间接触数目增多，在荷载作用下粗集料间接触应力降低，在受力后发生的变形变小，抗压回弹模量减小，提升了盐岩集料基层试样抵抗外界荷载作用的变形能力。

由图 6.24 可知，随着初始干密度的逐渐增大，盐岩集料基层抗压回弹模量逐渐增长，同初始干密度为 1.55g/cm³ 时的盐岩集料基层试样的抗压回弹模量相比，

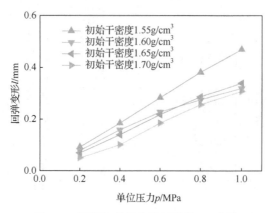

图 6.23 不同初始干密度试样的 *p-l* 曲线

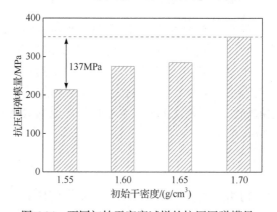

图 6.24 不同初始干密度试样的抗压回弹模量

初始干密度为 1.70g/cm³ 的抗压回弹模量增长了 137MPa。结合 C-C-3 盐岩集料基层击实特性可知，初始干密度为 1.55g/cm³ 时试样压实度基本达到了 93%，初始干密度为 1.60g/cm³ 时试样压实度基本达到了 96%。因此，在盐岩集料基层级配及失水率确定的基础上，压实度为 90%～96%，增大初始干密度对盐岩集料基层抗压回弹模量的影响相对较大，在施工时保证盐岩集料基层压实度可获得良好的抗变形能力。

6.2.4 盐岩集料基层力学性能预估

6.2.1～6.2.3 小节分别研究了不同因素对盐岩集料基层力学性能的影响，在实际工程中，盐岩集料基层力学性能由多个因素共同影响，同时各影响因素对不同力学性能的敏感程度不一。选取合适的技术参数保证盐岩集料基层具备良好的力学性能，对现场施工具有重要指导意义。盐岩集料基层力学性能受失水率和初始干密度影响显著，且盐岩集料基层失水后产生的盐分会影响干密度变化，使得盐岩集料基层力学性能与失水率和初始干密度存在非线性，因此采用多因素统计方法分析。道路工程领域常用的多因素统计方法主要包括相关性分析法、多元回归分析法、灰色关联度分析法，其中多元回归分析法对样本要求少、计算简单。基于此，本小节基于 SPSS 数据分析软件，采用多元非线性分析法描述盐岩集料基层力学性能与失水率和初始干密度的关系，以更好地指导盐岩集料基层施工。

1. 无侧限抗压强度

设定盐岩集料基层的无侧限抗压强度为因变量(Z)，选用的自变量为失水率(Y_1)和初始干密度(Y_2)，建立多元二次非线性无侧限抗压强度回归模型为

$$Z=b_0+b_1Y_1+b_2Y_2+b_3Y_1^2+b_4Y_2^2+b_5Y_1Y_2 \tag{6.4}$$

采用 SPSS 进行多元非线性回归分析，输出的模型综述如表 6.4 所示，得到多元回归方程式如公式(6.5)所示：

表 6.4　基于无侧限抗压强度的回归模型综述

R	R^2	MSE
0.983	0.966	41.406

表 6.4 包括采用回归模型的相关系数(R)、拟合优度(R^2)和均方误差(mean square error)，R^2 等于 0.966，说明自变量与因变量之间有较强的相关性。

$$Z=-147183.294+1468.547Y_1+89990.955Y_2-896.029Y_1Y_2+0.001Y_1^2-115.526Y_2^2 \tag{6.5}$$

通过该预估模型计算得到无侧限抗压强度预估值与实际值，见表 6.5。

表 6.5　无侧限抗压强度理论预估值与实际值的比较

序号	$Z_{实际值}$/MPa	$Z_{预估值}$/MPa	$(Z_{实际值}-Z_{预估值})$/MPa	$|Z_{实际值}-Z_{预估值}|/Z_{实际值}\times100\%$
1	1.12	1.05	0.07	6.25
2	1.59	1.81	−0.22	13.84
3	4.06	3.83	0.23	5.67
4	5.51	5.34	0.17	3.09
5	6.13	6.55	−0.42	6.85
6	6.63	7.18	−0.55	8.30
7	7.26	7.23	0.03	0.41
8	8.07	7.09	0.98	12.14

从表 6.5 中可以看出，预估值与实际值之差的绝对值最大为 0.98MPa，绝对值最小为 0.03MPa。预估值与实际值偏差的最大百分比绝对值为 13.84%，最小百

分比绝对值为 0.41%，表明该预估模型的拟合程度较大。图 6.25 表明了该预估模型的准确度。

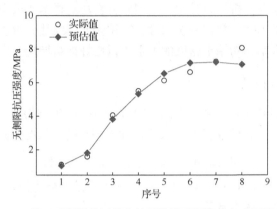

图 6.25　基于无侧限抗压强度的预估模型预估值与实际值比较

2. 弯拉强度

设定盐岩集料基层的弯拉强度为因变量(Z)，选用的自变量分别为失水率(Y_1)和初始干密度(Y_2)，建立的多元二次非线性弯拉强度回归模型为

$$Z=b_0+b_1Y_1+b_2Y_2+b_3Y_1^2+b_4Y_2^2+b_5Y_1Y_2 \tag{6.6}$$

采用 SPSS 进行多元非线性回归分析，输出的模型综述如表 6.6 所示，得到的多元回归方程式如式(6.7)所示。

$$Z=-207.43+206.22Y_1+122.645Y_2+1327Y_1^2+Y_2^2-123.46Y_1Y_2 \tag{6.7}$$

表 6.6　基于弯拉强度的回归模型综述

R	R^2	MSE
0.999	0.998	0.268

由表 6.6 可知，R^2 为 0.998，说明自变量与因变量之间有较强的相关性。通过该预估模型计算得到的弯拉强度预估值与实际值之间的比较见表 6.7。

表 6.7　弯拉强度理论预估值与实际值的比较

序号	$Z_{实际值}$/MPa	$Z_{预估值}$/MPa	($Z_{实际值}-Z_{预估值}$)/MPa	$|Z_{实际值}-Z_{预估值}|/Z_{实际值}\times100\%$
1	0.461	0.468	−0.007	1.518
2	1.248	1.267	−0.019	1.522
3	0.660	0.666	−0.006	0.909
4	1.397	1.384	0.013	0.931

续表

序号	$Z_{实际值}$/MPa	$Z_{预估值}$/MPa	$(Z_{实际值}-Z_{预估值})$/MPa	$|Z_{实际值}-Z_{预估值}|/Z_{实际值}\times100\%$
5	1.458	1.506	−0.048	3.292
6	1.019	1.031	−0.012	1.178
7	1.566	1.561	0.005	0.319
8	1.623	1.633	−0.010	0.616

从表 6.7 中可以看出，预估值与实际值之差的绝对值最大为−0.048MPa，绝对值最小为 0.005MPa；预估值与实际值偏差的最大百分比绝对值为 3.292%，最小百分比绝对值为 0.319%，表明该预估模型的拟合程度较大。图 6.26 表明了该预估模型的准确度。

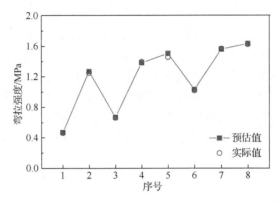

图 6.26　基于弯拉强度的预估模型预估值与实际值比较

3. 抗压回弹模量

同理，设定盐岩集料基层的抗压回弹模量为因变量(Z)，选用的自变量分别为失水率(Y_1)和初始干密度(Y_2)，建立多元二次非线性抗压回弹模量回归模型：

$$Z=b_0+b_1Y_1+b_2Y_2+b_3Y_1^2+b_4Y_2^2+b_5Y_1Y_2 \tag{6.8}$$

采用 SPSS 进行多元非线性回归，输出模型综述见表 6.8。

表 6.8　基于抗压回弹模量的回归模型综述

R	R^2	MSE
0.911	0.830	116949.481

由表 6.8 可知，R^2 为 0.830，说明自变量与因变量之间的相关性相对较弱。

$$Z=-147183+1468.58Y_1+89991Y_2-896Y_1^2+0.001Y_2^2-115.526Y_1Y_2 \tag{6.9}$$

通过该预估模型计算得到预估值与实际值之间的比较见表 6.9。

表 6.9　抗压回弹模量理论预估值与实际值的比较

序号	$Z_{实际值}$/MPa	$Z_{预估值}$/MPa	($Z_{实际值}-Z_{预估值}$)/MPa	$\|Z_{实际值}-Z_{预估值}\|/Z_{实际值}\times100\%$
1	276.457	273.014	3.443	1.25
2	288.611	300.256	−11.645	4.03
3	213.608	313.748	−100.140	46.88
4	274.304	217.831	56.473	20.59
5	284.323	277.786	6.537	2.30
6	322.757	321.807	0.950	0.29
7	339.182	313.490	25.692	7.57
8	350.976	349.896	1.080	0.31

　　从表 6.9 中可以看出，预估值与实际值之差的绝对值最大为 100.140MPa，绝对值最小为 0.950MPa；预估值与实际值偏差的最大百分比绝对值为 46.88%，最小百分比绝对值为 0.29%，表明该预估模型的拟合程度较小。各预估值与实际值之间的关系如图 6.27 所示。当初始干密度较小时，在荷载作用下盐岩粗集料间接触应力较低，受力后发生的变形较大，使得抗压回弹模量相对较小；随着初始干密度的增大，抗压回弹模量变化较小，与抗压回弹模量相关性较弱。

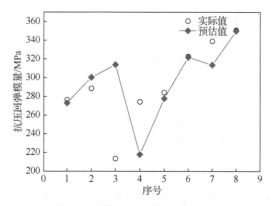

图 6.27　基于抗压回弹模量的预估模型预估值与实际值比较

　　综合对比盐岩集料基层无侧限抗压强度、弯拉强度和抗压回弹模量多元二次非线性回归模型可知，无侧限抗压强度和弯拉强度预估模型相关性较强，抗压回弹模量预估模型相关性相对较弱。因此，推荐采用多元二次非线性回归模型预估盐岩集料基层的无侧限抗压强度和弯拉强度，由于不同失水率和初始干密度下盐岩集料基层的抗压回弹模量相差不大，所以对抗压回弹模量不进行预估。本节失水率取值为 25%～100%，初始干密度为 1.55～1.70g/cm³，自变量取值范围确定，因此不再进一步验证上述盐岩集料基层预估模型的准确性。

6.3　不同养护龄期下盐岩集料基层力学性能

6.2 节基本明确了烘干状态下干密度变化对盐岩强度和刚度的影响，而在实体工程中，由于盐分结合水的作用，盐岩作为填料在养护失水过程中难以达到完全失水状态。有必要针对盐岩失水养护过程中力学性能变化规律进行对比分析，为实际施工盐岩填料失水板结时长控制提供参考。采用确定的最佳含水率制备盐岩试样，试样通过静压方式成型，干密度控制在 1.65g/cm³、1.70g/cm³、1.75g/cm³，成型试样结束后脱模称取试样质量，随后将试样在室内自然条件下进行失水养护。在养护前 3d，每 12h 测试试样的质量变化，随后每天称取一次试样的质量，养护到设定龄期(3d、7d)后测试试样的强度和模量变化，以明确不同干密度下盐岩试样的强度形成规律。

1. 养护期盐岩试样质量变化

图 6.28 为不同干密度盐岩试样养护 7d 过程中的质量变化情况，图 6.29 为盐岩试样养护过程中的失水速率和累计失水比例。

由图 6.29 可知，在开放式养护条件下，不同干密度的成型盐岩试样均缓慢失水，且养护初期各试样失水量均较大，干密度大的试样失水量相对较大。由于试验是在冬季进行，室内温度相对较低，因此盐岩试样整体失水较缓慢。由图 6.29(a) 可知，不同干密度试样养护过程中的失水速率发生微妙变化，养护前期干密度大的试样失水速率较大，在养护后期则失水速率下降。这主要是因为干密度较大时盐岩试样内颗粒较细，即盐岩颗粒间的饱和卤水水膜较薄，颗粒间具有更多的强结合水。此外，盐岩试样在养护期表面盐分先失水结晶，且当干密度越大时在失水结晶状态越好，这使干密度大的盐岩试样在养护后期失水速率下降。如图 6.28(b)

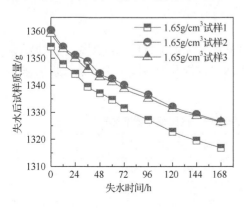
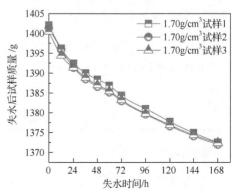

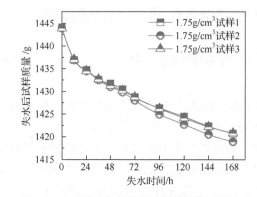

图 6.28　不同干密度盐岩试样养护期质量变化

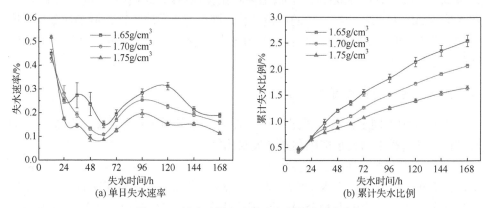

图 6.29　盐岩试样失水速率和累计失水比例

所示，干密度为 1.65g/cm³ 的试样累计失水比例明显大于干密度为 1.75g/cm³ 的试样。此外，不同养护时间内盐岩试样的失水速率与室内养护条件和干密度相关。综上，在将盐岩用于公路工程时可适当降低盐岩干密度，以加快盐岩结构层失水形成强度的速率，缩短养护周期。

2. 无侧限抗压强度

对开放式养护 3d、7d、90d 的盐岩试样进行无侧限抗压强度测试，测试结果如表 6.10 和图 6.30 所示，并将其与烘干盐岩试样及现行规范中基层强度要求进行对比。

表 6.10　不同养护龄期盐岩试样无侧限抗压强度测试结果

干密度/(g/cm³)	养护龄期/d	无侧限抗压强度/MPa				
		试样 1	试样 2	试样 3	均值	SE
1.65	3	2.757	2.769	2.629	2.718	0.0448

续表

干密度/(g/cm³)	养护龄期/d	无侧限抗压强度/MPa				
		试样 1	试样 2	试样 3	均值	SE
1.65	7	3.079	2.851	3.177	3.036	0.0966
	90	3.739	4.221	4.597	4.186	0.2483
1.70	3	3.080	3.066	3.055	3.067	0.0072
	7	3.685	3.266	3.872	3.608	0.1792
	90	5.149	5.464	5.607	5.407	0.1353
1.75	3	3.995	3.896	3.980	3.957	0.0308
	7	3.113	3.572	3.954	3.546	0.2431
	90	6.058	7.395	6.384	6.612	0.4025

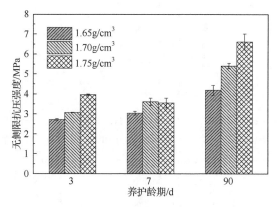

图 6.30 不同养护龄期下盐岩无侧限抗压强度变化

由表 6.10 和图 6.30 可知，在开放状态下养护盐岩试样时，盐岩无侧限抗压强度随养护时长增长而逐渐增加，特别是干密度较小的试样规律更加明显。当养护时间较短时，盐岩无侧限抗压强度受干密度和含卤水率影响均较为明显，养护 7d 时，干密度为 1.75g/cm³ 的试样无侧限抗压强度略低于干密度为 1.70g/cm³ 的试样。结合图 6.29(b)可知，主要是当干密度较大时盐岩试样的失水速率降低，养护 7d 后干密度为 1.75g/cm³ 的试样颗粒间失水程度较低，这就导致其颗粒结晶程度低于干密度较小的试样。当养护时间较长(90d)时，不同干密度盐岩试样基本不再失水，试样含水状况主要受环境湿度影响，此时干密度对盐岩强度的影响较为明显，随着干密度的增长，盐岩无侧限抗压强度基本呈线性增长。此外，当干密度大于 1.65g/cm³ 时，在西安地区室内无风状态下养护的盐岩试样强度基本可达 3MPa，满足《公路路面基层施工技术细则》(JTG/T F20—2015)中用于中等以下交通的高速及一级公路基层强度要求[14]，即盐岩充分失水状态下其力学强度与水泥稳定材料较为接近，可用于基层铺筑。

3. 回弹模量

为了明确盐岩在受力作用下的回弹变形情况，对不同养护龄期盐岩试样在受力作用下的回弹变形进行测试记录，每个养护龄期的单个干密度下均成型 3 个试样，以保证试样的准确性。进行回弹模量测试时，将试样安装好之后进行预压，预压时采用拟施加最大荷载的一半进行两次加载、卸载预压试验，保证加载板与试件表面接触良好，卸载完成等待 1min 后准备回弹变形测试。图 6.31 为盐岩受压过程中单位压力与回弹变形曲线。表 6.11 和图 6.32 为不同养护龄期下盐岩试样回弹模量变化规律。

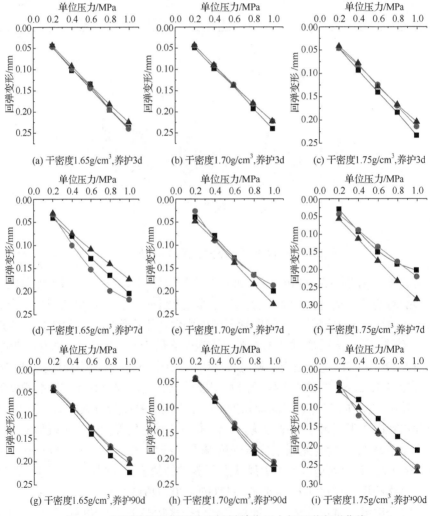

图 6.31　不同养护龄期下盐岩试样单位压力与回弹变形曲线

不同曲线表示三组平行试验结果

表 6.11　盐岩试样回弹模量测试结果

干密度/(g/cm³)	养护龄期/d	回弹模量/MPa				
		试样 1	试样 2	试样 3	均值	SE
	3	418	412	440	423	8.51
1.65	7	483	413	556	484	41.28
	90	427	465	482	458	16.26
	3	439	502	481	474	18.52
1.70	7	414	443	443	433	9.67
	90	438	451	349	413	32.05
	3	492	478	434	468	17.47
1.75	7	442	475	461	459	9.56
	90	466	402	370	413	28.22

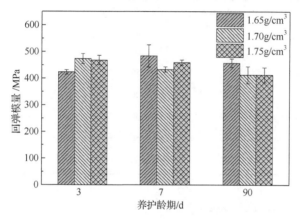

图 6.32　不同养护时间下盐岩回弹模量变化

由图 6.31 可知，失水养护 3d 后，随着干密度的增加，单位压力下盐岩试样回弹变形逐渐减小，养护 7d 后这种规律不再明显，特别是干密度大于 1.70g/cm³之后。此外，随着养护龄期的增长，不同干密度下盐岩试样在单位压力下的回弹变形逐渐减小，即随着养护龄期增长，盐岩试样颗粒结晶程度越高，其抵抗外力变形的能力增强。综合不同养护龄期盐岩试样回弹变形曲线可知，当干密度由1.65g/cm³ 增长至 1.70g/cm³ 时，试样单位压力下回弹变形减小，随着干密度继续增大，盐岩试样抵抗外力变形能力未能继续增加。这表明过度提升试样干密度难以有效提升盐岩抗变形能力，这与直接烘干盐岩试样测试结果一致。

由图 6.32 可知，随着养护龄期增长，不同干密度下盐岩试样的回弹模量变化的规律性并不明显，其中干密度大于 1.70g/cm³ 的试样回弹模量随着养护龄期增长呈现逐渐下降趋势，但整体保持在 400MPa 以上。在养护初期(3d)，盐岩试样回弹模量随着干密度增加先增大后减小；而在养护后期，干密度大的盐岩试样回弹模量反而较小，这可能与盐岩压实后颗粒接触状态有关。对比《公路沥青路面设计规范》(JTG D50—2017)[22]中关于路基顶面回弹模量的要求可知，干密度超过 1.65g/cm³ 的盐岩填料在失水养护 3d 后，其回弹模量能够满足极重交通条件下的路基顶面回弹模量要求(≥70MPa)。表 6.12 为《公路沥青路面设计规范》(JTG D50—2017)[22]对级配碎石和级配砾石基层回弹模量的取值要求，如将盐岩填筑的结构层视为柔性基层，其回弹模量能够满足现行规范对柔性基层回弹模量的要求。进一步结合无侧限抗压强度测试结果可知，盐岩力学性能受密实度和颗粒结晶程度共同影响，在实际施工中应保证盐岩填料拌和均匀，且经历不少于 3d 的失水养护。

表 6.12　粒料回弹模量取值范围

材料类型和层位	最佳含水率与压实度要求相应干密度条件下的回弹模量/MPa	经湿度调整的回弹模量/MPa
级配碎石基层	200～400	300～700
级配碎石底基层	180～250	190～440
级配砾石基层	150～300	250～600
级配砾石底基层	150～220	160～380
未筛分碎石层	180～220	200～400
天然砂砾层	105～135	130～240

4. 不同养护温度下盐岩失水规律

考虑到在保水状态和烘干状态下盐岩试样强度差异性较大，因此初步确定盐岩试样强度形成主要来自试样颗粒受压过程中颗粒之间的作用力和失水过程中盐分重新板结形成的强度两方面。对不同温度下盐岩试样失水情况进行分析，以期为不同施工温度下盐岩路面失水养护时间确定提供参考。制备含卤水率为 2%～12%的盐岩试样，初步控制烘干后试样干密度为 1.65g/cm³，不同含卤水率试样失水情况如图 6.33 所示。

由图 6.33 可知，不同含卤水率试样在烘干前期失水情况差异不大，含卤水率较高的试样失水速率较快，在烘干中后期，含卤水率较高的试样失水速率明显快于含卤水率低的试样。随着养护温度逐渐升高，试样在养护过程中失水速率明显增大，如在 50℃、70℃和 100℃下养护的试样 48h 时基本烘干，质量不再变化；当温度较高时，在同一养护温度下，试样前期失水速率与养护温度相关性较大，与试样自身含卤水率相关性较小；当温度较低时，试样失水速率与两者均有一定关系。在环境温度较高时进行盐岩路基施工，盐岩路基能够较快形成强度，进而

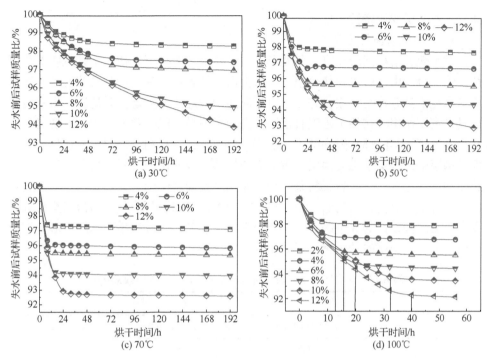

图 6.33　不同含卤水率试样失水前后质量变化情况

有利于施工工期的控制。

6.4　基于室内试验的盐岩集料基层变形特性

6.4.1　单次降温下盐岩集料基层变形特性

盐岩集料基层中易溶盐种类较多，受温度影响，易溶盐溶解度存在差异，这使得盐岩集料基层的变形难以控制。本小节基于正交试验设计方法设计不同初始含卤水率、初始干密度和上覆荷载水平组合，研究不同水平组合盐岩集料基层在单次降温下的变形特性，以明确盐岩集料基层变形敏感温度区间，为多次冻融循环试验研究提供依据。

1. 正交试验设计

试验设计是提高试验质量的关键，对于多因素试验设计，常用方法有正交试验设计、均匀试验设计、稳健试验设计等。其中，正交试验设计能够以部分试验代替全部试验，减小试验规模，是一种寻求最优水平组合、高效的设计试验方法，已广泛应用于多因素试验研究。本小节采用正交试验设计，综合研究单次降温下盐岩集料基层变形特性。

1) 正交试验设计方案

对于盐岩集料基层而言，其变形主要受初始含卤水率、初始干密度和上覆荷载影响。卤水由自由水与盐分组成，自由水对盐岩集料基层所含易溶盐发生溶解或结晶现象具有控制作用，并且自由水成为盐分迁移的通道，对盐岩集料基层变形具有重要作用。初始干密度直接影响到盐岩集料基层内部的孔隙率，盐岩集料基层越密实，其内部孔隙率越小，抗变形能力越强，有利于抑制水盐迁移。在路面结构层中，基层常常受面层自重应力和外部荷载的作用，面层自重作为长期荷载作用于其上方，对盐岩集料基层盐胀变形具有抑制作用。

综合上述分析，以初始含卤水率、初始干密度和上覆荷载作为盐岩集料基层变形正交试验设计的 3 个因素，每个因素 4 个水平，将盐岩集料基层变形量作为评价指标，正交试验的因素水平如表 6.13 所示。

表 6.13　单次降温下盐岩集料基层变形特性正交试验因素水平

水平	因素		
	初始含卤水率/%	初始干密度/(g/cm³)	上覆荷载/kPa
1	6.5	1.538	0
2	8.5	1.588	0.368
3	10.5	1.639	0.737
4	12.5	1.672	1.130

采用 3 因素 4 水平的正交设计表，正交设计方案为 $L_{16}(4^3)$，共有 16 种方案，如表 6.14 所示。

表 6.14　单次降温下盐岩集料基层变形特性正交试验方案

试验号	因素		
	初始含卤水率/%	初始干密度/(g/cm³)	上覆荷载/kPa
1	12.5	1.588	0.368
2	8.5	1.538	0.368
3	12.5	1.538	1.130
4	6.5	1.588	0.737
5	10.5	1.538	0.737
6	12.5	1.639	0
7	6.5	1.538	0
8	8.5	1.672	0

续表

试验号	因素		
	初始含卤水率/%	初始干密度/(g/cm³)	上覆荷载/kPa
9	12.5	1.672	0.737
10	10.5	1.588	0
11	8.5	1.588	1.130
12	10.5	1.672	1.130
13	6.5	1.672	0.368
14	8.5	1.639	0.737
15	6.5	1.639	1.130
16	10.5	1.639	0.368

2) 试验方法

根据硫酸盐溶解度随温度的变化规律可知，温度在 32.4℃以下时硫酸盐溶解度减小，生成十水硫酸钠晶体，体积会增大 3 倍左右。现有研究表明，盐岩在−5～−10℃变形量较小，每级降温 5℃能够明确盐岩变形的敏感区间。因此，在单次降温下盐岩集料基层变形特性的研究过程中，选择降温区间为 35～−10℃，一次降温 5℃，即温度级为 35℃→30℃→25℃→20℃→15℃→10℃→5℃→0℃→−5℃→−10℃降温，达到每级温度后恒温 8h，然后进行下一级降温。为保证竖向一维降温方式，采用双面铝箔气泡隔热保温材料包裹试样筒，防止试样与周围环境发生热交换。

根据《公路土工试验规程》(JTG 3430—2020)相关要求[8]，采用内径为 152mm、高为 170mm 的金属试样筒，测量板为带调节杆的多孔塑料顶板，直径为 150mm，测量设备为千分表，精度为 0.001mm，量程 0～14mm，降温设备为高低温交变试验箱，盐岩集料基层变形主要试验仪器如图 6.34 所示。进行盐岩集料基层变形试验前，将金属试样筒、多孔板、荷载板、底座等均放入温度为 40℃的高低温交变试验箱。试验时，在金属试样筒内部和荷载板周围涂抹凡士林，降低与变形试样之间的摩擦力。测试盐岩集料基层变形时，先将闷好的料击实成型为内径为152mm、高为 120mm 的圆柱形试样，接着将千分表架于多孔塑料顶板，然后放入温度为 40℃的高低温交变试验箱中静置 12h，按照温度区间进行逐级降温，用千分表记录变形量。

2. 试验结果

根据表 6.14 进行单次降温变形试验，经过连续 10 级降温后，得到的盐岩集

(a) 变形试验装置   (b) 高低温交变试验箱

图 6.34 盐岩集料基层变形主要试验仪器

料基层最终变形量结果见表 6.15。由于温度降低后盐岩集料基层试样中会有十水硫酸钠晶体等析出，盐岩集料基层发生盐胀变形，在上覆荷载作用下将产生不同程度的抑制作用，因此分别提取不同上覆荷载作用下每级温度恒温后的变形量，如图 6.35 所示。

表 6.15 单次降温下盐岩集料基层变形特性正交试验结果

试验号	因素			变形量/mm
	初始含卤水率/%	初始干密度/(g/cm³)	上覆荷载/kPa	
1	12.5	1.588	0.368	0.038
2	8.5	1.538	0.368	0.018
3	12.5	1.538	1.130	−0.031
4	6.5	1.588	0.737	0.026
5	10.5	1.538	0.737	0.031
6	12.5	1.639	0	0.125
7	6.5	1.538	0	0.039
8	8.5	1.672	0	0.065
9	12.5	1.672	0.737	0.030
10	10.5	1.588	0	0.044
11	8.5	1.588	1.130	−0.054
12	10.5	1.672	1.130	−0.061
13	6.5	1.672	0.368	0.021
14	8.5	1.639	0.737	0.012
15	6.5	1.639	1.130	−0.051
16	10.5	1.639	0.368	0.035

由图 6.35 可知，随单次降温时间的增加，盐岩集料基层试样变形量先减小后增大，这主要是因为 40℃下的盐岩集料基层试样中结晶盐发生溶解，失去水分子，结晶盐体积减小，表现为沉降变形。随着上覆荷载的增大，盐岩集料基层变形量与时间变化关系曲线的极小值逐渐发生右移，这是因为上覆荷载作用下盐岩集料基层试样发生下沉，且随上覆荷载的增大下沉变得明显。盐岩集料基层试样变形量敏感温度区间为 10～5℃，温度为-5～-10℃时盐岩集料基层试样变形量趋于稳定。因此，在罗布泊地区推荐在夏秋季进行盐岩集料基层施工，避免在冬春季施工，以降低温度变化对盐岩集料基层变形的影响。

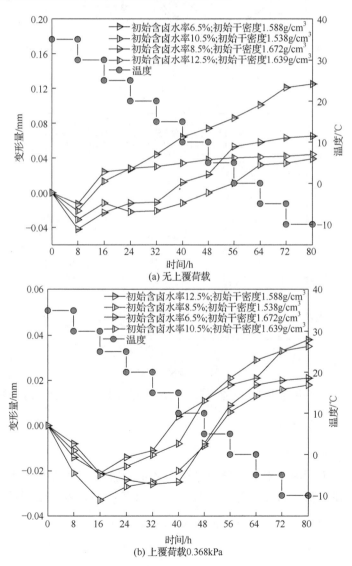

(a) 无上覆荷载

(b) 上覆荷载0.368kPa

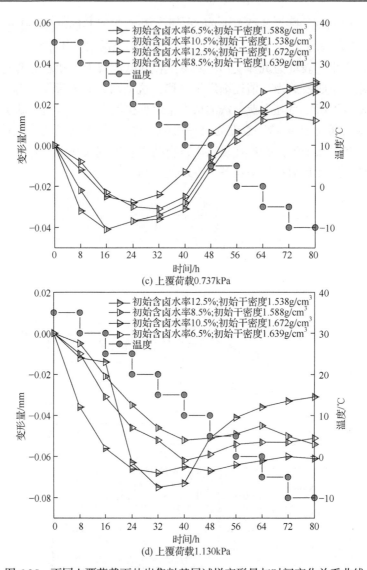

图 6.35　不同上覆荷载下盐岩集料基层试样变形量与时间变化关系曲线

3. 盐岩集料基层变形特性

1) 极差分析

为了研究不同因素对盐岩集料基层变形量的影响，根据正交试验结果进行正交试验极差分析，极差按照式(6.10)计算，计算结果如表 6.16 所示。

$$R = \max(\bar{K}_i) - \min(\bar{K}_i) \tag{6.10}$$

式中，R 为极差；$\bar{K}_i$ 为初始含卤水率、初始干密度和上覆荷载三个因素中某一个因素在第 i 个水平时所有变形量的平均值。

表 6.16 变形量极差分析

试验号	因素			
	初始含卤水率/%	初始干密度/(g/cm³)	上覆荷载/kPa	变形量/mm
1	12.5	1.588	0.368	0.038
2	8.5	1.538	0.368	0.018
3	12.5	1.538	1.130	−0.031
4	6.5	1.588	0.737	0.026
5	10.5	1.538	0.737	0.031
6	12.5	1.639	0	0.125
7	6.5	1.538	0	0.039
8	8.5	1.672	0	0.065
9	12.5	1.672	0.737	0.030
10	10.5	1.588	0	0.044
11	8.5	1.588	1.130	−0.054
12	10.5	1.672	1.130	−0.061
13	6.5	1.672	0.368	0.021
14	8.5	1.639	0.737	0.012
15	6.5	1.639	1.130	−0.051
16	10.5	1.639	0.368	0.035
K_1/mm	0.035	0.057	0.273	
K_2/mm	0.041	0.054	0.112	
K_3/mm	0.049	0.121	0.099	
K_4/mm	0.162	0.055	−0.197	
$\bar{K}_1$/mm	0.009	0.014	0.068	—
$\bar{K}_2$/mm	0.010	0.014	0.028	
$\bar{K}_3$/mm	0.012	0.030	0.025	
$\bar{K}_4$/mm	0.041	0.014	−0.049	
R	0.032	0.017	0.118	

注：K_i 为单一因素在单一水平下变形量的加和值。

由表 6.16 可知，所有水平组合试验中，试验 14 的变形量最小，其水平组合为初始含卤水率 8.5%、初始干密度 1.639g/cm³、上覆荷载 0.737kPa；初始含卤水率、初始干密度和上覆荷载三个因素的极差分别为 0.032mm、0.017mm 和 0.118mm，即考虑的三个因素对盐岩集料基层变形量影响由大到小的顺序为上覆荷载＞初始含卤水率＞初始干密度，上覆荷载影响最大，其次为初始含卤水率，初始干密度影响最小。

为了更直观地分析各因素对盐岩集料基层变形量的影响，根据表 6.16 中极差分析结果绘制各因素不同水平下盐岩集料基层的变形量，如图 6.36 所示。

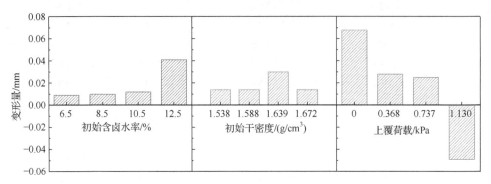

图 6.36　各因素变化对变形量的影响

由图 6.36 可知，随着初始含卤水率增加，盐岩集料基层变形量逐渐增大，这是由于初始含卤水率增大使卤水所含盐分增多，变形量增大。其次，初始干密度对变形量影响较小，因此在调控变形量时可以不考虑其产生的影响。上覆荷载与变形量呈负相关，对变形量影响最大，因此可以通过上覆荷载减小盐岩集料基层产生的变形量，进而保证盐岩集料基层公路结构的稳定性。

2) 方差分析

为了评价各因素对盐岩集料基层变形量影响的显著性，并为选择敏感因素调控变形量供参考，采用 SPSS 数据分析软件对表 6.16 中的正交试验结果进行方差分析，变形量的方差分析结果见表 6.17。

表 6.17　单次降温下的变形量方差分析

方差来源	平方和	自由度	均方	F	$F_{0.05}(3,6)$	显著性
初始含卤水率	0.003	3	0.001	2.55	4.76	不显著
初始干密度	0.001	3	0.0003	0.75	4.76	不显著
上覆荷载	0.029	3	0.01	26.75	4.76	显著
误差	0.002	6	0.0004	—	—	—

由表 6.17 可知，上覆荷载的 F 值大于 $F_{0.05}(3,6)$，初始含卤水率和初始干密

度的 F 值均小于 $F_{0.05}(3,6)$，说明上覆荷载对盐岩集料基层变形量影响显著，而初始含卤水率和初始干密度影响不显著，与极差分析结果一致。本小节正交试验指标为盐岩集料基层变形量，应越小越好，因此结合表 6.16 极差分析结果，在所有各因素水平组合试验中，优化组合水平为初始含卤水率 8.5%、初始干密度 1.639g/cm³、上覆荷载 0.737kPa。

6.4.2 冻融循环下盐岩集料基层变形特性

罗布泊地区气候干燥，夏季气温高，冬季气温低，且昼夜温差大。盐岩所含硫酸盐受到气候温度影响较大，温度较低时硫酸盐将结合水分生成十水硫酸钠晶体，体积增大，出现盐胀特性，反之出现融沉特性。在气候温度影响下，盐岩集料基层发生冻融循环，进而对盐岩集料基层公路结构稳定性产生影响。本小节基于罗布泊气候温度变化特征，系统研究不同冻融循环作用下盐岩集料基层的变形规律，从而为盐岩集料基层公路结构稳定性提升提供参考。

1. 试验方案及方法

1) 试验方案

基于盐岩集料基层变形正交试验结果分析可知，初始含卤水率对盐岩集料基层变形影响显著，因此本小节对不同初始含卤水率和失水率的盐岩集料基层冻融变形规律进行系统研究。

(1) 初始含卤水率选取。根据盐岩集料基层变形正交试验结果分析可知，盐岩集料基层变形量随初始含卤水率增加而增大，初始含卤水率较小时盐岩集料基层变形量相差不大，参照盐岩集料基层最佳含卤水率，控制初始干密度为 1.639g/cm³，选取初始含卤水率分别为 10.5% 和 12.5%。

(2) 失水率确定。击实成型后盐岩集料基层试样未进行脱模，使试样仅上表面和下表面与外界发生自由水散失，失水过程漫长。根据不同失水率下盐岩集料基层无侧限抗压强度变化规律可知，失水率为 50% 时盐岩集料基层具有良好的力学性能。因此，控制初始干密度为 1.639g/cm³，初始含卤水率为 10.5%，选取失水率分别为 25% 和 50%。

2) 试验方法

根据单次降温下盐岩集料基层变形试验结果可知，盐岩集料基层变形量敏感温度区间为 10℃～5℃，且当温度降为-10℃时盐岩集料基层变形量趋于稳定。因此，冻融循环试验最低温设定为-10℃，降温时间持续 8h，最高温设定为 10℃，升温时间也持续 8h，此过程为一个冻融周期，共经历 7 次冻融周期。试验控温设备为冰箱，其他试验仪器与单次降温下盐岩集料基层变形试验一致。冻融循环试验前，金属试样筒、多孔板、荷载板、底座、闷料等均处于常温条件。冻融循环试验时，先将闷好的料击实成型为内径为 152mm、高为 120mm 的圆柱形试样，接着将千分表架于多孔塑料顶板，然后放入温度为-10℃的冰箱，持续降温 8h 后调节冰箱温度为 10℃，持续升温 8h，即为一个冻融周期，试验共进行 7 个冻融周期。对于不同失水率下的变形试样，击实成型后将其达到相应失水率，考虑到击实成型后试样失水困难，在失水时将烘箱温度调到 105℃，达到失水率后将其冷却，冷却至室温后进行冻融循环试验。

2. 初始含卤水率对盐岩集料基层冻融变形的影响

连续 7 次冻融循环后，得到不同初始含水率下盐岩集料基层变形量，如图 6.37 所示。

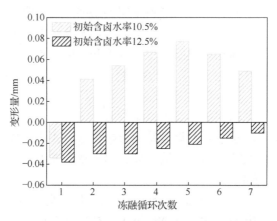

图 6.37　不同初始含卤水率下试样变形量随冻融循环次数变化规律

由图 6.37 可知，不同初始含卤水率试样第 1 次冻融循环后发生沉降，而后产生盐胀，且逐渐累加。第 1 次冻融循环后试样发生重新排列，在重力作用下发生下沉，随着冻融循环次数的增加，盐分析出使试样变得密实，出现盐胀变形。初始含卤水率为 10.5%的试样变形量增加明显，后期出现减小。这可能是因为盐溶液浓度较低时，在盐胀的过程中伴有热胀冷缩作用发生，在冻融循环后期试样变得较为疏松，会吸收更多盐分，且在盐胀力作用下试样挤密程度增加，从而出现回落。在冻融循环影响下，高含卤水率对盐岩集料基层试样变形量影响较大，因此在进行盐岩集料基层施工时推荐含卤水率不宜超过最佳含卤水率，以降低高含卤水率变化对盐岩集料基层变形的影响。

3. 失水率对盐岩集料基层冻融变形的影响

经过连续 7 次冻融循环试验后，得到不同失水率下盐岩集料基层变形量，如图 6.38 所示。

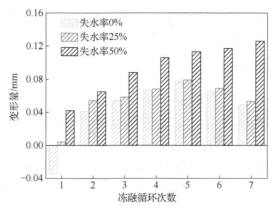

图 6.38　不同失水率下试样变形量随冻融循环次数变化规律

由图 6.38 可知，随着冻融循环次数增加，失水率为 50% 的试样变形量逐渐增加，失水率为 0% 和 25% 的试样变形量呈现先增大后减小的趋势，相同冻融循环次数下失水率较大的试样变形量较大。这可能是因为随着失水率增加试样板结性增大，试样结构受冻融循环影响较小，失水后 Na_2SO_4 盐分越多，吸水结晶引起的盐胀变形越显著。在实际施工过程中，有必要对失水率产生的盐岩集料基层进行控制，同时在控制变形时应保证其良好的力学性能，根据上覆荷载对盐岩集料基层的抑制作用，推荐沥青面层厚度应大于 5cm。

6.5　基于三维颗粒流的盐岩集料基层变形特性

6.4.1 小节研究了单次降温下盐岩集料基层的变形规律，6.4.2 小节基于冻融循环试验研究了不同因素影响下盐岩集料基层的变形规律，而无法明确在变形过程中盐岩集料基层内部细观变化过程。基于此，本节构建盐岩集料基层变形三维离散元数值仿真模型，研究盐岩集料基层变形过程中内部孔隙率、应力、应变和盐岩颗粒运移特征，进而在细观层次明确盐岩集料基层变形特性。

6.5.1　数值模拟概述

三维颗粒流(particle flow code of three dimensions，PFC3D)方法以离散元理论为基础，主要通过球、墙两种基本组成单元模拟颗粒介质的运动规律及相互作用[41]。三维颗粒流离散元分析的基本定律包括力-位移定律和牛顿第二定律，力-位移定律用于更新接触上的接触力，牛顿第二定律用于更新颗粒及和墙体的位置，两者按照时步迭代，达到平衡状态或者发生破坏无法稳定状态为止。PFC3D 分析模块有热分析模块、流体分析模块、自定义分析模块等，其中热分析模块能够实现对颗粒材料瞬态热传导及热储存的模拟，盐岩集料基层变形过程涉及热传导及热储存，因此选用热分析模块实现对盐岩集料基层变形的模拟及求解。

6.5.2 三维颗粒流变形模型构建

1. 盐岩集料基层三维颗粒流分析基本假定

基于三维颗粒流构建盐岩集料基层变形模型，其内部颗粒间相互独立，只在接触处发生相互作用，通过力-位移定律，将力施加于颗粒中心处，通过牛顿第二定律更新颗粒中心位移，进而更新所有接触，在整个时间域内进行显式迭代求解。由于墙体没有质量，墙体不满足运动方程。盐岩集料基层三维颗粒流分析过程中，对颗粒运动采用如下假定：

(1) 模型内颗粒单元为刚性体；

(2) 模型内颗粒之间接触发生在很小范围，既点接触；

(3) 模型内颗粒之间的接触特性为柔性接触，颗粒单元尺寸相比，颗粒之间允许出现很小的重叠；

(4) 模型内颗粒之间能够存在黏结；

(5) 模型内颗粒单元为球形。

2. 虚拟盐岩集料基层变形试样生成

采用三维颗粒流方法模拟盐岩集料基层的变形试验，可根据室内盐岩集料基层变形试验，生成直径为152mm、高度为190mm的试验装置，生成直径为152mm、高度为120mm的盐岩集料基层变形试样。室内变形试验时，盐岩集料基层变形试样按照级配生成，在虚拟生成试样时为保证材料的一致性，根据室内试样级配生成。盐岩集料基层主要由盐岩集料和卤水组成，由于计算效率限制，将粒径小于2.36mm盐岩细集料及卤水视为均质的胶结料，然后采用粒径为2.36mm的盐岩细集料等效替代胶结料。图6.39为虚拟试验装置和虚拟试样。

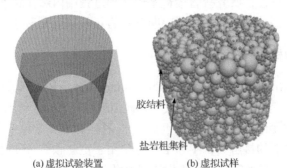

胶结料

盐岩粗集料

(a) 虚拟试验装置　　　　　　(b) 虚拟试样

图 6.39　虚拟试验装置和虚拟试样

3. 接触模型及细观参数确定

三维颗粒流中具有多种细观接触本构模型，包括刚度模型、黏结模型和滑动模型。其中，黏结模型中的线性平行黏结模型可看作是线性模型和黏结元件的组合，既能够传递弯矩，又能传递力，已经在沥青混合料、水泥混凝土等材料中广泛应用[42]。考虑到盐岩材料胶结性质及细观接触本构模型特点，选用平行黏结模型能够较为准确地模拟盐岩集料基层的变形特性，颗粒模型具体结构见图 6.40。

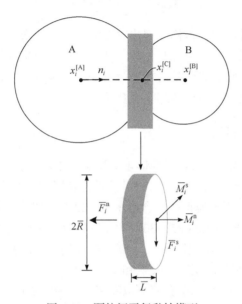

图 6.40　颗粒间平行黏结模型

A、B 为接触颗粒单元；$x_i^{[A]}$、$x_i^{[B]}$ 和 $x_i^{[C]}$ 分别为接触颗粒单元 A、B 的中心和与接触黏结的中心；$\overline{L}$ 为黏结模型长度；$2\overline{R}$ 为黏结模型高度；$\overline{F}_i^{n}$ 和 $\overline{F}_i^{s}$ 分别为法向力和切向力；$\overline{M}_i^{n}$ 和 $\overline{M}_i^{s}$ 分别为扭转力矩和弯曲力矩

当模型达到平衡时，对应的力和力矩均为零，当颗粒发生位移时，对应的分力和分力矩增量为

$$\Delta \overline{F}_i^{n} = -\overline{k}^{n} \overline{A} \Delta \delta_i^{n} \tag{6.11}$$

$$\Delta \overline{F}_i^{s} = -\overline{k}^{s} \overline{A} \Delta \delta_i^{s} \tag{6.12}$$

$$\Delta \overline{M}_i^{n} = -\overline{k}^{n} \overline{J} \Delta \theta_i^{n} \tag{6.13}$$

$$\Delta \overline{M}_i^{s} = -\overline{k}^{s} \overline{I} \Delta \theta_i^{s} \tag{6.14}$$

式中，$\overline{A}$ 为接触面积，$\overline{A} = \pi \overline{R}^2$；$\overline{J}$ 为极惯性矩，$\overline{J} = \pi \overline{R}^4 / 2$；$\overline{I}$ 为惯性矩，$\overline{I} = \pi \overline{R}^4 / 4$；

$\bar{k}^{\mathrm{n}}$、$\bar{k}^{\mathrm{s}}$ 分别法向刚度、切向刚度；$\Delta\delta_i^{\mathrm{n}}$、$\Delta\delta_i^{\mathrm{s}}$ 分别为相对法向位移增量、相对切向位移增量；$\Delta\theta_i^{\mathrm{n}}$、$\Delta\theta_i^{\mathrm{s}}$ 分别为相对扭转角、相对转角。

根据材料力学，平行黏结模型处最大法向应力与切向应力分别为

$$\sigma_{\max} = \frac{\bar{F}^{\mathrm{n}}}{\bar{A}} + \frac{\left\|\bar{M}_i^{\mathrm{s}}\right\|}{\bar{I}}\bar{R} \tag{6.15}$$

$$\tau_{\max} = \frac{\left\|\bar{F}^{\mathrm{s}}\right\|}{\bar{A}} + \frac{\left|\bar{M}_i^{\mathrm{n}}\right|}{\bar{J}}\bar{R} \tag{6.16}$$

在三维颗粒流模型中，本构模型建立在颗粒单元层次，不能直接通过试验获取，而是通过"试错法"标定细观参数，使得模型变形试验与室内变形试验的宏观力学性质相一致。盐岩集料基层变形模型的细观参数主要包括颗粒密度、接触模量、刚度比、比热容、线性热膨胀系数等。

6.5.3 变形细观参数确定

根据 6.4.1 小节盐岩集料基层变形正交试验结果可知，初始含卤水率 12.5%、初始干密度 1.639g/cm³、上覆荷载 0kPa 的试样在降温区间为 35～30℃时变形量最大，为 0.037mm，因此模拟初始含卤水率 12.5%、初始干密度 1.639g/cm³、上覆荷载 0kPa 试样在降温区间 35～30℃的变形过程，进而明确盐岩集料基层在一维竖向降温条件下的变形作用机理。不断进行模型变形试验，采用的细观参数如表 6.18 所示。盐岩集料基层数值模拟和室内试验获得的单轴压缩应力-应变曲线如图 6.41 所示。盐岩集料基层数值模拟和室内试验的变形量分别为 0.036mm 和 0.037mm。

表 6.18　盐岩集料基层颗粒细观参数

参数类型	参数值
颗粒密度/(kg/m³)	2300
颗粒接触模量/Pa	1.25×10^7
颗粒法向切向刚度比	1.8
颗粒摩擦系数	0.5
平行黏结接触模量/Pa	1.25×10^7
平行黏结刚度比	1.8
平行黏结抗拉强度/Pa	2×10^5

续表

参数类型	参数值
平行黏结力/MPa	$2×10^5$
平行黏结摩擦角/(°)	30
颗粒线性热膨胀系数/(1/℃)	0.000897
颗粒比热容/[J/(kg·℃)]	$1×10^3$

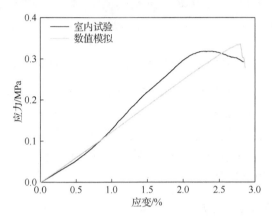

图 6.41　数值试验与室内试验应力-应变数据对比

6.5.4　盐岩集料基层变形特性

1. 盐岩集料基层颗粒接触力链变化规律

为了研究盐岩集料基层在变形过程中接触力的传递特征，选取具有代表性的降温时间分析不同降温时间下盐岩集料基层颗粒接触力链的变化规律，降温时间分别为 0h、1h、3h、5h、7h、8h。不同降温时间下盐岩集料基层颗粒间接触力链变化如图 6.42 所示。

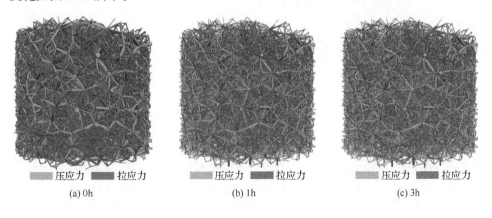

(a) 0h　　　　　　　　　(b) 1h　　　　　　　　　(c) 3h

    ■ 压应力　■ 拉应力   ■ 压应力　■ 拉应力   ■ 压应力　■ 拉应力

    (d) 5h   (e) 7h   (f) 8h

图 6.42　不同降温时间下盐岩集料基层颗粒间接触力链变化

由图 6.42 可知，在盐岩集料基层变形开始时颗粒间以拉应力为主，随着降温时间的增加，盐岩集料基层颗粒间压应力逐渐增大，逐渐占优。这是因为变形开始时，盐岩集料基层颗粒体积变大将填充模型内部孔隙，颗粒间接触较疏松，压应力较小；盐岩集料基层颗粒体积随着降温时间的增加进一步增大，盐岩集料基层颗粒相互挤压，颗粒间接触压应力增大。

2. 盐岩集料基层颗粒速度变化规律

为了研究盐岩集料基层颗粒在变形过程中的运动规律，选取具有代表性的降温时间分析不同降温时间下盐岩集料基层颗粒速度的变化规律，降温时间分别为 1h、2h、3h、4h、5h、6h、7h、8h。不同降温时间下盐岩集料基层颗粒速度变化如图 6.43 所示。

由图 6.43 可知，在盐岩集料基层变形开始时颗粒主要向四周运动，受到虚拟试验装置筒壁的约束。随着降温时间进一步增加，盐岩集料基层颗粒与虚拟试验装置筒壁相互挤压，由于虚拟试验装置上方没有约束，盐岩集料基层颗粒将向上运动，从而盐岩集料基层表现出向上整体变形。

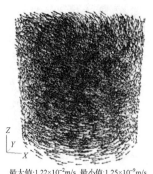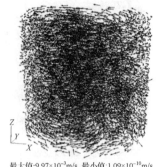

最大值:1.22×10^{-2}m/s 最小值:1.25×10^{-9}m/s 最大值:9.97×10^{-3}m/s 最小值:1.09×10^{-10}m/s 最大值:6.27×10^{-3}m/s 最小值:1.36×10^{-9}m/s

    (a) 1h   (b) 2h   (c) 3h

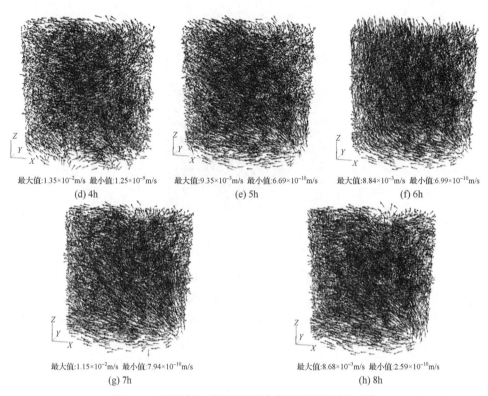

最大值:1.35×10⁻²m/s 最小值:1.25×10⁻⁹m/s　　最大值:9.35×10⁻³m/s 最小值:6.69×10⁻¹⁰m/s　　最大值:8.84×10⁻³m/s 最小值:6.99×10⁻¹⁰m/s

(d) 4h　　　　　　　　　　　　　　(e) 5h　　　　　　　　　　　　　　(f) 6h

最大值:1.15×10⁻²m/s 最小值:7.94×10⁻¹⁰m/s　　　　　最大值:8.68×10⁻³m/s 最小值:2.59×10⁻¹⁰m/s

(g) 7h　　　　　　　　　　　　　　　　(h) 8h

图 6.43　不同降温时间下盐岩集料基层颗粒速度变化

3. 测量球布设

为了研究盐岩集料基层颗粒在变形过程中的内部变化过程,在盐岩集料基层三维颗粒流变形模型内部布设测量球。共布设 4 个测量球,自下至上依次为 1 号测量球、2 号测量球、3 号测量球、4 号测量球,如图 6.44 所示。

4. 盐岩集料基层孔隙率变化分析

由于初始状态时盐岩集料基层三维颗粒流变形模型在自下而上各位置处的初始孔隙率有所不同,因此为了更好地研究盐岩集料基层在降温过程中不同位置的孔隙率变化,采用孔隙率变化量研究内部孔隙率变化特征,即测量球在不同降温时间监测到的孔隙率减去初始状态的孔隙率。选取具有代表性的降温时间分析不同降温时间下盐岩集料基层孔隙率的变化规律,降温时间分别为 1h、2h、3h、4h、5h、6h、7h、8h。不同降温时间下盐岩集料基层孔隙率变化如图 6.45 所示。

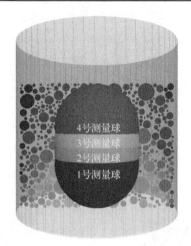

图 6.44　测量球布设位置

　　由图 6.45 可知,测量球布设位置不同,得出的盐岩集料基层局部孔隙率变化量有所不同,且随着测量球位置自下而上,不同降温时间下盐岩集料基层的局部孔隙率变化量呈现减小的趋势。盐岩集料基层在单向降温过程中,底部的盐岩集

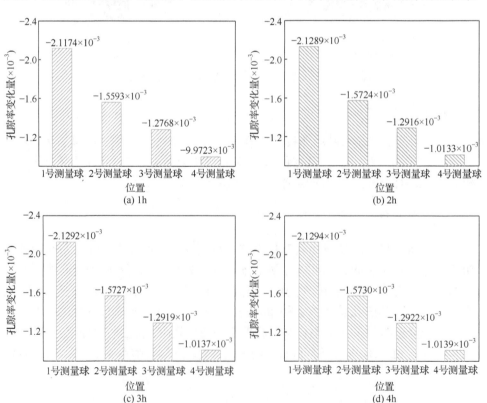

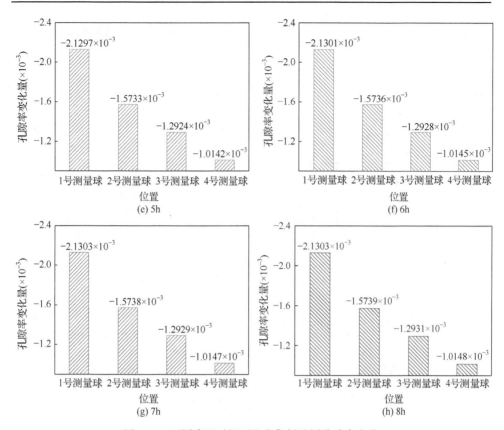

图 6.45 不同降温时间下盐岩集料基层孔隙率变化

料基层颗粒温度最先开始改变，底部体积先发生变大，使底部颗粒间发生相互错动，内部孔隙变化量较大；随着位置自下而上，颗粒间温度传递较慢，且边界限制逐渐减弱，颗粒移动相对自由，使得孔隙率变化量逐渐减小。随降温时间增加，各位置测量球测得的盐岩集料基层局部孔隙率变化量逐渐减小，这说明盐岩集料基层颗粒体积变大，填充集料间骨架，降低了孔隙率。

5. 盐岩集料基层应力响应分析

为了研究盐岩集料基层变形过程中的内部应力变化规律，采用自下而上布设的测量球监测盐岩集料基层不同位置的竖直向应力和水平向应力。选取具有代表性的降温时间分析不同降温时间下盐岩集料基层应力变化规律，降温时间分别为 1h、2h、3h、4h、5h、6h、7h、8h。不同降温时间下盐岩集料基层应力变化如图 6.46 所示。

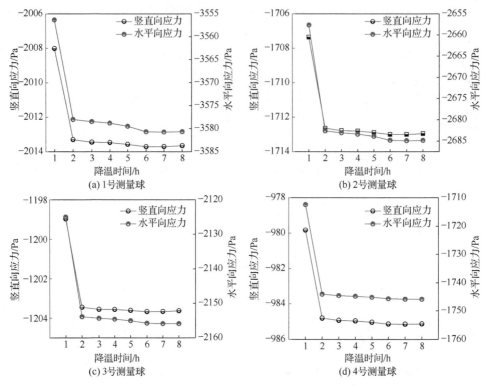

图 6.46　盐岩集料基层应力随降温时间变化

由图 6.46 可知，自下而上各位置竖直向应力和水平向应力数值随降温时间增加而增大，且随降温时间增加趋于平缓。位于底部的 1 号测量球测得的竖直向应力和水平向应力最大，位于顶部的 4 号测量球测得的竖直向应力和水平向应力最小。这是因为底部为约束边界，盐岩集料基层在变形过程中受上方和周围约束影响较大，从而应力较大；随着位置自下而上变化，上方边界约束逐渐减弱，从而应力相对较小。随降温时间增加，各位置水平向应力大于竖直向应力，这主要是因为盐岩集料基层在变形过程中受虚拟试验装置筒壁约束的影响较大。

6.6　本章小结

本章系统研究了不同因素影响下盐岩集料基层力学性能变化规律，推荐了盐岩集料基层级配和含卤水率等技术参数，建立了盐岩集料基层力学性能非线性回归预估模型；确定了不同养护龄期盐岩力学性能及强度发育过程，分析了降温作用对盐岩集料基层变形规律的影响，明确了变温条件下盐岩集料基层变形规律；基于数值模拟，揭示了盐岩集料基层变形机理。主要研究结论如下。

(1) 随着含卤水率的增大，不同级配盐岩集料基层的卤水干密度先增大后减小；盐岩集料基层最佳含水率和最佳含卤水率均受级配影响显著；盐岩集料基层的最大干密度和卤水最大干密度由大到小顺序均为 C-C-1 级配＞C-C-3 级配＞C-C-2 级配。

(2) 盐岩集料基层无侧限抗压强度由小到大顺序为 C-C-1 级配＜C-C-2 级配＜C-C-3 级配；盐岩集料基层劈裂强度规律与无侧限抗压强度相似，C-C-3 级配劈裂强度最大，为 0.144MPa；在实际施工中推荐采用 C-C-3 级配作为盐岩集料基层级配。

(3) 随着失水率增加，盐岩集料基层力学性能均逐渐增大，当失水率为 75% 时，无侧限抗压强度为 4.1MPa，弯拉强度约为 1MPa；随着初始干密度增大，盐岩集料基层力学性能均逐渐增长；提升初始干密度能增大盐岩集料基层内部摩擦力和黏结力；盐岩集料基层无侧限抗压强度、抗压回弹模量和弯拉强度与失水率和初始干密度的相关性较高，构建预估模型的相关系数分别为 0.966、0.998 和 0.830。

(4) 养护前期，干密度大的盐岩试样失水较快，养护时间较短时盐岩强度受干密度和含水率影响均较为明显；在实际施工中，应保证盐岩填料拌和均匀且经历不少于 3d 的失水养护，建议将盐岩用于道路基层时将其视为柔性基层进行结构组合设计。

(5) 随着初始含卤水率增加，盐岩集料基层变形量逐渐增加，上覆荷载与变形量呈负相关，对变形量影响最大；变形量最小的水平组合为初始含卤水率 8.5%、初始干密度 1.639g/cm³、上覆荷载 0.737kPa。盐岩集料基层变形量影响的顺序为上覆荷载＞初始含卤水率＞初始干密度；在相同冻融循环次数下，失水率较大的试样变形较大；降温时盐岩集料基层各位置竖直向应力和水平向应力随时间逐渐增大，后期趋于平缓。

第7章 盐岩公路路面结构组合设计与材料组成

合理的公路路面结构组合设计是保证盐岩地区公路在服役期间承载力和稳定性的重要前提。盐岩公路使用品质不仅与填筑材料自身工程性质有关，还受到结构组合形式及不同层位厚度等因素影响。公路由下至上依次包括路基、基层和面层等结构层，针对不同层位均有相应的功能要求及性能指标，尤其是在采用盐岩等非传统筑路材料进行结构层填筑时，更需要对性能指标严格把控。为了有效保障盐岩公路使用品质，本章结合盐岩地区气候特征和地质条件进行盐岩地区沥青路面结构组合设计，开展基于盐岩基层的公路基面层间材料优选及性能优化，系统研究盐岩公路不同层位路用性能，以期为盐岩地区沥青路面铺筑提供有益参考。

7.1 盐岩地区沥青路面结构组合设计

7.1.1 盐岩地区路面结构组合初选

根据第 2 章干盐湖、盐渍土地区公路和铁路病害类型及防治措施调查结果可知，当前国内盐岩及过盐渍土地区工程常见病害主要包括盐胀、冻胀、溶蚀、翻浆、开裂和腐蚀等病害，不同类型病害的发生与演化均与结构层内部的水、盐迁移及相变密切相关[43-44]。隔断层、护坡道、排水系统和换填法是盐渍土地区进行工程建设时采取的较为广泛的病害防治措施，对于盐岩地区，采用换填法进行工程施工不利于控制施工成本，因此结合前期调研及室内研究，主要从盐分消除、水分阻断、结构加固和降低环境影响等角度开展盐岩地区公路灾害防治时相关工作。基底结构加固包括重型碾压、冲击碾压、重锤夯实、盐岩回填、无机料固化等方式；盐分消除包括清表换填、砾石联结层、砾石隔断层、土工布隔断层、永久排碱沟等；水分阻断包括隔断层、自流排水井、侧向隔水板、路肩坡面防护、排水系统、防冻层设置等；降低温度影响包括防冻层设置护坡道设置等。基于盐岩地区公路病害类型及既有防治措施，本节针对不同工况初步推荐路面结构、路基结构和结构层组合方案。图 7.1 和图 7.2 为初步推荐的路面结构和路基结构方案。

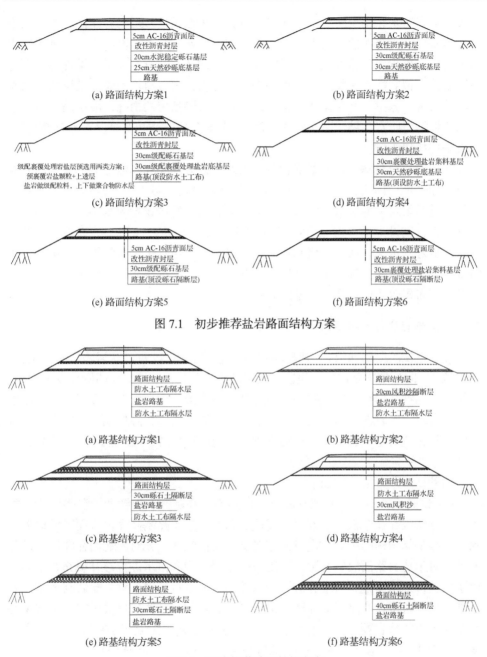

图 7.1　初步推荐盐岩路面结构方案

图 7.2　初步推荐路基结构方案

　　在进行盐岩路面结构初步推荐时共推荐 6 种方案，在进行路面结构方案推荐时主要考虑刚性基层、柔性基层和盐岩基层的差异，同时考虑地面水对结构层的影响。方案 1 采用半刚性基层沥青路面结构，在路基顶面不设置防水土工布，采用改性沥青防水黏结层防止降水入渗。方案 2 采取柔性基层沥青路面，以对比不同类型基层沥青路面使用效果。方案 3 采用柔性基层沥青路面结构，底基层采用盐岩集料，推荐用于路基顶面设置防水土工布的情况。方案 4 采用柔性基层沥青路面结构，拟对盐岩颗粒进行裹覆处理，以分析盐岩集料作为柔性基层沥青路面基层的效果。方案 5 针对盐岩路基顶面设置砾石隔断层的情况，减小路面厚度，采用改性沥青防水黏结层防止降水入渗。方案 6 在盐岩路基顶面设置砾石隔断层，基层采用盐岩集料。

在初期进行路基结构方案推荐时，主要从盐分消除和降低地下水影响等方面进行，同时考虑不同路基开挖工况。推荐的路基结构方案 1～3 均针对原有路基全部开挖重新填筑且地下水位较高的工况，盐岩路基底部设置防水土工布，在盐岩路基表面分别设土工布、风积沙和砾石土隔断层。方案 4～6 针对原有盐岩路基使用状况良好的情况，在盐岩路基顶面设置风积沙和防水土工布隔水层、砾石土和防水土工布隔水层、砾石土隔断层，旨在分析不同结构层的隔水效果，以减小降水和土工布覆盖效应对盐岩路基的影响。

7.1.2　罗布泊盐岩公路路面结构组合确定

在确定试验段路面组合结构基础上进一步考虑 S235 省道盐岩路段所在位置、水文地质、附近填料情况、工程造价及道路等级等情况，经文献调研和专家论证，最终确定四种盐岩路面组合结构。为降低地表水或降雨的影响，面层采取密级配沥青混合料，同时在基面层间设置防水同步碎石封层，为降低地下水向上运移过程中水盐相变对基层稳定性造成的不利影响，在部分方案中设置了土工布隔断层。图 7.3 为四种类型路面组合结构。

四种试验段方案具体如下。

(1) 试验段方案一。考虑到原有路段路面存在麻面、裂缝和坑洞等较严重病害，部分路段存在车辙，本方案加铺盐岩路基以抬高路基高度，进而降低地下卤水对道路整体结构的影响。进行该方案试验段铺筑前，先对原地面存在病害进行处理，对于盐岩路面表层坑洞，采用粉碎盐岩和饱和卤水进行修补填充并夯实；对于裂缝，则采用饱和卤水和盐岩粉末拌和浆液进行灌缝。对原盐岩路面结构处理结束后，直接在原路面上加铺 40cm 厚盐岩路基，分两层填筑压实，盐岩路基铺筑时采用的盐岩颗粒粒径不大于 15cm，碾压时松方系数控制在 1.4～1.6，压实度不小于 94%；在盐岩路基与基层之间设置土工布，土工布选用复合土工膜(两布一膜)，主要为消除地表水下渗对盐岩路基强度的影响。基层选用 20cm 厚级配砾石，上面做同步碎石封层并加铺 5cm 厚 AC-16 沥青面层。

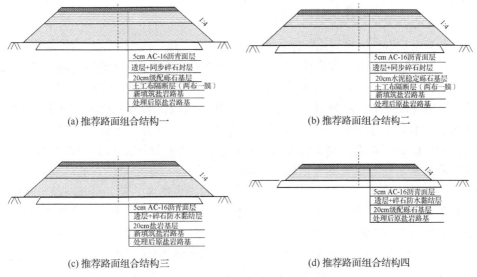

图 7.3　推荐路面组合结构

（2）试验段方案二。该方案的路基处理方式同方案一一致，对原盐岩路面结构处理结束后，直接在原路面上加铺 40cm 厚盐岩路基，分两层填筑压实，盐岩路基铺筑时采用的盐岩颗粒粒径不大于 15cm，碾压时松方系数控制在 1.4～1.6，压实度不小于 94%；在盐岩路基与基层之间设置土工布，土工布选用复合土工膜(两布一膜)。基层选用 20cm 厚水泥稳定砾石，上面做同步碎石封层并加铺 5cm 厚 AC-16 沥青面层。

（3）试验段方案三。在对原盐岩路面结构处理结束后，直接在原路面上加铺盐岩路基，盐岩路基铺设时前 100m 厚度控制在 40cm，后 150m 厚度由 40cm 向 0cm 过渡，采用的盐岩颗粒粒径不大于 15cm，碾压时松方系数控制在 1.4～1.6，压实度不小于 94%；随后在此基础上加铺 20cm 厚细颗粒盐岩作为基层，控制盐岩粒径小于 31.5mm，压实度控制在 95% 以上，盐岩拌和含水率为 8%，盐岩基层碾压最后两遍前在结构层表面铺撒粒径 5～10mm 的碎石，初定覆盖率为 35% 左右，碾压使得碎石嵌入基层，以提高防水黏结层与盐岩基层之间的嵌挤作用；在盐岩基层结构层失水板结完成后，方可进行透层和碎石防水黏结层的施工，碎石防水黏结层主要用于减少地表降水对盐岩结构层的影响，同时增强面层与基层之间的相互作用，避免沥青面层在使用过程中发生滑移。碎石防水黏结层施工结束后加铺 5cm 厚 AC-16 沥青面层。

（4）试验段方案四。该方案的路基处理方式同方案一一致，对原盐岩路面结构处理结束后，直接在原路面上加铺 20cm 厚级配砾石，在结构层上面依次做碎石防水黏结层和 5cm 厚 AC-16 沥青面层。

7.1.3　罗布泊盐岩公路路面结构验算

在确定盐岩地区沥青路面结构型式的基础上,进一步对不同组合结构进行验算,以确保结构层组合方式及层厚满足现行设计规范要求。试验段公路等级为三级,目标可靠度为 0.84,设计初始年的大型客车和货车双向年平均日交通量为 680辆,路面设计使用年限为 10a,预计交通量年平均增长率为 2.3%;交通量中的整体式货车比例约为 2%,半挂式货车比例约为 75%。根据《公路沥青路面设计规范》(JTG D50—2017)[22]对沥青面层疲劳开裂、基层疲劳开裂、沥青面层永久变形量和路基顶面竖向压应变等指标进行验算。不同类型基层厚度在验算前未知(在表 7.1～表 7.3 中用"?"表示),通过试算得到满足要求的各类型基层最小厚度。当验算沥青面层疲劳开裂时,设计使用年限内设计车道上的当量设计轴载累计作用次数为 2078582 轴次;当验算水泥稳定砾石基层疲劳开裂时,设计使用年限内设计车道上的当量设计轴载累计作用次数为 1.399686×10^{8} 轴次;当验算沥青面层永久变形量时,通车至首次针对车辙维修的期限内设计车道上的当量设计轴载累计作用次数为 2078582 轴次;当验算路基顶面竖向压应变时,设计使用年限内设计车道上的当量设计轴载累计作用次数为 3852063。不同结构层参数选取见表 7.1～表 7.3。

表 7.1　级配砾石基层路面结构参数

层位	结构层材料名称	厚度/mm	模量/MPa	泊松比
1	中粒式沥青混合料	50	11000	0.25
2	级配砾石	?	520	0.35
3	新建路基	—	300	0.40

表 7.2　水泥稳定砾石基层路面结构参数

层位	结构层材料名称	厚度/mm	模量/MPa	泊松比
1	中粒式沥青混合料	50	11000	0.25
2	水泥稳定砾石	?	9000	0.25
3	新建路基	—	300	0.40

表 7.3　盐岩基层路面结构参数

层位	结构层材料名称	厚度/mm	模量/MPa	泊松比
1	中粒式沥青混合料	50	11000	0.25
2	盐岩	?	700	0.30
3	新建路基	—	300	0.40

根据表 7.1 的参数，当设计级配砾石基层厚度为 180mm 时，取季节性冻土地区调整系数为 1，疲劳加载模式系数为 0.973，温度调整系数为 1.072，取沥青混合料的沥青饱和度(VFA)为 70%，计算得到沥青面层底拉应变 ε 为 1.637×10^{-4}，沥青面层疲劳开裂寿命为 2082532 轴次；在设计使用年限内设计车道上的当量设计轴载累计作用次数为 2078582 轴次，即当设计级配砾石基层厚度为 180mm 时，沥青面层疲劳开裂验算满足设计要求。在进行路基顶面竖向压应变验算时，取温度调整系数为 0.945，在设计使用年限内设计车道上的当量设计轴载累计作用次数为 3852063 轴次，计算得到路基顶面竖向压应变 ε 为 3.94×10^{-4}；路基顶面容许竖向压应变为 4.31×10^{-4}，即路基顶面竖向压应变验算已满足设计要求。在进行沥青面层低温开裂指数验算时，取路面所在地区低温设计温度为-7.2℃，表面层沥青弯曲梁流变试验蠕变劲度为 300MPa，沥青结合料类材料层厚度为 50mm，路基类型参数(BLJ)为 5，计算得到沥青面层低温开裂指数为 1.2 条；沥青面层容许低温开裂指数(CIR)为 7 条，即沥青面层低温开裂指数值满足规范要求。在进行沥青面层永久变形量验算时，取沥青面层永久变形等效温度为 21℃，通车至首次针对车辙维修的期限内设计车道上的当量设计轴载累计作用次数 2078582 轴次，验算时沥青面层永久变形验算分层数为 3，各分层永久变形量依次为 0.16mm、0.60mm 和 0.57mm，计算得到沥青面层永久变形量为 1.33mm；沥青面层容许永久变形量(RAR)为 15mm，即沥青面层永久变形量满足规范要求。因此，采用级配砾石基层时路面结构层满足设计要求。

同样地，对基层填料为水泥稳定砾石和盐岩基层的结构层进行验算，对于水泥稳定砾石基层结构，对无机结合料稳定层疲劳开裂、沥青面层低温开裂指数、沥青面层永久变形量进行验算；对于盐岩基层结构，对沥青面层疲劳开裂、路基顶面竖向压应变、沥青面层低温开裂指数、沥青面层永久变形量进行验算。经计算，得到水泥稳定砾石层应控制最小厚度为 17cm，盐岩基层应控制最小厚度为 10cm，即采用 7.1.2 小节中的结构层型式能够满足设计要求。

进一步验算得到不同方案试验段路基顶面验收弯沉和路表验收弯沉，具体如表 7.4 所示。

表 7.4　不同方案路基顶面验收弯沉及路表验收弯沉

方案	路基顶面验收弯沉/10^{-2}mm	路表验收弯沉/10^{-2}mm
方案一	59.1	33.1
方案二	59.1	19.9
方案三	59.1	29.5
方案四	59.1	33.1

7.2　面向盐岩基层的基面层间材料优选及性能优化

在早期盐岩公路工程中，主要将盐岩作为路基填料或是直接将其作为低等级公路路面。将其作为路面时，在降雨作用下表层盐岩融化，形成一层水膜，使路面抗滑能力急剧减弱，因此有必要针对提升盐岩结构层与其他结构层之间的作用力展开研究。常见封层黏结材料主要包括水性环氧树脂复合改性乳化沥青、SBS改性乳化沥青和SBR改性乳化沥青，在一般面层结构中，SBS改性乳化沥青和水性环氧树脂复合改性乳化沥青作为防水黏结层材料的力学性能较为优异。基于此，本节初选水性环氧树脂复合改性乳化沥青作为黏结材料，以确定基于水性环氧树脂复合改性沥青的防水黏结层主要施工参数；在此基础上进一步进行SBS改性沥青防水黏结层复合试件制备及力学性能测试，最后对比不同防水黏结层在盐岩基层上的适用性，优选防水黏结层材料及施工参数。

7.2.1　基面层间复合改性乳化沥青材料配比确定

1. 原材料及结构层级配选用

为确定水性环氧复合改性乳化沥青在盐岩区作为下封层黏结材料的适用性，选用新疆常用AC-16C沥青混合料作为面层材料，其级配如表7.5所示，沥青选用克拉玛依90#沥青，油石比为4.5%；以级配盐岩作为基层材料，级配如表7.6所示；下封层初选黏结材料为水性环氧复合改性乳化沥青，碎石选用玄武岩，粒径为6~10mm。在此基础上制备成型层间复合试件。

表 7.5　AC-16C 沥青混合料级配

粒径/mm	级配上限/%	级配下限/%	级配中值/%	合成级配/%
19	100	100	100	100
16	100	90	95	93.5
13.2	92	76	84	81.6
9.5	80	60	70	72.4
4.75	62	34	48	49.2
2.36	48	20	34	28.9
1.18	36	13	24.5	22.3
0.6	26	9	17.5	18.9
0.3	18	7	12.5	11.5
0.15	14	5	9.5	7.6
0.075	8	4	6	6

表 7.6　初选盐岩颗粒级配

筛孔尺寸/mm	19	16	13.2	9.5	4.75	2.36	1.18	0.6	0.3	0.15	0.075
通过率/%	100	92	83	71	50	36	26	19	14	10	7

2. 试样制备

考虑到盐岩材料特殊性，在进行盐岩基层、封层及面层施工时采取如下工序。在盐岩基层终压完成前撒布部分碎石，随后进行基层终压，使撒布碎石嵌入基层中，基层养护结束后依次撒布封层黏结材料及剩余碎石并进行碾压。进行整体试样成型时采取如下成型工艺，复合试样制备流程如下：①盐岩基层试样采用优选级配及含水率成型试样，采取静压方式成型 100mm×50mm 圆柱体盐岩试件，试样静压结束后按照设计量撒布碎石，随后继续静压至碎石嵌入盐岩中，将盐岩试样脱模取出并在 40℃的环境中开放养护 7d；②涂抹封层，根据现场的实际用量，计算试件表面所需的水性环氧复合改性乳化沥青和预拌碎石用量，用毛刷涂抹改性乳化沥青，并立即撒布预拌碎石，撒布结束后对试样进行轻压，随后等待沥青破乳固化；③计算成型试件所需混合料的用量，将称量好的集料放入烘箱内加热至 170℃备用，随后进行面层混合料拌和；④进行复合试样制备时采取静压成型方式，成型前将试模加热，试样成型时先将封层涂刷结束的基层试样放入试模中，再向试模中填入热沥青混合料，最后静压成型复合试样。水性环氧复合改性沥青在破乳和水分蒸发时逐渐形成强度，考虑到其流动性相对较好，在采用复合乳化沥青做黏结材料制备复合试样时未做透层。

试验前先确定粒径为 6～10mm 的碎石满铺撒布量，在直径为 100mm 的试筒中均匀撒布单层碎石，撒布结束后去除堆叠石子，随后称取碎石质量。图 7.4 为碎石撒布量确定过程，表 7.7 为多次碎石撒布量测试结果。最终确定直径为 100mm

图 7.4　粒径 6～10mm 的碎石撒布量确定

的试模碎石满铺撒布质量为 55g，约为 7kg/m²。盐岩复合试样准备及成型过程如图 7.5 所示。

表 7.7　碎石撒布量

试验编号	1	2	3	4	5	6	7	8	均值
碎石撒布质量/g	61.4	57.6	52.8	56.4	52.9	48.7	53.5	57.3	55.1

(a) 成型下层盐岩试样　　　(b) 准备撒布黏结材料　　　(c) 撒布改性沥青

(d) 撒布碎石　　　(e) 沥青破乳后试样　　　(f) 成型复合试样

图 7.5　层间复合试样制备及成型过程

3. 复合改性乳化沥青层间技术参数确定

　　在确定复合改性乳化沥青封层技术参数时，主要控制三个参数：黏结材料撒布量(0.8～1.6kg/m²)、初步碎石撒布比例(20%～50%)和碎石撒布覆盖率(60%～80%)，采用正交试验方案确定最佳试验参数，正交表采用三因素三水平正交表，正交表如表 7.8 所示。

表 7.8　正交试验因素水平设置

水平	因素		
	黏结材料撒布量(A)/(kg/m²)	初步碎石撒布比例(B)/%	碎石撒布覆盖率(C)/%
1	0.8	20	60
2	1.2	35	70
3	1.6	50	80

　　成型的复合试样冷却 24h 后进行剪切试验，主要测试试样层间抗剪强度。

图 7.6 为测试设备及剪切破坏后试样，图 7.7 为剪切破坏后试样截面状况。根据层间抗剪强度大小确定层间材料掺量，试验结果如表 7.9 所示。基于试验结果进一步进行极差分析和方差分析，以推荐合适的黏结层材料参数。极差分析能够通过比较各因素极差来确定该因素的影响程度，方差分析则可进一步确定不同因素水平变化对试验结果的影响显著性。表 7.10 和图 7.8 为抗剪强度试验结果，表 7.11 为方差分析结果。

(a) 剪切仪　　　　　　　　(b) 剪切破坏后试样

图 7.6　测试设备及剪切破坏后试样

(a) 破坏试样1　　　　　　　　(b) 破坏试样2

图 7.7　剪切破坏试样破坏面

表 7.9　正交试验结果

试验号	因素			抗剪强度/MPa			
	黏结材料撒布量/(kg/m²)	初步碎石撒布比例/%	碎石撒布覆盖率/%	试样 1	试样 2	试样 3	平均值
1	1(0.8)	1(20)	1(60)	0.345	0.326	0.352	0.341
2	1	2(35)	2(70)	0.329	0.309	0.307	0.315
3	1	3(50)	3(80)	0.341	0.346	0.352	0.346
4	2(1.2)	1	2	0.327	0.390	0.348	0.355
5	2	2	3	0.349	0.311	0.335	0.332
6	2	3	1	0.318	0.429	0.364	0.371
7	3(1.6)	1	3	0.353	0.423	0.379	0.385
8	3	2	1	0.404	0.382	0.387	0.391
9	3	3	2	0.469	0.423	0.425	0.439

表 7.10　抗剪强度试验结果极差分析

指标	因素		
	黏结材料撒布量/(kg/m²)	初步碎石撒布比例/%	碎石撒布覆盖率/%
K_1/mm	1.002	1.081	1.102
K_2/mm	1.057	1.038	1.109
K_3/mm	1.215	1.156	1.063
k_1/mm	0.334	0.360	0.367
k_2/mm	0.352	0.346	0.370
k_3/mm	0.405	0.385	0.354
R	0.071	0.039	0.015

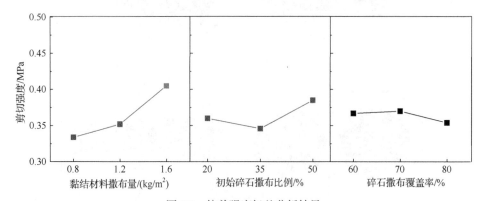

图 7.8　抗剪强度极差分析结果

表 7.11　抗剪强度试验结果方差分析

来源	离差	自由度	均方差	F
A	0.008139	2	0.004069	28.65272
B	0.002386	2	0.001193	8.401432
C	0.000418	2	0.000209	1.469902
误差	0.000284	2	0.000142	—
总和	0.011227	8	—	—

根据极差分析结果可知，随着层间材料参数变化防水黏结层抗剪切能力发生变化，其中黏结材料撒布量对抗剪强度影响最大，碎石撒布覆盖率变化对抗剪强度影响相对较小，这三个考察因素影响程度由大到小依次为黏结材料撒布量、初步碎石撒布比例、碎石撒布覆盖率。综合对比，推荐层间材料最佳控制掺量为A3B3C2，即黏结材料撒布量为 1.6kg/m²，初步碎石撒布比例为 50%，碎石撒布覆盖率为 70%。

根据方差分析结果可知,黏结材料撒布量变化对抗剪强度影响较为显著,而其余两参数对层间抗剪强度影响相对较小,因此在黏结层施工时应严格控制黏结材料撒布量。结合极差分析结果,当碎石撒布覆盖率增加时,抗剪强度呈下降趋势,《新疆公路沥青路面设计指导手册》推荐的碎石撒布覆盖率为 60%~70%,因此确定碎石撒布覆盖率为 70%。

7.2.2 SBS 改性乳化沥青防水黏结层材料参数确定

在制备 SBS 改性乳化沥青层间复合试样时进行透层油撒布,透层油同样选用 SBS 改性乳化沥青,控制撒布量为 0.8kg/m²。基于复合改性乳化沥青防水黏结层材料试验结果可知,改变防水黏结层黏结材料撒布量对层间强度影响最为明显,因此本小节主要确定黏结层黏结材料撒布量。在复合试样制备过程中,底层碎石撒布比例仍控制在 35%(总比例为 70%,底层撒布比例占 50%),进一步明确 SBS 改性乳化沥青防水黏结层主要材料参数,在进行试样制备时控制 SBS 改性乳化沥青撒布量为 0.8kg/m²、1.2kg/m² 和 1.6kg/m²。在确定黏结材料撒布量后继续调整上层碎石撒布量,以考察上层碎石撒布量对层间抗剪切能力的影响。不同 SBS 改性乳化沥青撒布量下的复合试样抗剪强度测试结果如表 7.12 所示。

表 7.12 不同 SBS 改性乳化沥青撒布量下复合试样抗剪强度

SBS 改性乳化沥青撒布量/(kg/m²)	抗剪强度/MPa			
	试样 1	试样 2	试样 3	均值
0.8	0.411	0.345	0.322	0.359
1.2	0.383	0.382	0.352	0.372
1.6	0.342	0.319	0.348	0.336

由表 7.12 可知,随着 SBS 改性乳化沥青撒布量的增加,复合试样的抗剪强度先增大后减小,SBS 改性乳化沥青撒布量为 1.2kg/m² 时抗剪强度均值为 0.372MPa,随着撒布量的继续增加,抗剪强度有所下降。这主要是因为随着黏结材料撒布量增加,固化后层间沥青膜厚度增加,虽然层间防水作用增强,但层间碎石与上下结构层之间黏结力和嵌挤力有所削弱。综合经济性能与技术要求,推荐在布设透层油的情况下层间 SBS 改性乳化沥青撒布量为 1.2kg/m²。

7.2.3 不同防水黏结层性能对比评价

在选用防水黏结材料时,应保证选用材料同时具备良好的防水性能和黏结性能。基于此,首先对两种层间材料的防水性进行对比。参考《路桥用水性沥青基防水涂料》(JT/T 535—2015)[45]和《道桥用防水涂料》(JC/T 975—2005)[46]等规范，采用不透水试验仪测试不同渗透水压力下防水黏结材料的防水效果。采用水性环氧复合改性乳化沥青和 SBS 改性乳化沥青制备不透水试验测试试样，制样完成后在 50℃恒温烘箱中养护 24h 形成强度，然后分别测试其在 0.2MPa、0.4MPa、0.6MPa 压力水下作用 30min 是否会出现渗水现象，评价动水压力作用下防水黏结材料的防水性能，见图 7.9 和表 7.13。

(a) 试样制备　　　　　　(b) SBS改性乳化沥青　　　　(c) 水性环氧复合改性乳化沥青

图 7.9　试样制备及测试后试样

表 7.13　不同黏结材料不透水试验结果

渗透水压力/MPa	黏结材料类型	渗水现象
0.2	水性环氧复合改性乳化沥青	30min 未出现压力衰减和渗水
	SBS 改性乳化沥青	30min 未出现压力衰减和渗水
0.4	水性环氧复合改性乳化沥青	30min 未出现压力衰减和渗水
	SBS 改性乳化沥青	17min 时出现渗水，25min 时被穿透
0.6	水性环氧复合改性乳化沥青	30min 未出现压力衰减和渗水
	SBS 改性乳化沥青	2min 时被穿透

由表 7.13 可知，水性环氧改性乳化沥青试件在 0.6MPa 压力水下作用 30min 未出现渗水现象，且不透水仪未出现压力衰减；SBS 改性沥青试样在 0.4MPa 压力水作用下已被穿透，水性环氧改性乳化沥青黏结材料的防水性能显著优于 SBS 改性沥青，能有效防止外界动水压力穿透黏结层，起到良好的防水隔水作用。水性环氧复合改性乳化沥青中的环氧树脂固化后可显著提高沥青强度，聚氨酯成分起到增柔增韧作用，使水性环氧复合改性乳化沥青具有良好的防水性能。对比可知，水性环氧复合改性乳化沥青材料防水性能较好，对于动水冲刷作用较弱的地方，采用 SBS 改性乳化沥青和水性环氧复合改性乳化沥青均可达到防水效果。

进一步结合 7.2.1 小节正交试验结果制备成型黏结材料，撒布量为 1.6kg/m²，底层碎石撒布比例为 50%，总碎石撒布比例为 70% 的层间复合试件，并对试样抗剪强度进行测试。将测试结果与 SBS 改性乳化沥青防水黏结层复合试样进行对比，表 7.14 为不同黏结层复合试样抗剪强度对比结果，采用水性环氧复合改性乳化沥青作为层间黏结材料时抗剪强度相对较高。结合防水性及力学性能测试结果，推荐在施工条件允许时优先选用水性环氧复合改性乳化沥青作为层间黏结材料，在保证防水效果的同时提升层间黏结力。

表 7.14　不同黏结层复合试样抗剪强度对比

层间黏结材料	SBS 改性乳化沥青	水性环氧复合改性乳化沥青
抗剪强度/MPa	0.372	0.424

7.3　水泥稳定砾石基层路用性能

根据 7.1 节中路面结构组合设计方案，推荐方案二采取水泥稳定砾石基层，因此对不同水泥稳定砾石基层路用性能开展研究。在水泥稳定砾石试样制备时，水泥选用 P·O 42.5，控制水泥掺量为 4.5%，技术指标如表 7.15 所示。砾石材料选用南疆地区常用砾石材料，控制砾石级配如表 7.16 所示。为避免水中盐分对水泥稳定砾石基层的不利影响，拌和用水选用自来水。

表 7.15　水泥技术指标

指标		单位	要求	数值
氯离子含量		%	≤0.06	0.015
烧失量		%	≤5.0	1.45
氯化镁含量		%	≤5.0	1.60
比表面积		m²/kg	≥300	372
初凝时间		min	≥180	345
终凝时间		min	≥360 ≤600	408
抗折强度	3d	MPa	≥3.5	5.4
	28d	MPa	≥6.5	7.7
抗压强度	3d	MPa	≥17.0	35.9
	28d	MPa	≥42.5	48.2

表 7.16　水泥稳定砾石级配

筛孔尺寸/mm	31.5	26.5	19.0	16.0	13.2	9.5	4.75	2.36	1.18	0.6	0.3	0.15	0.075
通过率/%	100～90	94～81	83～67	78～61	73～54	64～45	50～30	36～19	26～12	19～8	14～5	10～3	5～2

　　根据《公路路面基层施工技术细则》(JTG/T F20—2015)[14]中的试验方法确定得到击实参数，击实方法为标准重型击实试验，确定得到水泥稳定砾石最佳含水率为5.1%，最大干密度为2.3g/cm³。参照《公路工程无机结合料稳定材料试验规程》(JTG 3441—2024)[39]中的试验方法测定水泥稳定砾石基层无侧限抗压强度，测试试样养护龄期为7d、14d和28d；参照《公路工程无机结合料稳定材料试验规程》(JTG 3441—2024)测定水泥稳定砾石回弹模量，测试试样养护龄期为7d、14d和28d；参照《公路工程无机结合料稳定材料试验规程》(JTG 3441—2024)进行劈裂试验，测试试样养护龄期为28d和90d。主要试验仪器包括 TYE-2000B 数显式压力试验机、Φ150mm×150mm 模具、精密天平、LD-141 液压电动脱模机、标准恒湿恒温养护箱、万能材料试验机、压缩夹具、变形传感器-YSJ100-25 引伸计。表7.17～表7.19和图7.10～图7.12为水泥稳定砾石不同力学性能测试结果。

表 7.17　水泥稳定砾石无侧限抗压强度

龄期	7d	14d	28d
无侧限抗压强度/MPa	4.6	5.5	6.4

表 7.18　水泥稳定砾石回弹模量

龄期	7d	14d	28d
回弹模量/MPa	981	1308	1532

表 7.19　水泥稳定砾石劈裂强度

龄期	28d	90d
劈裂强度/MPa	0.64	0.87

　　由表7.17～表7.19和图7.10～图7.12可知，随着养护龄期的增长，水泥稳定砾石无侧限抗压强度逐渐增长，成型试样在养护7d后无侧限抗压强度为4.6MPa，满足《公路路面基层施工技术细则》(JTG/T F20—2015)[14]中重交通等级下高速及一级公路基层的无侧限抗压强度要求，即将水泥稳定砾石用于罗布泊盐岩地区公路基层中强度能够满足力学性能要求。水泥稳定砾石回弹模量在养护7d后达到981MPa，且随着养护龄期增长回弹模量呈现继续增长趋势，在养护28d后

回弹模量达到 1532MPa。进一步测试得到养护龄期为 28d 和 90d 的水泥稳定砾石劈裂强度，28d 水泥稳定砾石劈裂强度为 0.64MPa。

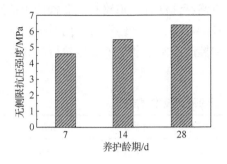

图 7.10　不同养护龄期试样无侧限抗压强度

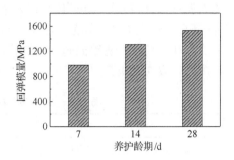

图 7.11　不同养护龄期试样回弹模量

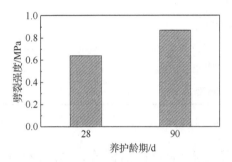

图 7.12　不同养护龄期试样劈裂强度

7.4　沥青面层路用性能

在罗布泊盐岩地区进行沥青路面铺筑时，既要考虑面层结构自身路用性能及稳定性，又要考虑面层铺筑后结构层间的相互作用。在盐岩地区，路基和基层中盐岩的稳定性与地下水及地表水的运移密切相关，为避免地表水及降雨对盐岩结构层的不利影响，在进行盐岩公路路面设计时应选择密级配结构，7.1 节中沥青面层结构选择时采取 AC-16 沥青混合料。在明确沥青混合料级配基础上，确定沥青面层结构选用原材料性能要求及实测值，进一步基于马歇尔试验确定最佳油石比，并对沥青混合料高低温性能进行分析。

7.4.1　沥青面层原材料性能

盐岩公路沥青路面主要涉及原材料包括石油沥青、粗集料、细集料和填料，不同原材料的性能要求及测试指标具体如下。

1) 石油沥青

根据公路等级、交通量组成及沥青气候分区等,试验段 5cm 中粒式沥青混凝土路面沥青结合料采用克拉玛依 A 级 70#道路石油沥青。道路石油沥青选用按照《公路沥青路面施工技术规范》(JTG F40—2004)[15]、《新疆沥青路面材料质量控制手册》和《新疆沥青路面施工质量管理和控制技术手册》的规定执行,其各项指标应符合表 7.20 规定。

表 7.20　A 级 70#道路石油沥青技术要求

	指标	单位	技术要求	测试结果
	针入度(25℃，5s，100g)	0.1mm	60～80	66
	软化点(R&B)	℃	≥46	48.5
	15℃延度	cm	≥100	>100
	蜡含量(蒸馏法)	%	≤2.2	1.7
试验后	质量变化	%	≤±0.8	−0.1
	残留针入度比	%	≥61	77.3
	残留延度(10℃)	cm	≥6	21

2) 粗集料

破碎砾石采用粒径大于 100mm、含泥量不大于 1%的卵石经二级破碎(颚破+反击破)轧制,破碎砾石粗集料洁净、干燥、表面粗糙,具体质量要求及性能测试结果如表 7.21 所示。

表 7.21　沥青混合料用粗集料性能测试结果

指标	单位	技术要求	15～20mm 粗集料测试结果	10～15mm 粗集料测试结果	5～10mm 粗集料测试结果
石料压碎值	%	≤30	8.0	8.8	—
洛杉矶磨耗损失	%	≤35	6.9	7.5	—
表观相对密度	—	≥2.45	2.863	2.860	2.864
吸水率	%	≤3.0	0.4	0.7	0.8
针片状颗粒含量(混合料)	%	≤20	5.4	5.8	6.0
水洗法<0.075mm 颗粒含量	%	≤1	0.4	0.3	0.3
软石含量	%	≤5	0.2	0.4	0.6
与沥青的黏附性	—	≥5	5	5	—

3) 细集料

沥青混凝土细集料采用天然砂和石屑。细集料具有一定棱角性，洁净、干燥、无风化、无杂质并有适当的颗粒级配，天然砂采用中砂，沥青面层用细集料性能测试结果如表 7.22 所示。

表 7.22　沥青混合料用细集料质量技术要求

指标	单位	技术要求	天然砂测试结果	石屑测试结果
表观相对密度	—	≥2.45	2.723	2.844
含泥量(<0.075mm 的颗粒含量)	%	≤5	2	1.8
砂当量	%	≥50	81	81

4) 填料

沥青混凝土填料采用石灰岩或岩浆岩中的强基性岩石等憎水性石料磨细的矿粉，填料中严禁掺加拌和机除尘装置回收的粉尘，矿粉保持干燥，能从填料仓自由流出，其质量应符合表 7.23 要求。

表 7.23　矿粉技术要求

指标		单位	技术要求
表观相对密度		t/m³	≥2.45
△含水率(烘干法)		%	≤1
外观		—	无团粒结块
△亲水系数		—	<1
△塑性指数		—	<4
粒度范围	<0.6mm	%	100
	<0.15mm	%	90～100
	<0.075mm	%	70～100
加热安定性		—	实测记录

注：表中带"△"指标为控制矿粉质量的关键指标。

7.4.2　路用性能

在确定罗布泊盐岩地区沥青混合料制备原材料的基础上，进一步采取马歇尔试验确定沥青混合料最佳油石比，主要评价指标包括毛体积密度、空隙率、矿料间隙率、沥青饱和度、稳定度和流值等指标。初选油石比为 4.3%、4.6%、4.9%。表 7.24 为沥青面层混合料技术性能指标，图 7.13 为不同油石比下沥青混合料马歇尔试验测试结果。

表 7.24　面层沥青混凝土技术性能指标

指标	三级公路技术要求
试件击实次数	双面各 50 次
马歇尔稳定度/kN	≥5
流值/mm	2～4.5
空隙率(深约 90mm 以内)/%	3～6
沥青饱和度/%	70～85
动稳定度(60℃，0.7MPa)/(次/mm)	≥800
浸水试验残留稳定度/%	≥75
冻融劈裂残留强度比/%	≥75
弯曲试验破坏应变/με[-10℃，50mm/min]	≥2600
渗水系数/(mL/min)	≤120
横向力系数	≥54
摆值	≥45
构造深度/mm	≥0.7

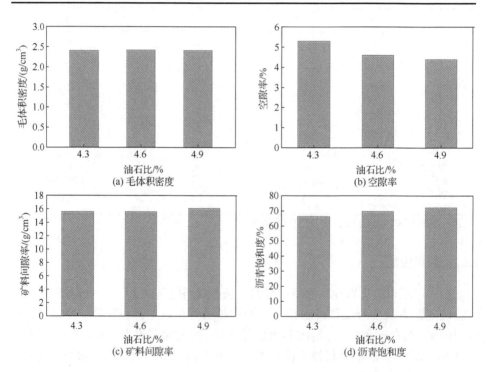

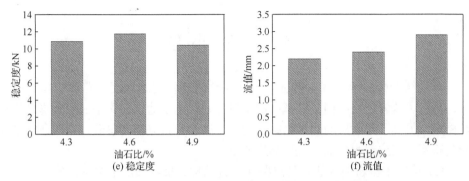

图 7.13　不同油石比下沥青混合料马歇尔试验测试结果

根据图 7.13 可知，当油石比为 4.3%时，沥青混合料的饱和度不满足规范要求；当油石比为 4.6%时，马歇尔试验中的各项指标均能够满足相关要求。因此在后续试验中制备沥青混合料试样时，控制油石比为 4.6%。进一步对沥青混合料的高温性能、水稳定性、低温性能及渗透性进行测试，以评估选用沥青面层作为路面结构层时的可行性，试验方法参照《公路工程沥青及沥青混合料试验规程》(JTG E20—2011)[47]中的相关规定进行。表 7.25 为沥青混合料性能测试结果。

表 7.25　沥青混合料性能测试结果

性能指标	测试结果	规范要求
动稳定度/mm	3741	≥800
冻融劈裂强度比/%	75.3	≥70
抗弯拉强度/MPa	7.5	—
弯曲劲度模量/MPa	1924.5	—
弯拉应变/με	4290.1	≥2300
渗水系数/(mL/min)	76.2	≤120

由表 7.25 可知，采用选定原材料及油石比制备的沥青混合料的高温性能、低温性能、水稳性能均满足规范要求；采用 AC-16 沥青混合料作为面层材料时，其渗水系数较小，仅为 76.2mL/min，根据《公路沥青路面施工技术规范》(JTG F40—2004)[15]的规定，密级配沥青混凝土的渗水系数不应大于 120mL/min，即选用的密级配沥青混合料能够满足一般地区抗渗要求。考虑到盐岩地区表层水的下渗对基层结构稳定性影响较为突出，有必要在盐岩地区路面基层及沥青面层中间加铺防水层，以降低温度影响下地表降水对结构层耐久性的不利影响。

7.5　本章小结

本章结合盐岩地区气候特征及地质条件进行盐岩地区沥青路面结构组合设计，确定了盐岩公路不同类型基层最小厚度，优选了盐岩公路基面层间材料组成及掺量，推荐了基面层间防水黏结层的施工工艺及重点控制参数，系统研究了盐岩公路不同层位路用性能。主要结论如下。

(1) 确定了盐岩地区盐岩公路路面组合结构，推荐面层采取密级配沥青混合料，基面层间设置防水同步碎石封层，同时采用土工布降低地下水向上运移对基层稳定性造成不利影响；推荐基层选用结构型式包括水泥稳定砾石、级配砾石及盐岩基层；综合设计及施工便捷性控制不同类型基层层厚为 20cm。

(2) 评价了水性环氧复合改性乳化沥青和 SBS 改性乳化沥青作为盐岩基层防水黏结材料的适用性；推荐盐岩基层上封层水性环氧复合改性乳化沥青撒布量为 1.6kg/m²，底层碎石撒布比例为 50%，总碎石撒布覆盖率为 70%；推荐基面层间 SBS 改性乳化沥青撒布量为 1.2kg/m²；水性环氧复合改性乳化沥黏结材料的防水性能显著优于 SBS 改性乳化沥青；在施工条件允许时优先选用水性环氧复合改性乳化沥青作为层间黏结材料。

(3) 在进行盐岩公路路面设计时，推荐选择密级配 AC-16 沥青面层；基于马歇尔试验确定油石比为 4.6%，采用选定原材料及油石比制备的沥青混合的高温性能、低温性能及水稳性能均满足规范要求。

第8章　盐岩公路试验段铺筑及变形稳定性

新疆 S235 省道跨越罗布泊湖心区传统筑路材料匮乏，施工环境恶劣，推动罗布泊盐岩区公路黑色化进程对加速区域路网升级具有重要意义。在明确盐岩主要工程特性基础上，本章结合罗布泊盐岩地区环境特征，提出罗布泊盐岩地区公路试验段不同结构层施工及质量控制要点，进一步明确试验段传感器布设及现场监测方案，并对不同铺设方案下盐岩公路的水、热状态及变形特征进行对比分析，以期为 S235 省道盐岩路段整体改造升级提供有益借鉴。

8.1　试验段概况

本章试验段位于罗布泊盐岩地区，为典型盐壳地貌，试验段两侧表层多为坚硬盐壳，呈层状结构，如图 8.1 所示。试验段所在区域常年干旱少雨，蒸发强烈，早晚温差大，属典型的大陆干旱性气候[48]。项目区域附近无地表水，地下水主要为饱和卤水，水位埋藏较浅，部分区域地下水位距地表 0.5m 左右，K401+000～K402+000 段地下水位在 2.00～3.50m。

(a) 盐湖区地貌　　　　　　　　　　　　　(b) 盐岩层状结构

图 8.1　盐壳地形地貌

为保证试验段方案和里程段选取均具有典型性，综合防水要求、道路结构层功能要求、技术可行性及工程经济性等因素进行试验段方案设计。在前期多次现场调研、查阅历史资料和专家座谈基础上，优选出 4 种试验段铺筑方案进行现场铺筑。试验段在罗若公路 K401+000～K402+000 铺设，将 K400+600～K400+700

作为新填筑盐岩路基对比段，其余路段均为新填筑道路与原路面的顺坡过渡。试验段自 K401+000 向 K402+000 依次为：①填筑盐岩路基的天然砾石基层试验段(250m)；②填筑盐岩路基的水泥稳定砾石基层试验段(250m)；③盐岩基层试验段(250m)；④天然砾石基层试验段(250m)。此外，在 K400+600～K400+700 进行对比段填筑，对比段仅新填筑 65cm 盐岩路基。试验段原有道路为盐岩路面，现以原盐岩路面作为路基，加铺路面结构层，面层为沥青路面，各试验段方案如表 8.1 所示。

表 8.1　不同试验段方案

方案	路段	养护类型	方案
方案一	K401+000～K401+250	结构性修复	处理后原盐岩路基+盐岩路基+防水土工布隔断层+20cm 厚天然砾石+封层+5cm 厚 AC-16 沥青面层
方案二	K401+250～K401+500	结构性修复	处理后原盐岩路基+盐岩路基+防水土工布隔断层+20cm 厚水泥稳定砾石+封层+5cm 厚 AC-16 沥青面层
方案三	K401+500～K401+750	结构性修复	处理后原盐岩路基+盐岩路基+20cm 厚盐岩基层+封层+5cm 厚 AC-16 沥青面层
方案四	K402+750～K402+000	结构性修复	处理后原盐岩路基+20cm 厚天然砾石+封层+5cm 厚 AC-16 沥青面层

8.2　试验段施工及质量控制

8.2.1　试验段施工准备

1. 施工现场准备

1) 现场核对和施工调查

为掌握试验段现场施工条件和料场情况，保证试验段铺筑质量，对现场地形、地貌、地下水位及材料料场等进行核对与调查，如图 8.2 所示。经现场核对及调查，试验段地表为盐壳，盐壳结晶体以下为黏土、粉质黏土、含有机质粉质黏土和粉砂层，地下水位 1.8～2.5m，天然砾石料场较少，盐岩料场和卤水料场均可满足盐岩基层及路基所需。

2) 原路面处理

为降低原地面病害对新填筑盐岩路基的影响，在施工前对原路面损坏状况进行调查。经调查，发现试验段原有路面主要病害包括溶洞、车辙、松散、坑槽等，如图 8.3 所示。

(a) 地形、地貌　　　　　　　　　　(b) 地下水位

(c) 天然砾石料场　　　　　　　　　(d) 卤水

图 8.2　现场核对及调查

(a) 溶洞　　　　　　　　　　　　(b) 车辙

(c) 松散　　　　　　　　　　　　(d) 坑槽

图 8.3　原路面病害调查

在明确原路面主要病害及类型后，针对各种原路面病害采取不同措施进行处理。对于车辙严重的盐岩路段，采用盐岩进行铺填并整平压实；对于盐岩路面表层坑洞，采用粉碎盐岩和饱和卤水进行修补填充并夯实；对于龟裂，采用饱和卤水和盐岩粉末拌和浆液进行修补填充并夯实。咨询当地养护站人员和调查现场实际情况可知，S235 省道部分严重车辙路段已进行过铣刨处理，并且试验段车辙病害较轻，因此不做处理。基于 2017 年哈罗公路盐岩段大中修工程施工经验，对路表坑槽和麻面等非结构性病害不做特殊处理。对于坑洞病害，清除路表杂物后采用挖掘机挖开后，用开挖松方、破碎盐岩和饱和卤水进行填充并夯实，如图 8.4 所示。

图 8.4　原路面坑洞处理

3) 临时便道修筑

为避免 S235 省道现有交通与施工的相互影响，试验段铺筑前在往若羌方向左侧修筑 1.43km 临时便道。由于地理位置特殊，修筑便道时采用盐岩和卤水作为修筑材料，临时便道修筑现场如图 8.5 所示。

　　　　(a) 碾压　　　　　　　　　　　　　　　(b) 洒卤水

图 8.5　临时便道修筑现场

2. 原材料准备

1) 盐岩填料

盐岩地区地表土层状分布结构明显(图 8.6)，由于罗布泊地区经常出现大风天气，在风力营力作用下盐壳表层逐渐沉积一层薄砂土，受降雨等因素影响，表层砂土与盐岩紧密接触，且盐岩上表面凹凸不平，外力作用很难将表层浮土与盐岩分离；盐壳往下含盐量极速减少，具有较高强度的盐岩主要存在于表层盐壳中，其下依次为盐层(图 8.7)和含盐砂土层；自盐层向下由于土中水分含量较高，下层土均强度较低。因此，采挖盐岩块时应严禁深挖，取料深度范围为 20～50cm，应呈板块状结构，板结厚度宜大于 30cm，易溶盐含量应高于 40%，且填筑路基和基层盐岩不得含有其他杂质，如砂土、废弃物和建筑生活垃圾。综合考虑，选取的盐岩取料场盐岩填料如图 8.8 所示。

图 8.6　盐岩区表层土层状结构

图 8.7　盐壳下盐层

图 8.8　取料场的盐岩填料

2) 卤水和淡水

盐岩路基和基层所用卤水应为饱和卤水。为保证盐岩路基和基层所用卤水为饱和卤水,对所选卤水料场进行了进一步调查,并桶装约 5L 卤水到试验室进行矿化度测试。经测试,卤水矿化度约 630g/L,矿化度测试如图 8.9 所示。通过对所选料场卤水进一步调查和矿化度测试可知,该卤水场储存卤水为饱和卤水,图 8.10 为填筑路基和基层拌和卤水。水泥稳定砾石和天然砾石基层施工时采用淡水进行拌和,考虑周围淡水资源匮乏及运距较长,采用距罗布泊镇 12km 的生活用水。

图 8.9　矿化度测试　　　　　　　　图 8.10　拌和卤水

3) 天然砾石场

原采用级配砾石作为级配砾石基础和水泥稳定砾石基层填筑用料,并且符合《公路路面基层施工技术细则》(JTG/T F20—2015)[14]的级配要求。由于试验段铺筑时受周围砾石厂砾石生产情况及施工工期要求,调整原设计级配砾石为天然砾石。图 8.11 为不同砾石料场砾石状况,其中料场 1 运距约 50km,料场 2 运距约150km;料场 1 砾石多呈片状,砾石强度较低,料场 2 砾石状况相对较好。因此,选用料场 2 的砾石料。图 8.12 为料场 2 天然砾石级配曲线,相比原设计中级配砾石级配要求,所选天然砾石级配略细,整体差异较小。

(a) 砾石料场1　　　　　　　　　　　(b) 砾石料场2

图 8.11　不同料场天然砾石

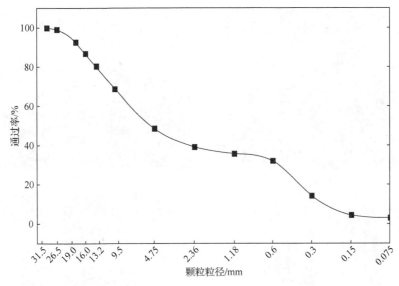

图 8.12 天然砾石级配曲线

4) 沥青混合料

试验段铺筑面层的沥青混合料配合比按《公路沥青路面施工技术规范》(JTG F40—2004)[15]和《新疆公路沥青路面设计指导手册》的相关要求执行。由于沥青混合料从哈密市进行远距运输，在运输过程中采用厚毡布对沥青混合料进行严密裹覆，充分保障路面施工温度要求。

8.2.2 施工与质量控制

1. 路基填筑施工

试验段总长 1.43km，其中新填筑盐岩路基路段共 1.18km，填筑材料位于 K401+500 左侧 0.3km 左右处。结合现场实际施工情况，路基按照设计要求施工存在一些不足：在机械作用下新填筑盐岩路基表面细颗粒和粉末明显增多，底层盐岩颗粒仍相对较大，碾压作业后出现表层过压、底层欠压的现象；路表洒布卤水下渗困难，部分位置卤水仅下渗 2～3cm。为提高盐岩路基压实度和路基填筑稳定性，在试验段路基施工时进一步提出两种新方法进行盐岩路基施工优化。

1) 原路基施工工艺

盐岩路基填筑分两层、全断面进行。采用装载机取料，自卸式运输车运料，挖掘机破碎，平地机调平整形，振动压路机压实。现场施工过程如图 8.13 所示，施工工艺流程如图 8.14 所示。

(a) 运输　　　　　　　　　　　　　　(b) 破碎

(c) 调平整形　　　　　　　　　　　　(d) 初压

(e) 洒水　　　　　　　　　　　　　　(f) 碾压

图 8.13　路基现场施工过程

运输 → 破碎 → 调平整形 → 初压 → 洒水 → 碾压

图 8.14　路基施工工艺流程图

施工工艺方法如下。

(1) 运输。盐岩采用自卸式运输车运输，根据路基施工工艺及工作面情况，及时将盐岩填料运送至现场。

(2) 破碎。盐岩路基填料采用挖掘机进行破碎，控制盐岩最大粒径小于 15cm。

(3) 调平整形。在挖掘机破碎后采用平地机进行粗略整平，粗略整平后单层厚度宜在 28～32cm。

(4) 初压。在粗平后对盐岩进行 2 遍初压(静压)，保证碾压后单层厚度为 20cm。

(5) 洒水。采用洒水车喷洒卤水，含卤水率应接近 8%，允许±2%偏差。

(6) 碾压。饱和卤水入渗 2～3h 后，采用 24t 钢轮压路机进行碾压作业，碾压遵循先静后振、先慢后快、先边后中、轮迹重叠二分之一、严禁掉头及急刹车的原则，碾压过程中采取不少于 2 遍的强振碾压，确保盐岩层碾压质量满足要求。

2) 方法 1 的路基施工工艺

同原盐岩路基填筑施工相比，方法 1 在平地机粗平后直接洒卤水，为使卤水更加均匀，新增开槽、人工洒卤水和翻拌 3 个工序。新增工序如图 8.15 所示，施工工艺流程如图 8.16 所示。

(a) 开槽

(b) 人工洒卤水

(c) 翻拌

图 8.15　方法 1 新增工序

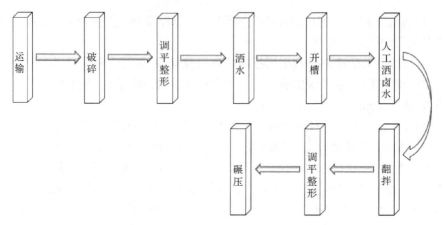

图 8.16　方法 1 的路基施工工艺流程图

方法 1 的新增工序方法如下。

(1) 开槽。将平地机刀板倾斜约 30° 进行刻槽,形成纵向 V 字型槽。

(2) 人工洒卤水。将软水管同洒水车相接,人工进行喷洒,同一区域喷洒时间不宜过长。

(3) 翻拌。将平地机刀板倾斜约 30° 沿相邻 V 字型槽中间进行翻拌,翻拌应不少于 1 遍。

3) 方法 2 的路基施工工艺

同原盐岩路基填筑施工相比,方法 2 将单层松铺厚度调整为 21cm,在平地机粗平后直接洒卤水,施工工艺简单,施工工艺流程如图 8.17 所示。

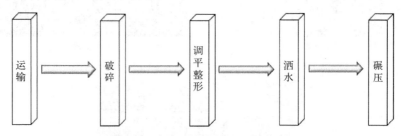

图 8.17　方法 2 路基施工工艺流程图

表 8.2 为三种路基施工方法对比,图 8.18 为各路基施工方法的卤水下渗情况。综合现场实际施工效果、表 8.2 和图 8.18 可知,三种方法中方法 1 路基填料拌和、碾压效果最好,但是施工工序较为复杂;方法 2 未对盐岩填料进行初压,同时降低了填料松铺厚度,整体施工效果良好,有效解决了卤水下渗困难、难以保证压实度的问题。图 8.19 为盐岩路基压实度和弯沉检测,经检测可知,方法 2 路基填筑压实度大于 95%,满足盐岩路基填筑要求。

表 8.2　三种路基施工方法对比

路基施工	单层松铺厚度/cm	翻拌	初压	初次渗水深度/cm	含卤水率	施工工序
原路基施工	28	无	有	2~5	不足	简单
方法 1	28	有	无	拌和均匀	满足要求	复杂
方法 2	21	无	无	6~10	约 6%，满足要求	简单

(a) 原路基施工卤水下渗情况

(b) 方法1卤水下渗情况

(c) 方法2卤水下渗情况

图 8.18　三种路基施工方法卤水下渗情况

(a) 压实度检测

(b) 弯沉检测

图 8.19　盐岩路基压实度和弯沉检测

　　由于 K401+250～K401+500 段路基表面填筑不平、晾晒时间过短，在盐岩路基表面出现了卤水积聚、漫流现象，进而产生翻浆病害。发现翻浆病害后，及时对该路段进行返工处理，首先采用挖掘机将填料全部挖出，然后将挖出的填料同堆填干燥盐岩进行翻拌，如图 8.20 所示。待盐岩翻拌均匀，采用挖掘机挖斗进行整平，随后采用压路机进行压实。图 8.21 为修筑完工的盐岩路基。

(a) 卤水积聚　　　　　　　　　　　　　(b) 漫流

(c) 翻浆　　　　　　　　　　　　　(d) 翻拌积水盐岩

图 8.20　路基浸润不均匀处理

图 8.21　修筑完工的盐岩路基

2. 防水土工布隔断层施工

为了防止地下水迁移影响基层强度和稳定性，在 K401+000～K401+500 段共 500m 铺设了土工布隔断层，其位于路面结构层与路基间，土工布形式采用两布一膜。复合土工布技术满足《土工合成材料　长丝机织土工布》(GB/T 17640—2023)[49]和《公路土工合成材料应用技术规范》(JTG/T D32—2012)[50]的有关要求。其各项指标符合表 8.3 规定。在铺设土工布隔断层前，对新填筑盐岩路基表面采用平地机进行精平处理，如图 8.22 所示，并且人工及时清除精平后存在的超粒径盐岩颗粒。

表 8.3　两布一膜复合土工布性能要求

性能指标	单位	性能指标
布质量/膜厚度/布质量	(g/m²)/mm/(g/m²)	≥150/≥0.3/≥150
总厚度	mm	≥2.4
极限抗拉强度	kN/m	≥14
极限伸长率	%	30
CBR 顶破强度	kN	3.0
撕破强度	kN	0.42
垂直渗透系数	cm/s	1×10^{-12}～1×10^{-9}

(a) 平地机精平新填路基表面　　　　　　(b) 人工现场铺设土工布隔断层

图 8.22　现场铺设土工布隔断层

由于罗布泊气温较低且风力较大，部分路段防水土工布铺设以后未及时整平及固定，防水土工布隔断层在施工过程中出现褶皱、刺破等现象，如图 8.23 所示。发现褶皱现象后，及时进行人工整平和固定，对于刺破现象，在刺破表面按照纵横向搭接要求加铺一层土工布。

图 8.23 防水土工布褶皱、刺破情况

3. 基层填筑施工

1) 天然砾石基层施工

在 K401+000～K401+250 和 K401+750～K402+000 共 500m 试验段采用天然砾石铺筑基层。天然砾石基层施工采用路拌法，施工时严格按《公路路面基层施工技术细则》(JTG/T F20—2015)[14]和《新疆沥青路面施工质量管理和控制技术手册》规定的碾压方法进行。现场施工过程如图 8.24 所示，施工工艺流程如图 8.25 所示。

(a) 运输

(b) 摊铺

(c) 调平整形

(d) 洒水

(e) 碾压

图 8.24　天然砾石基层现场施工过程

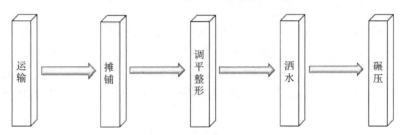

图 8.25　天然砾石基层施工工艺流程图

具体施工工艺如下。

(1) 运输。在对基层施工放样后开始运输堆填天然砾石料，运料采用自卸式运输车，运输车辆根据运距及运量进行组织调配，以保证将砾石料准确运至指定位置。

(2) 摊铺。采用装载机进行循序摊铺，创造各工序连续作业条件。由于方案 1 天然砾石基层于防水土工布隔断层施工结束后进行施工，因此在摊铺过程中要确保土工布平整、不被刺破和不被移动。

(3) 调平整形。摊铺完成后采用平地机调平整形，在整形过程中应对砾石料进行适当拌和，避免出现粗细集料离析现象。

(4) 洒水。在调平整形结束后，采用洒水车喷洒淡水，控制含水率应比最佳含水率高 1%～2%，以补偿碾压过程中的水分损失。

(5) 碾压。摊铺 60m 左右后即可碾压。碾压全过程均须随碾压随洒水，保持在最佳含水率的情况下碾压；发现"石窝"或"梅花"现象应将多余的石挖出，掺入适量的天然砾石，翻拌均匀，并补充碾压；不能连续铺筑上层时，保持湿润养护；禁止车辆通行，特别是挖掘机。碾压全过程遵循先静后振、先慢后快、先边后中、轮迹重叠二分之一、严禁掉头及急刹车的原则。图 8.26 为碾压完成的天然砾石基层。

图 8.26　碾压完成的天然砾石基层

2) 水泥稳定砾石基层施工

在 K401+250～K401+500 共 250m 试验段采用水泥稳定砾石铺筑基层。水泥稳定砾石铺筑基层采用路拌法，施工时严格按《公路路面基层施工技术细则》(JTG/T F20—2015)[14]和《新疆沥青路面施工质量管理和控制技术手册》规定的碾压方法进行。现场部分施工过程如图 8.27 所示，施工工艺流程如图 8.28 所示。

具体施工工艺如下：

(1) 运输。基层施工放样后开始运输堆填砾石料，运料采用自卸式运输车，运输车根据运距和运量进行组织调配，以保证将砾石料准确运至指定位置。

(a) 喷洒水泥　　　　　　　　　　　　　　　(b) 拌和

(c) 调平整形　　　　　　　　　　　　　　　(d) 洒水

(e) 碾压

(f) 养护

图 8.27　水泥稳定砾石基层现场部分施工过程

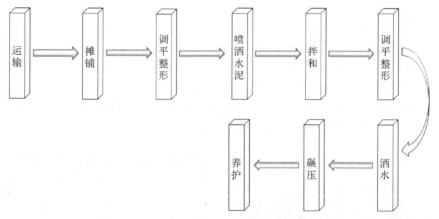

图 8.28　水泥稳定砾石基层施工工艺流程图

(2) 摊铺。摊铺砾石料在摊铺水泥前一天进行，采用装载机摊铺，摊铺长度按日进度需要量控制，满足次日完成掺加水泥、拌和、碾压成型即可。摊料时要将超尺寸颗粒及其他杂物清除，确保土工布平整、不被刺破和不被移动。

(3) 调平整形。摊铺完成后采用平地机粗平，在粗平过程中应对砾石料进行适当拌和，避免出现粗细集料离析现象。

(4) 喷洒水泥。粗平完成后采用水泥运输罐车喷洒水泥，控制水泥剂量为 5%，喷洒过程中全断面均匀喷洒，严防出现未喷洒死角。

(5) 拌和。水泥喷洒结束后采用挖掘机进行翻拌。为保证翻拌的均匀性，施工时配置两辆挖掘机一前一后进行拌和，在拌和过程中严格控制翻拌深度，防止土工布被刺破。

(6) 调平整形。拌和完成后采用平地机调平整形，在调平整形过程中要严防粗细集料离析现象。

(7) 洒水。调平整形结束后采用洒水车喷洒淡水，控制含水率应比最佳含水率大 1%～2%，以补偿碾压过程中的水分损失。

(8) 碾压。碾压过程中，表面始终保持湿润，如果水分蒸发过快，要及时补洒少量的水。碾压全过程遵循先静后振、先慢后快、先边后中、轮迹重叠二分之一、严禁掉头及急刹车的原则。

(9) 养护。碾压结束后采用塑料薄膜对基层进行覆盖养护，养护期间禁止车辆通行，保证表面不受破坏及基层形成强度。

3) 盐岩基层施工

在 K401+500～K401+750 共 250m 试验段采取盐岩铺筑基层，参考《公路路面基层施工技术细则》(JTG/T F20—2015)[14]规定的碾压方法进行。在施工过程中须严格控制破碎颗粒粒径，现场施工过程如图 8.29 所示，施工工艺流程如图 8.30 所示。

具体施工工艺如下。

(1) 运输。盐岩采用自卸式运输车运输，根据路基施工工艺和工作面情况，及时将盐岩填料运送至现场；基层单层摊铺；摊铺前对土路基中线纵横断面高程宽度进行复核测量；摊铺时，严格控制设计标高。

(2) 破碎。盐岩基层填料采用挖掘机进行破碎，破碎全断面进行，初次破碎粒径尽可能小，最大颗粒粒径控制在 15cm 以下。

(a) 运输

(b) 破碎

(c) 二次破碎

(d) 调平整形

(e) 洒卤水　　　　　　　　　　　　　　　　(f) 碾压

图 8.29　盐岩基层现场施工过程

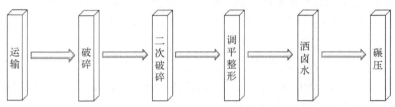

图 8.30　盐岩基层施工工艺流程图

(3) 二次破碎。为满足盐岩基层级配颗粒粒径要求，对盐岩基层进行详细破碎，确保破碎后无明显大颗粒盐岩且颗粒填充状态良好。

(4) 调平整形。在挖掘机破碎后采用平地机进行粗略整平，整形时由两侧向中心进行刮平；整形过程中保证填料表面平整即可，尽量少扰动，避免出现粗细集料离析现象。

(5) 洒卤水。采用洒水车喷洒卤水，其含卤水率应接近 8%，允许偏差±2%。

(6) 碾压。饱和卤水入渗 2～3h 后，采用 24t 钢轮压路机进行碾压作业，碾压过程中采取不少于 2 遍的强振碾压，确保盐岩层碾压质量满足要求。终压前进行防水黏结层下层碎石撒布作业，碎石粒径为 6～10mm，初步碎石撒布比例按 50%控制，确保压实后碎石完全嵌入盐岩基层表面。由于盐岩填料碾压后卤水下渗困难，应在碾压过程中及碾压过后对于部分洒水车未喷洒到的位置进行人工补洒卤水，确保盐岩基层在碾压后能够失水板结形成强度。

4. 下封层施工

试验段各方案基层上均进行封层施工，施工总长度共 1km。试验段各方案基层均施工结束后进行下封层施工，封层黏结材料选用热沥青，控制热沥青撒布量为 1.6kg/m²，其上进行碎石撒布，使用的破碎砾石粒径为 6～10mm。下封层现场施工过程如图 8.31 所示。

(a) 撒布　　　　　　　　　　　　　　　(b) 碾压

图 8.31　下封层现场施工过程

在下封层施工前清除基层表面杂物，封层施工采用同步碎石封层车，先喷洒热沥青，喷洒完成后及时撒布碎石，撒布过程中要避免出现粘轮现象。在同步碎石封层车撒铺一段距离后，采用胶轮压路机进行碾压，碾压 2～3 遍，初压速度不超过 2km/h，碾压速度控制在 2.5km/h 左右。施工时压路机不宜过重，以免将碎石压缩或降低封层表面的抗滑性能，稳压后的碎石颗粒浸入深度为颗粒粒径的 1/2 为宜，碾压成型后开始铺筑沥青面层。

5. 沥青面层填筑施工

试验段沥青混合料选用 AC-16 中粒式沥青混凝土，铺筑总长度 1km。沥青混合料技术指标及施工要求符合《新疆公路沥青路面设计指导手册》《新疆沥青路面材料质量控制手册》《新疆沥青路面施工质量管理和控制技术手册》的有关规定。现场施工过程如图 8.32 所示，施工工艺流程如图 8.33 所示。

施工工艺方法如下。

(1) 运输。试验段外购沥青混凝土采用自卸式运输车运输，由于沥青站运距较远，沥青拌和站离工地达 307.5km，混合料运输过程中热量流失，摊铺温度可

(a) 运输　　　　　　　　　　　　　　　(b) 摊铺

(c) 初压

(d) 复压

(e) 终压

图 8.32　沥青面层现场施工过程

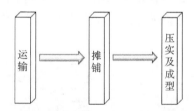

图 8.33　沥青面层施工工艺流程

能达不到正常施工的温度，采用厚毡布覆盖，用以保温和防污染。运输时充分考虑了施工现场摊铺机的摊铺能力，摊铺过程中运料车在摊铺机后不间断等待卸料。

(2) 摊铺。在面层摊铺施工前提前预热摊铺机熨平板，以避免出现摊铺面过薄引起的拉带裂纹。摊铺时，采用水准仪控制高程和纵坡，摊铺成型的沥青面层要符合平整度、横坡、高程的规定要求；保证均匀、连续不断地摊铺，以提高路面平整度并减少混合料的离析；严格控制施工温度，边摊铺边检测，检测的摊铺温度主要集中于 130~150℃，满足沥青混合料摊铺温度的要求。图 8.34 为现场混合料摊铺温度检测。

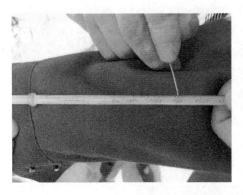

图 8.34　沥青混合料摊铺温度测试

(3) 压实及成型。根据混合料的级配类型和气候条件，试验段压实配备 1 辆双钢轮振动压路机和 1 辆胶轮压路机。初压紧跟摊铺机后碾压，采用 11～18t 双钢轮振动压路机振动压实，采用"高频、低振"的模式进行碾压 1～2 遍。碾压时压路机的驱动轮面向摊铺机，从外侧向中心碾压，在超高路段则由低向高碾压，在坡道上应将驱动轮从低处向高处碾压。在整个碾压过程中应控制钢轮上的洒水量，以刚好不粘轮的洒水量为宜。复压紧跟在初压后进行，压路机碾压段的总长度不超过 50m，复压 2～4 遍。终压选用关闭振动的振动压路机，碾压至无明显轮迹为止。整个碾压过程中，尽快使表面压实，减少热量散失。不得在过低温度状况下反复碾压，使石料棱角磨损、压碎，破坏集料嵌挤。碾压成型的路面如图 8.35 所示。

图 8.35　碾压成型的路面

6. 标志标线施工

待路面终压结束，随即开始路面标线施工，标线涂料符合《路面标线涂料》

(JT/T 280—2022)[51]的规定，标线的颜色、形状和设置位置符合《道路交通标志和标线　第 3 部分：道路交通标线》(GB 5768.3—2009)[52]的规定和设计要求。标线喷涂前仔细清理路面，保持表面干燥，无起灰现象。路面标线细节如图 8.36 所示，施工完路面整体效果如图 8.37 所示。

图 8.36　路面标线细节

图 8.37　路面整体效果

7. 排碱渠施工

盐岩试验段所处位置地下水位较高，为降低地下水位对新填筑路基的影响，在试验段右侧距边坡坡脚 5～10m 的位置开挖排碱渠。排碱渠底面距原地面 2m，排碱渠呈倒梯形，开挖完成后在两侧进行培土压实，以降低扬尘。排碱渠施工结束后发现 K401+000～K401+500 段排碱渠底部土较湿，但未见地下卤水渗出；K401+500～K402+000 段排碱渠渠底有地下卤水渗出。图 8.38 为施工后排碱渠。

图 8.38 施工后排碱渠

8.3 传感器布设及监测方案

8.3.1 传感器布设方案

为对比不同方案试验段铺筑效果差异性,对试验段不同结构层进行温度、含水率和应变监测,观测仪器选用如下:含水率传感器采用 JMSF-1I 型,量程为 0%～100%,精度为±2%,直径为 50mm,长度为 200mm;温度传感器为 JMT-36B 型半导体类温度传感器,量程为−30～120℃,精度为±0.5℃,灵敏度为 0.1℃;应变传感器采用 JMZX-215HAT 智能弦式传感器,量程为±1500με,精度为 0.1%,灵敏度为 1με。监测设备均通过型号为 JMZX-XI(XI 中的 X 表示通道数)的通用信号采集模块及 JMZX-XA(XA 中的 X 表示通道数)综合采集模块进行数据采集。上述设备如图 8.39 和图 8.40 所示。

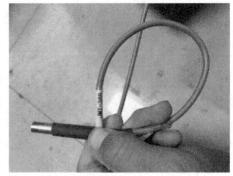

图 8.39 温度传感器和含水率传感器

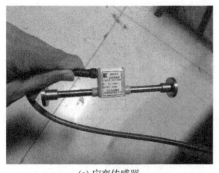
(a) 应变传感器

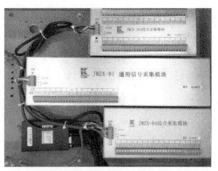
(b) 数据采集模块

图 8.40　应变传感器和数据采集模块

传感器布设及设备安装方案如图 8.41 所示，整个观测时间持续 1a，针对各测点温度、含水率和应变均设置每隔 4h 采集一次数据。

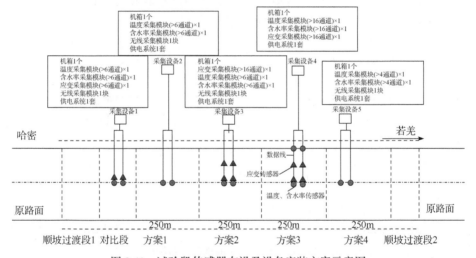

图 8.41　试验段传感器布设及设备安装方案示意图

1) 盐岩路面对比段方案传感器布设

盐岩路面对比段在路基结构层布设应变、温度和含水率传感器，观测点布设位置如图 8.42 所示。布设要求：①盐岩路面对比段设置两个监测断面，断面间隔宜为 10m；②单个断面在路幅中央各布设 3 个观测点，分别对温度、含水率和应变进行监测；③沿着新填筑路基底面向上依次布设，每 20cm 设置一组，每层路基填筑后进行传感器布设。

2) 方案 1 传感器布设

方案 1 仅在盐岩路基结构层布设温度和含水率传感器，观测点布设位置如

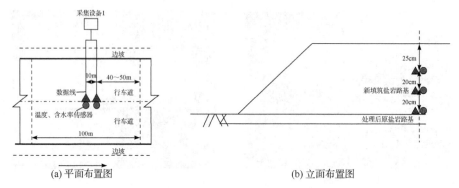

(a) 平面布置图　　　　　　　　　　　　(b) 立面布置图

图 8.42　盐岩路面对比段的观测点布设位置

图 8.43 所示。布设要求：①试验段方案 1 设置两个监测断面，断面间隔为 10m；②单个断面在路幅中央按照路基结构层上、中、下位置共布设 3 个观测点，分别对各观测点温度和含水率进行监测；③沿着新填筑路基底面向上依次布设传感器，每 20cm 设置一组，每层路基填筑后进行传感器布设。

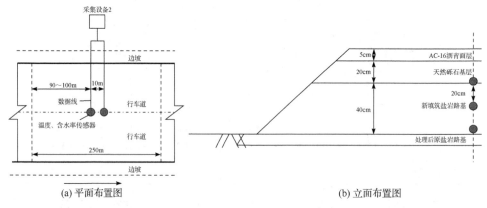

(a) 平面布置图　　　　　　　　　　　　(b) 立面布置图

图 8.43　试验段方案 1 的观测点布设位置

3) 方案 2 传感器布设

试验段方案 2 分别在盐岩路基结构层和水泥稳定基层表面布设传感器，观测点布设位置如图 8.44 所示。布设要求：①试验段方案 2 设置两个监测断面，断面间隔为 10m；②进行温度含水率传感器布设时，单个观测断面共布设 3 个观测点，分别在盐岩路基结构层上(土工布下侧)、中、下布设 1 个观测点，各层观测点分别位于路幅中央；③进行应变传感器布设时，单个断面共布设 8 个观测点，分别在盐岩路基结构层上(土工布下侧)、中、下及水泥稳定基层上表面在靠近道路中央和行车道中间位置(距道路中线 2m)各布置 1 个观测点。

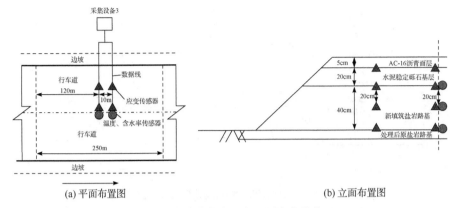

(a) 平面布置图　　　　　　　　　　(b) 立面布置图

图 8.44　试验段方案 2 的观测点布设位置

4) 方案 3 传感器布设

试验段方案 3 在盐岩路基和盐岩集料基层结构层布设温度和含水率传感器，观测点布设位置如图 8.45 所示。布设要求：①试验段方案 3 设置两个监测断面，断面间隔为 10m；②单个观测断面温度和含水率传感器共布设 8 个观测点，分别对盐岩路基上、中、下及盐岩基层上表面在靠近道路中间和靠近边坡位置各布置 1 个观测点；③单个观测断面应变传感器布设 8 个观测点，分别对盐岩路基上、中、下及盐岩基层上表面在靠近道路中间和行车道中间位置(距道路中线 2m)各布置 1 个观测点。

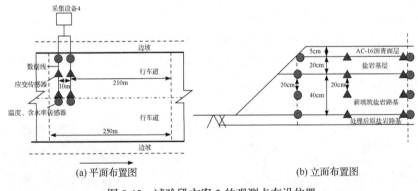

(a) 平面布置图　　　　　　　　　　(b) 立面布置图

图 8.45　试验段方案 3 的观测点布设位置

5) 方案 4 传感器布设

方案 4 仅在天然砾石基层布设温度和含水率传感器，观测点布设位置如图 8.46 所示。布设要求：①方案 4 选择两个断面进行传感器布设，间距 10m；②单个观测断面在进行结构层的温度和含水率传感器观测点位布设时，共布置 2 个观测点，天然砾石基层上、下分别各布设 1 个观测点，观测点位于道路中央位置。

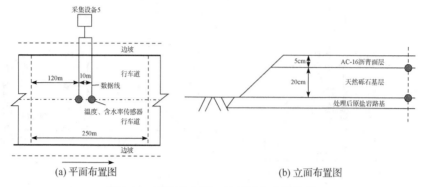

(a) 平面布置图　　　　　　　　　　　(b) 立面布置图

图 8.46　试验段方案 4 的观测点布设位置

8.3.2　传感器现场埋设

基于设计方案进行传感器现场埋设时，根据施工进度安排，做好传感器布设与随试验段铺筑作业的协同施工，试验段不同层位的施工分别埋设相应传感器及数据线，用于采集各层温度、含水率和应变等数据。埋设前应事先检查传感器能否正常工作，外观有无损坏；在路基施工前用钢卷尺测量最下层传感器预埋位置，并挖出埋设带，人工将坑槽底面整平，以避免后续施工过程中损坏传感器；将传感器放置于相应埋设位置，回填细粒盐岩料并用橡胶锤夯实，数据线通过线槽引至路基外，人工回填线槽，将表面整平，进行试验段施工时确保在上层结构层铺筑前将传感器埋设到位。图 8.47 为传感器检查及埋设。

最下层传感器埋设完成后，对传感器数据采集状况进行测试，以确定传感器实际工作状态。路基分层摊铺终压结束后，按照原定方案间隔埋设上层传感器，上层传感器同样采用钢卷尺测量的方式确定埋设位置，埋设方式与前文相同，如图 8.48 所示。

(a) 传感器检查　　　　　　　　　　　(b) 开挖埋设带

(c) 设置线槽　　　　　　　　　　　　　(d) 传感器埋设

图 8.47　传感器检查及埋设

(a) 现场测试下层传感器数据采集　　　　　(b) 其他层位传感器埋设

图 8.48　下层传感器数据采集及其他层位传感器埋设

根据试验段施工情况确定传感器布设里程桩号，最终各方案传感器布设位置如表 8.4 所示。

表 8.4　各方案最终传感器布设里程桩号

断面位置	对比段	方案 1	方案 2	方案 3	方案 4
监测断面 1	K400+650	K401+120	K401+370	K401+580	K401+770
监测断面 2	K400+660	K401+130	K401+380	K401+590	K401+780

各层传感器布设完毕，整理传感器出露线头并接至数据采集箱中的采集模块，如图 8.49 所示。数据采集装置安装于路基边坡与排碱沟之间；支架采用在原地面挖坑填筑水泥混凝土的方式进行固定，养护 12h，如图 8.50 所示。配电箱安装于支架一侧，太阳能充电板安装于支架顶端，采集箱固定至支架另一侧，如图 8.51 所示。

图 8.49　采集箱接线

图 8.50　支架固定

(a) 采集箱安装

(b) 供电系统安装

图 8.51　采集箱安装与供电系统安装

　　安装完成后，将出露线头用土体进行掩埋，以避免路基刷坡损坏数据线及紫外线造成线头老化。随后提取采集模块存储数据，以明确传感器数据采集状况。传感器埋设及现场采集设备安装完成后调试全套装置，经现场有线测试发现，除方案 2 中 2 个传感器未能正常工作，其余各方案中传感器在布设初期均能够正常工作。由于试验段所在地区为无人区，现场信号较不稳定，不同方案数据无线传输状况相对较差，因此各方案设置数据采集间隔为 4h，以确保各采集模块能有效储存数据。图 8.52 为安装完成的采集装置。

　　在试验段铺筑结束后，基于监测设备对试验段铺筑后的温湿度状况及变形稳定性进行监测。考虑到环境变化的周期性，整个观测时间持续 1a，以保证在不同季节气候下均能够较好地检测路基温湿度状况及拱胀情况。

图 8.52　采集装置全貌及现场数据提取

8.4　盐岩公路结构层水热状态及变形特征

在完成试验段的基础上，进一步系统研究盐岩公路不同试验段在工后运营期的水热及变形特征。本节基于现场监测数据，在分析对比段盐岩公路结构温度变化及变形特征的基础上，选取四种方案中潜在发生变形最突出的两种路面结构(水泥稳定砾石和盐岩集料基层)，详细分析其温度变化及变形特征，并对比不同类型结构层方案内部温度、湿度和变形变化规律，以期有效评估罗布泊盐岩公路的使用品质及工后稳定性。

8.4.1　盐岩公路温度及变形特征

1. 对比段盐岩公路

1) 对比段盐岩公路温度变化

在试验段布设方案中，对比段为未铺设沥青面层的路面结构，在服役初期采用传感器监测盐岩公路不同层位处的水热状态。图 8.53 为不同路基深度处对比段盐岩路基温度变化情况，其中对比段路基深度从路表面开始计算。

由图 8.53 可知，随着时间的增加，对比段盐岩路基受气温影响突出，其温度呈先降低后升高再降低趋势。由于深处土层导热具有一定的滞后性，因此在降温时浅层盐岩路基温度低于深层盐岩路基温度，升温时浅层路基温度高于深层路基温度。路基深度 25cm 处最低温度为−7.4℃，路基深度 45cm 处最低温度为−3.3℃，路基深度 65cm 处最低温度为−2.8℃，路基深度 25cm 和 65cm 处温差为 4.6℃；路基深度 25cm 处最高温度为 41.1℃，路基深度 45cm 处最高温度为 35.4℃，温度差为 5.7℃。

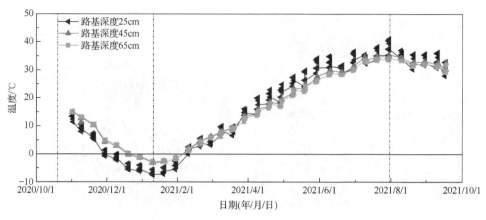

图 8.53 对比段不同深度盐岩路基温度变化

2) 对比段盐岩公路路基变形特征

利用应变传感器测定未铺设面层盐岩公路不同深度处变形特征。不同监测断面变形趋势如图 8.54 所示。

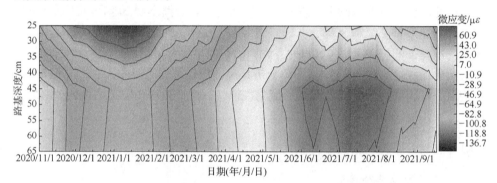

图 8.54 盐岩路基公路道路中央断面不同深度变形特征

分析图 8.54 可知，不同测点盐岩路基变形随时间增加均呈先降低后增大的趋势。各测点变形沿深度方向逐渐增大，并且与季节温度变化密切相关。在寒冷季节，盐岩路基内部形成盐结晶而产生体积膨胀，进而压缩应变传感器产生负应变；在温度升高季节，盐结晶逐渐溶解，进而变形逐渐增加。随着时间的增长，盐岩路基在寒冷季节产生的盐胀要强于温暖季节的盐溶，即盐岩路基公路结构层的盐胀在季节性冻融循环作用下会产生累加作用。此外，盐岩路基不同深度的变形情况与温度变化相关性较强，变化规律在寒冷季节和温暖季节存在小幅差异，这可能是因为盐岩结构层中的变形受湿度变化影响，其盐结晶总量也会发生变化。

2. 水泥稳定砾石基层盐岩公路

1) 水泥稳定砾石基层盐岩公路温度变化

为了探究水泥稳定砾石基层盐岩公路在路面覆盖下不同路基深度处的温度发展过程，利用温度传感器采集该试验段盐岩路基不同深度处的温度，具体变化情况如图 8.55 所示。

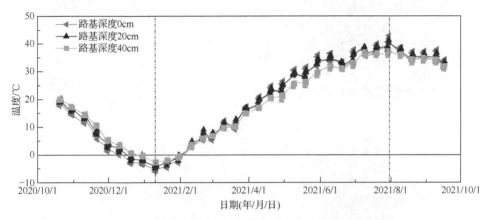

图 8.55　水泥稳定砾石基层下盐岩路基温度随时间变化规律

由图 8.55 可知，随着时间的增加，水泥稳定砾石基层下盐岩路基受气温影响，温度呈先降低后升高再降低趋势。由于深处土层导热具有一定的滞后性，因此在降温时浅层盐岩路基温度低于深层盐岩路基温度，升温时浅层路基温度高于深层路基温度。路基顶面(深度 0cm)最低温度为−6.0℃，路基深度 20cm 处最低温度为−4.2℃，路基深度 40cm 处最低温度为−2.4℃，路基顶面与深度 40cm 处温差为3.6℃；路基顶面最高温度为 42.6℃，路基深度 40cm 处最高温度为 35.7℃，温度差为 6.9℃。

2) 水泥稳定砾石基层盐岩公路变形特征分析

为了全面研究覆盖效应下盐岩路基变形特征，利用应变传感器测定水泥稳定砾石盐岩公路不同位置和深度处的变形。不同监测断面变形如图 8.56 所示，不同监测断面水泥稳定砾石基层下盐岩路基变形随时间变化规律如图 8.57 所示。

分析图 8.56 可知，不同深度测点盐岩路基变形随时间的增加先减小后增大。各测点变形沿深度方向减小，并且与季节温度变化密切相关。寒冷路基发生微隆起，暖季发生收缩，前者应变大于后者，说明尽管上覆荷载导致盐岩路基整体变形较小，盐胀程度微弱，但在季节性的冻融循环作用下盐胀会产生微量的累加。图 8.57 中，对比道路中央断面和行车道中央监测点位的微应变可知，当路基深度

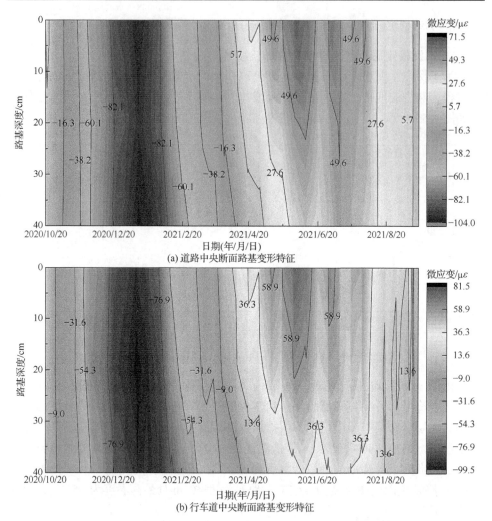

(a) 道路中央断面路基变形特征

(b) 行车道中央断面路基变形特征

图 8.56　不同监测断面水泥稳定砾石基层下盐岩路基变形特征

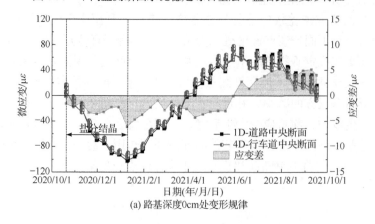

(a) 路基深度0cm处变形规律

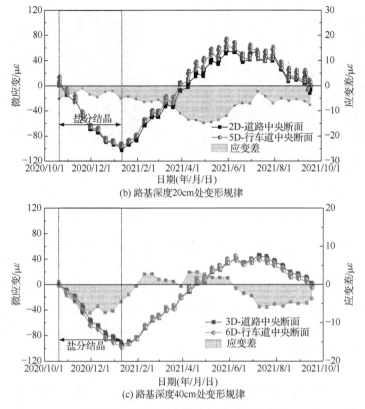

图 8.57　盐岩路基变形随时间变化规律

为 0cm 时，监测点 1D 在寒冷季节应变小于监测点 4D，监测点 1D 微应变为 −102.5με，监测点 4D 微应变为−97.3με，这主要是行车荷载对盐胀变形产生了一定阻碍；暖季监测点 4D 的收缩量大于监测点 1D，且两者差值最大为 5.2με，这主要是更大的附加荷载使路基在寒季盐胀时结构更为密实，导致暖季结晶盐溶化后回落量相对较小。当路基深度为 20cm 时，监测点 2D 在寒冷季节的微应变整体小于监测点 5D，二者微应变差为 5.6με。当路基深度为 40cm 时，道路中央断面微应变在寒冷时小于行车道中央断面微应变，暖季时则相反。对比不同深度监测点位微应变浮动范围可知，受温度梯度影响，沿路基深度方向变形敏感性降低。

3. 盐岩基层公路

1) 盐岩基层公路温度变化

为了明确盐岩基层盐岩公路结构温度变化特征,测得盐岩基层公路结构路中、右侧路肩的温度，如图 8.58 所示。

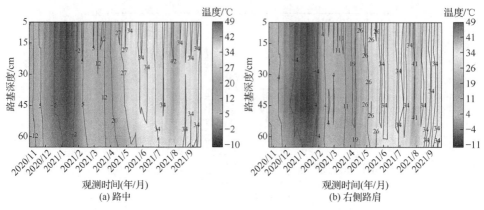

图 8.58 盐岩基层公路结构路中和右侧路肩温度场

由图 8.58 可知，盐岩基层公路结构路中和右侧路肩温度随气温变化而变化，路中和右侧路肩温度在 2020 年 1 月达到最低，约为-10℃，7 月达到最高，约为 42℃，变化幅度约为 52℃。盐岩基层公路结构路中和右侧路肩随路基深度增加，温度变化出现一定的滞后性。这可能是盐岩基层公路结构顶部距地表较近，受气温影响较大，而随着路基深度的增加输入到其内部的热量发生衰减，使得盐岩集料公路结构路中和右侧路肩温度变化幅度减小。

进一步分析不同路基深度处盐岩基层公路结构温度变化，如图 8.59 所示。由图 8.59 可知，不同路基深度处盐岩基层公路结构路中和右侧路肩温度曲线呈 S 形型变化，同气温随季节变化一致。相同路基深度 5cm、25cm、45cm 处，盐岩基层公路结构路中和右侧路肩温度变化规律基本一致，路中温度变化幅度要大于右侧路肩。这是由于盐岩基层公路结构路中表层为沥青面层，路肩靠近盐岩边坡一侧，沥青混合料的导热系数相对较大，具有较好的导热能力。在路基深度为 5cm、25cm、45cm 处，路中与右侧路肩温度差变化幅度较大，而在路基深度 65cm 处温度差变化幅度相对较小。随路基深度的增加，热阻逐渐增大，传热能力降低，使得路中与右侧路肩温度差变化幅度变小。可通过采用热阻较高沥青混合料来降低

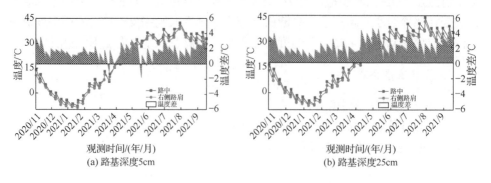

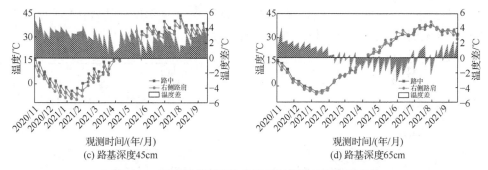

图 8.59 不同路基深度处盐岩基层公路结构温度变化

沥青面层的传热能力，减小路中与右侧路肩温度差变化幅度，阻碍盐岩基层公路结构浅层发生不均匀变形。

2) 盐岩基层公路结构变形特征

为了明确盐岩基层公路结构变形特征，监测盐岩基层公路结构路中、右侧路肩的变形，如图 8.60 所示。

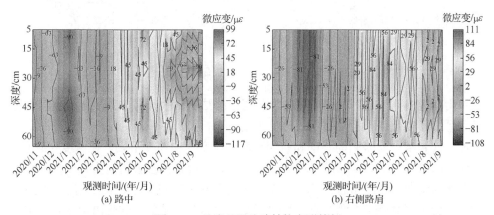

图 8.60 盐岩基层公路结构变形特征

由图 8.60 可知，在整个盐岩基层公路结构变形观测期间，路中微应变等值线稀疏，微应变变化不显著，右侧路肩微应变等值线较密，微应变变化显著。这是因为右侧路肩温度等值线较密，即路肩变形受温度影响较大。盐岩基层公路结构路中和右侧路肩微应变在 2021 年 1 月达到最小，7 月达到最大。2020 年 12 月初至 2021 年 1 月，在自重作用下盐岩基层公路结构发生固结沉降变形，2021 年 1 月中旬至 5 月中旬温度低于 32.4℃，无水硫酸钠结晶生成十水硫酸钠结晶盐，体积增大，表现出盐胀变形，从而 1 月微应变达到极小值。随着温度的进一步增加，结晶盐发生溶解，体积变小，表现出沉降变形，从而 7 月微应变达到极大值。

为了进一步明确盐岩基层公路结构变形场，对不同深度处盐岩基层公路结构路中和右侧路肩变形进行分析，如图 8.61 所示。

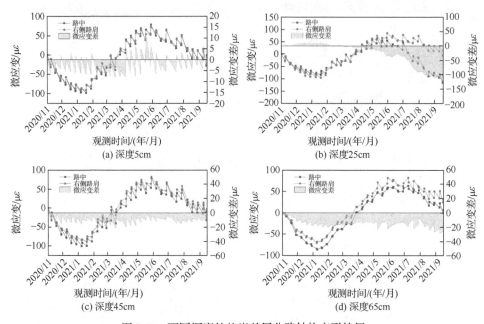

图 8.61　不同深度处盐岩基层公路结构变形特征

由图 8.61 可知，不同深度处盐岩基层公路结构路中和右侧路肩微应变随观测时间呈 S 形变化，同温度随观测时间变化一致。深度为 5cm 时，随着观测时间的增加，盐岩基层公路结构路中和右侧路肩微应变变化幅度不大。在深度 45cm、65cm 处，2020 年 11 月初至 2021 年 1 月中旬，盐岩基层公路结构路中沉降微应变变化幅度大于右侧路肩；2021 年 1 月中旬至 9 月中旬，盐岩基层公路结构路中微应变变化幅度小于右侧路肩，且随深度的增加变化显著。这是由于盐岩基层公路结构路中温度受气温影响较大，能够迅速传递温度，而右侧路肩靠近边坡一侧，温度在传递后不能及时发生改变，整个传热过程漫长，微应变累加较大，随深度的增加，这种现象越明显。可通过采用热阻较高沥青混合料来降低沥青面层的传热能力，减小路中与右侧路肩微应变差的变化幅度，阻碍盐岩基层公路结构发生不均匀变形。

对于不同深度处盐岩基层公路结构路中和右侧路肩微应变随观测时间的变化规律，采用正弦函数进行拟合，分析相关性，如图 8.62 和图 8.63 所示，拟合函数表达式见式(8.1)。不同深度处盐岩基层公路结构路中和右侧路肩微应变拟合优度如表 8.5 所示。

$$l = l_0 + a \times \sin \frac{\pi(x - x_{\mathrm{c}})}{b} \tag{8.1}$$

式中，l_0、a、x_{c}、b 为拟合系数，各拟合系数见表 8.6。

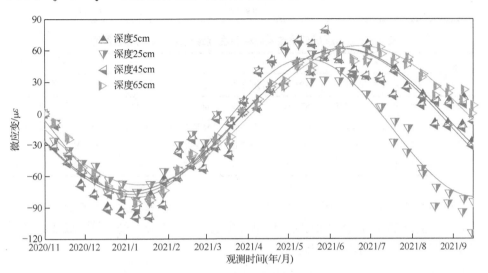

图 8.62　盐岩基层公路结构路中微应变随观测时间变化规律

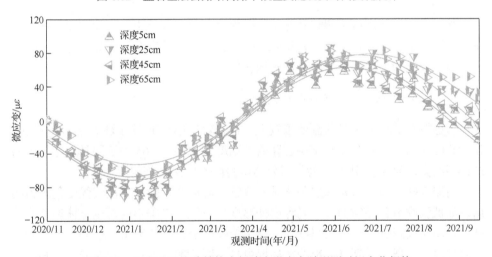

图 8.63　盐岩基层公路结构右侧路肩微应变随观测时间变化规律

表 8.5　盐岩基层公路结构路中和右侧路肩微应变拟合优度

深度/mm	路中	路肩
5	0.8897	0.9156
25	0.9184	0.9280

深度/mm	路中	路肩
45	0.8985	0.9247
65	0.9617	0.9600

表 8.6　盐岩基层公路结构路中和右侧路肩微应变的拟合系数

深度 /mm	l_0		a		x_c		b	
	路中	右侧路肩	路中	右侧路肩	路中	右侧路肩	路中	右侧路肩
5	−6.329	−4.488	67.895	66.755	66830.6	71170.4	157.607	157.321
25	−14.096	−2.820	65.909	74.402	539359.0	−54146.1	126.477	165.576
45	−7.812	1.516	69.237	68.780	88290.4	60042.8	156.193	158.054
65	−1.916	12.651	66.118	65.470	−11872.0	−139496.0	162.770	171.177

由图 8.62、图 8.63 和表 8.5 可知，不同深度处盐岩基层公路结构路中和右侧路肩微应变随观测时间增加的变化规律符合正弦函数变化。经计算，拟合优度 R^2 均在 0.85 以上，具有较强的相关性。

8.4.2　盐岩公路结构层湿热状态演化

盐岩公路结构层内部湿热状态稳定是保障公路承载能力满足使用要求的重要基础，因此本小节对比不同结构型式下盐岩公路湿热状态演化规律，进一步确定不同时段及结构型式下盐岩公路湿热演化的差异性。

1. 盐岩公路结构层温度演化状态对比

考虑罗布泊地区单日气温变幅较大，首先对比单日不同时刻盐岩公路温度变化。图 8.64 为不同时刻盐岩基层公路内部温度变化，图 8.65 为不同月份盐岩公路结构层的温度对比，图 8.66 为盐岩公路试验段不同深度处温度。

由图 8.64 可知，盐岩基层公路试验段整体温度变化随季节性气候变化较为突出，如低温季节公路结构层不同深度处温度均较低，夏季不同时刻土体温度均较高，且距路表越近，结构层温度受气温影响越明显，距路表 65cm 的新筑盐岩路基底部温度同样会受到气温影响。根据单日不同监测时间点的地温变化可知，盐岩公路结构层内土体温度最低时刻为 12 月下旬的上午 8:00～12:00，约为−10℃；最高温时刻则在 7 月下旬的晚上 8:00，地温最高接近 50℃。这表明罗布泊地区公路结构层季节性温差显著，温度变化对结构层稳定性影响不容忽略。另外，明显可见，结构层内部的最高温与最低温出现时刻与罗布泊地区气温变化存在差异，这主要与结构层传热的滞后性有关。

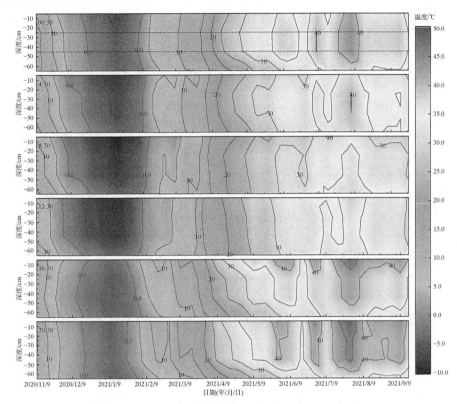

图 8.64　盐岩基层公路单日不同时刻温度变化特征对比

由图 8.65 可知，在寒冷季节盐岩公路上层温度较低，回暖季节则下层温度较低。对比图 8.65(a)和(b)可知，盐岩基层公路在路中和路肩监测位置不同层位的平均温度变化并不完全一致。位于路中位置上下层间的温差较明显，如 5 月份上下层间温差最大，路中约为 5.6℃，路肩位置约为 1.7℃，而冬季(12 月)上下层温差均为 3℃。

对比图 8.65(a)和(c)可知，相比于盐岩基层公路，基层为水泥稳定砾石结构的盐岩公路结构层上部受气温影响更强烈，如 1 月份上下层温差相比盐岩基层公路约低 1.7℃，在 5 月份温差相比盐岩基层公路约高 1.4℃。即水泥稳定砾石基层的铺设会增加一定隔热效果，使得盐岩公路底层结构受温度影响相对减弱。结合图 8.65(d)可知，纯盐岩公路在不同季节上下层温差最小，这表明沥青面层铺设会对盐岩公路整体温度变化产生影响，影响最明显的是在回暖季节，但整体影响幅度较小，在最炎热季节不同类型结构型式上下温差差异并不突出，这可能与盐岩公路不同层位温度均回升有关。

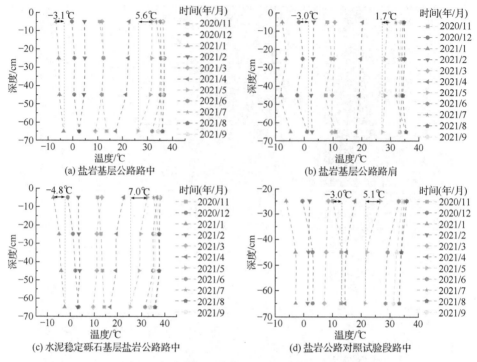

图 8.65 监测期不同月份盐岩公路结构层温度

随着气温季节性变化，试验段不同铺设方案在相同层位温度变化整体上较为接近，但不同结构型式随气温变化的敏感度存在差异。由图 8.66(a)可知，采用盐岩基层和水泥稳定砾石基层的盐岩公路在沥青面层与基层接触位置(距路表5cm 处)在低温季节温度差异较小，在高温季节水泥稳定砾石基层上表面温度略高于盐岩基层。由图 8.66(b)～(d)可知，纯盐岩公路结构层内温度整体较低且波动

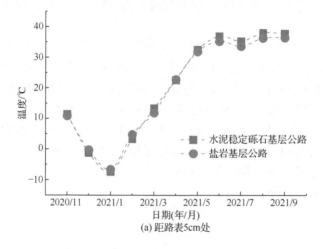

(a) 距路表5cm处

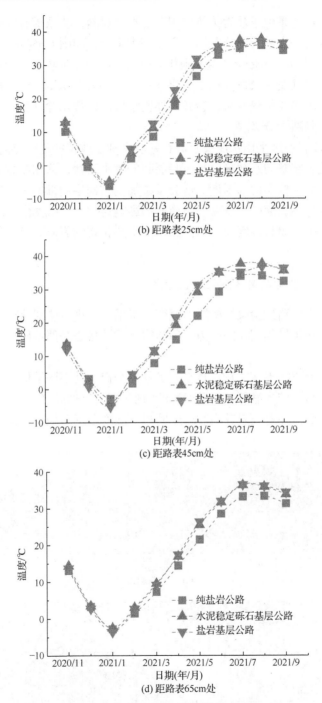

(b) 距路表25cm处

(c) 距路表45cm处

(d) 距路表65cm处

图 8.66 盐岩公路试验段不同层位温度变化对比

幅度较小，这可能是由于盐岩传热作用弱于沥青材料。当层深较深时，盐岩基层和水泥稳定砾石基层铺设的公路温度变化基本重合，如图 8.66(d)所示，纯盐岩公路路基位置处(距路表 65cm)的温度则相对较低。认为在炎热季采用水泥稳定砾石基层的盐岩公路其路基层位内温度变化与盐岩基层公路基本一致，沥青面层加铺会改变盐岩公路整体传热效果，会微幅加剧结构层内部水盐迁移，因此在路基与基层层间进行隔断十分必要。

综上，在盐岩地区采用水泥稳定砾石基层有利于改善盐岩公路内部水热状态，但需要做好盐岩路基与水泥稳定砾石基层间的隔水阻盐；采用沥青面层有利于提升不同季节公路结构层内部温度，这会微幅加剧结构层内部的水盐迁移，但同时有助于降低因降温引起的盐胀对公路结构的影响；此外，将隔断层布设在 65cm 深度左右能明显削弱单日温度变化对公路内部水热状态的影响，进而保障结构层稳定性。

2. 盐岩公路结构层湿度演化状态对比

在确定盐岩公路试验段结构层温度变化基础上，进一步对比分析了盐岩公路结构层内湿度演化过程。图 8.67 为三种结构型式下盐岩公路不同层位的相对湿度演化差异性。

由图 8.67 可知，对于不同结构型式的盐岩公路，其不同结构层位相对湿度变化受气温变化影响较为显著。当温度逐渐降低时，各试验段的不同层位填料相对湿度均逐渐降低，随着气温升高监测到的相对湿度则逐渐增加。盐岩基层试验段

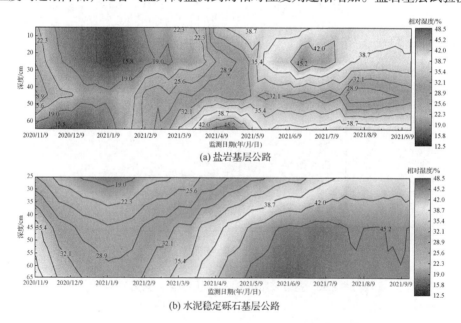

(a) 盐岩基层公路

(b) 水泥稳定砾石基层公路

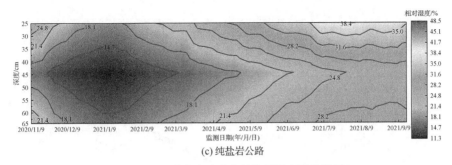

(c) 纯盐岩公路

图 8.67 盐岩公路试验段结构层湿度演化特征

1 月其土体相对湿度最低约为 15%，而 6 月中旬相对湿度达到约 45%。分析气温影响下结构层内部相对湿度变化主要原因：当气温较低时，填料间的饱和卤水会逐渐析出盐分，进而土体中液相比例也在逐渐降低；随着气温升高，降温形成的盐结晶会再次溶解形成液相，此外在高温作用下下层土体中的水分会逐渐向上迁移，使得土体相对湿度增加。

对比不同盐岩公路相对湿度发现，不同结构型式的相对湿度由高到低依次为水泥稳定砾石基层盐岩公路、盐岩基层公路、纯盐岩公路，这种差异主要与不同结构型式公路的传热效果及蒸发过程有关。含水泥稳定砾石基层的路面覆盖效应最强，其在温度影响下土体中水分容易发生向上积聚，而其他两类结构层中水分积聚过程相对缓慢且更容易产生蒸发，特别是纯盐岩公路。因此，可认为季节性气温影响下纯盐岩公路结构层中的盐分聚积会逐渐增加，覆盖效果突出的水泥稳定砾石基层结构则会促进水汽在结构层的积聚。

图 8.68 同样表明盐岩公路结构层相对湿度变化会受到季节性气候影响。由图 8.68(a)可知，在距路表 25cm 的层位处，纯盐岩公路与水泥稳定砾石基层盐岩公路的相对湿度变化基本一致，盐岩基层公路在此处的相对湿度随季节变化相对

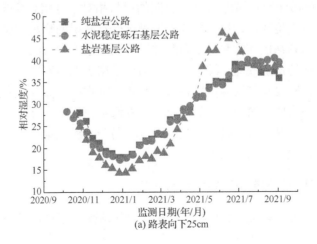

(a) 路表向下25cm

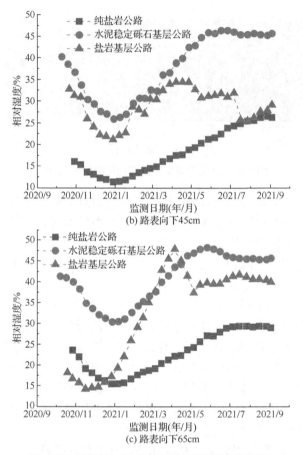

图 8.68　不同结构型式下盐岩公路湿度特征对比

突出。随着监测深度进入盐岩路基结构层内，不同结构型式的相对湿度变化逐渐
凸显，如图 8.68(b)和(c)所示。纯盐岩公路的填料相对湿度相对较低，水泥稳定砾
石基层在不同季节均较高，这可能与水泥稳定砾石基层的隔水与保温作用有关。
这也表明，防水黏结层和防水土工布的铺设阻断了地下水盐的向上迁移蒸发，会
增强阻断层下侧的覆盖效应。综上，可认为在采用水泥稳定砾石作为盐岩地区基
层材料时，不仅需要在基层与盐岩路基之间布设隔水层，而且在受温度影响敏感
的盐岩路基下层同样应增设阻盐隔水层，以降低水泥稳定砾石基层诱发的覆盖效
应；采用盐岩作为基层材料时的水分积聚过程弱于水泥稳定基层，但应注意防范
盐分缓慢积聚诱发的结构层拱胀。

8.4.3　盐岩公路结构层变形稳定性对比

为明确盐岩公路结构层变形稳定特征，利用应变传感器监测不同结构型式下

盐岩公路试验段结构层变形特征。图 8.69 为盐岩基层公路单日不同监测时刻的微应变演化，图 8.70 为不同结构型式盐岩公路在不同层位的微应变差异性。

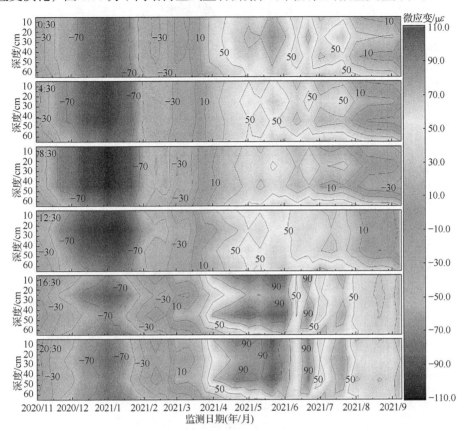

图 8.69　盐岩基层公路试验段不同时段微应变演化

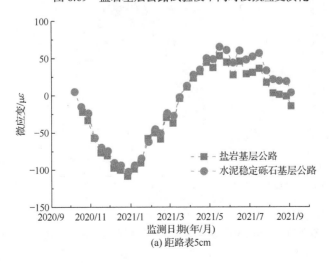

(a) 距路表5cm

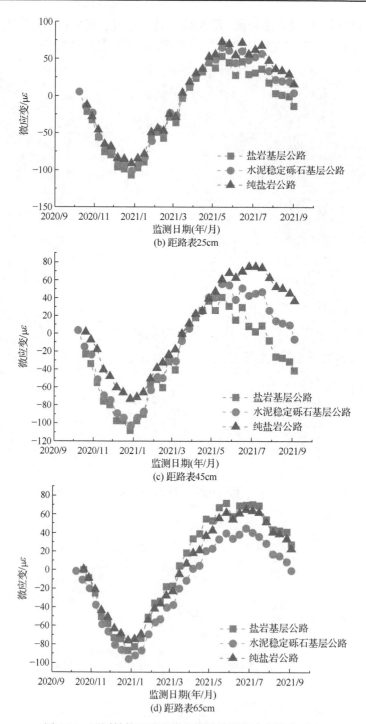

(b) 距路表25cm

(c) 距路表45cm

(d) 距路表65cm

图 8.70　不同结构型式盐岩公路结构层微应变演化对比

由图 8.69 可知，对于盐岩基层公路，1 月上午 8～12 点测得的微应变最小，约−110με；5 月底测得的微应变最大，约 110με。结合第 5 章卤水冻结试验可知，−10℃盐岩公路土体并未发生冻结，微应变变化主要是因为在寒冷季节结构层填料中的液相随温度降低溶解度逐渐降低，析出盐分，土体结构微膨胀。此外，在寒冷季节，单日内测得的微应变变化幅度为−70～−110με，而春秋季节基本在−30～10με，5 月单日微应变变化幅度最大，为 50～110με。

结合全年和单日内盐岩基层公路不同层位微应变变化幅度可知，在严寒季节单日内微应变变化幅度接近全年总幅度的 1/6，在回暖季节单位微应变变化幅度约为全年总变化幅度的 1/4，这表明单日内气温变化同样会引起结构层微变形。综合单日不同时刻的盐岩基层公路试验段结构层微应变结果可知，在单日内不同时刻监测得到的微应变同样与季节性气温变化密切相关，由盐结晶诱发的变形总体较小，结构层相对较为稳定。

由图 8.70 可知，随监测时间增加，不同结构型式盐岩公路各深度测点的微应变均先降低后增大。如图 8.70(a)所示，盐岩基层在距路表 5cm 处测得的微应变变化与水泥稳定砾石基层基本一致，盐岩基层的微应变变化幅度略小于水泥稳定砾石基层。对比各结构型式盐岩公路路基不同深度(距路表 25～65cm)的微应变变化发现，纯盐岩公路路基不同深度测得的微应变变化幅度均较小。在寒冷季节，在深度为 25cm 和 45cm 处，盐岩基层公路路基微应变变化幅度最大，这可能与盐岩基层公路路基内温度变化受气温影响较突出有关，在温度影响下盐岩公路路基形成较多的盐结晶及水盐的向上迁移，进而出现的膨胀最大。此外，值得注意的是，2021 年 6 月以后不同监测点位测得的微应变均逐渐减小，并非随着温度的升高继续增加，这表明寒冷季节盐岩公路结构层的微应变变化主要与温度变化有关，而炎热季节随着结构层内部水盐状态的演化盐岩微变形更为复杂，可能受到结构层相对湿度变化影响。

图 8.71 为温度变化对盐岩公路结构层内部微应变的影响。由图 8.71 可知，无论是盐岩基层公路还是水泥稳定砾石基层公路，在不同监测层位，盐岩公路微应变变化均与温度变化呈现严格的线性关系。如图 8.71(a)所示，盐岩基层公路不同层位监测到的微应变与监测层位关联性较小，而与温度的拟合优度可达 0.997。当气温高于 30℃时，这一规律性显著减弱，相同的规律也出现在了水泥稳定砾石基层公路试验段中。结合图 8.66 可知，盐岩基层公路测得微应变最小时为全年最寒冷季节，测得微应变最大时则并非最炎热季节，而是在气温回升最迅速的时间段。综合单日内盐岩公路结构层内微应变、温度和相对湿度变化可知，单日内结构层温度和微应变变化幅度均相对较大，单日内相对湿度则较稳定，认为低温季节土体中赋存的盐结晶对土体变形影响较为明显，而高温季节随着土体液相含量的回升，盐岩结构层的变形存在滞回特征；且地温高于 35℃后液相盐分的溶解度基本

不再增加，因此盐结晶引起的微应变变化也不再随温度变化而密切变化。综上，可认为盐岩结构层内盐结晶状态的变化是诱发结构层微变形的主要原因。

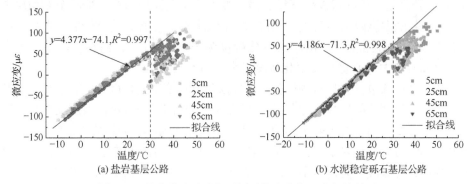

图 8.71　盐岩公路试验段不同层位应变与温度相关关系

进一步对比盐岩公路运营使用一年前后的状况(图 8.72)发现，采用不同方案铺筑的盐岩公路路面整体均较为平整，未出现显著变形，这说明盐岩公路上覆结构层对温度影响下盐岩层位盐分结晶引起的膨胀具有抑制作用。在开挖方案 3 盐岩基层结构层时发现，在防水黏结层底部存在少量结晶盐，这可能与变温作用下水盐的向上迁移积聚有关。

(a) 铺设初期路面状况　　　　　　　　　(b) 使用一年后路面状况

图 8.72　盐岩公路使用一年前后的路面状况对比

综合不同结构型式盐岩公路试验段的温度、湿度、变形监测结果及使用状况可知，盐岩公路结构层内部温度变化主要与季节性气候有关，湿度变化则与盐结晶的形成及升温季节蒸发作用下水盐的向上迁移密切有关。应变监测结果表明，无论是采取水泥稳定砾石基层还是盐岩基层的盐岩公路，其结构层变化均较小，盐岩公路整体较为稳定，这表明试验段铺设时单侧挖设的排碱渠削弱了地下卤水向结构层内的水盐迁移，进而缓解了水盐迁移对结构层变形稳定性的影响。综合考虑不同铺设方案技术特征及经济性，在盐岩地区进行低等级公路填筑时优先推荐采用盐岩基层，宜在路基顶面进行隔断层布设，以降低不同层位的水盐迁移；在进行高等级公路建设时，推荐采用弹性模量较大的水泥稳定砾石基层，同时应提升盐岩路基填筑高度，以减少重载车辆通行引起的基层压缩变形及地下卤水对结构层稳定性的影响。结合第 4 章和第 5 章试验结果可知，盐岩结构层原位可发生结晶的卤水含量较为有限，因此在盐岩地区进行公路建设时应重点预防由地下水盐向上迁移及盐分渗入水泥稳定砾石基层诱发的持续性变形。考虑沥青面层的铺设增强了盐岩公路的覆盖效应，在盐岩公路改造升级时应在盐岩路基底部采取相应的阻水措施，并可在公路单侧或两侧挖设排碱渠，降低地下卤水对结构层的影响。

8.5 本章小结

本章提出了罗布泊盐岩地区公路试验段不同结构层施工及质量控制要点，明确了试验段传感器布设及现场监测方案，对比分析了不同铺设方案下的盐岩公路的水、热状态及变形特征。主要研究结论如下。

(1) 明确了盐岩公路试验段施工现场注意事项及原材料要求，试验段原有路面主要病害包括溶洞、车辙、松散、坑槽等。对于车辙严重的盐岩路段采用盐岩进行铺填并整平；盐岩采挖时应避免深挖，取料深度范围 20～50cm；盐岩结构层施工时采用饱和卤水，天然砾石和水泥稳定砾石基层施工时必须采取淡水。

(2) 提出了不同试验段方案的传感器布设方案及工后监测方案，明确了不同铺设方案盐岩公路在盐岩地区的适应性；随着时间推移，对比段盐岩路基受气温影响突出，其温度呈先减小后增加再降低的趋势；试验段各测点应变沿深度方向减小且与季节温度变化密切相关，且沿路基深度方向变形敏感性降低。

(3) 盐岩基层公路结构监测温度在 1 月最低，约为-10℃，7 月最高，约为42℃，变幅达 52℃；随着气温季节性变化，不同铺设方案温度波动整体上较为接近；沥青面层加铺会微幅加剧结构层内部水盐迁移；将隔断层布设在 65cm 深度处可显著削弱单日温度变化对公路内部水热状态的影响。

(4) 季节性气温影响下，纯盐岩公路结构层中盐分积聚会逐渐增加，覆盖效果突出的水泥稳定砾石基层结构会促进水汽在结构层积聚；在受温度影响敏感的盐岩路基内部宜增设阻盐隔水层，以降低水泥稳定砾石基层诱发的覆盖效应；盐岩地区低等级公路填筑时优先推荐采用盐岩基层，在进行高等级公路建设时，推荐采用水泥稳定砾石基层，同时应提升盐岩路基的填筑高度。

参 考 文 献

[1] 宋亮. 干盐湖区盐渍土性能及其在路基工程中的应用技术[D]. 西安: 长安大学, 2010.

[2] 宋亮, 牛亮亮, 王朝辉, 等. 盐岩路基工程特性研究进展[J]. 公路工程, 2021, 46(6): 156-162.

[3] 李国华, 陈浩宇, 宋亮, 等. 盐岩路基工程应用调查与评价[J]. 筑路机械与施工机械化, 2020, 37(5): 24-29.

[4] 奚鹤. 罗布泊盐岩路基病害分析及防治技术探究[J]. 中国公路, 2020(13): 102-103.

[5] 王弭力, 刘成林, 焦鹏程. 罗布泊盐湖钾盐矿床调查科研进展与开发现状[J]. 地质论评, 2006, 52(6): 757-764.

[6] 房建宏. 盐湖地区公路修筑技术[M]. 北京: 人民交通出版社, 2012.

[7] 赵元杰, 夏训诚, 王富葆, 等. 新疆罗布泊环状盐壳的特征与成因[J]. 干旱区地理, 2006, 29(6): 779-783.

[8] 交通运输部公路科学研究院. 公路土工试验规程: JTG 3430—2020[S]. 北京: 人民交通出版社, 2020.

[9] 交通运输部公路科学研究院. 公路技术状况评定标准: JTG 5210—2018[S]. 北京: 人民交通出版社, 2019.

[10] 中交第一公路勘察设计研究院有限公司. 盐渍土地区公路路基设计与施工技术细则: JTG/T 3331-08—2022[S]. 北京: 人民交通出版社, 2023.

[11] 水利部水利水电规划设计总院. 水工混凝土试验规程: SL/T 352—2020[S]. 北京: 中国水利水电出版社, 2021.

[12] 中交第二公路勘察设计研究院有限公司. 公路工程岩石试验规程: JTG 3431—2024[S]. 北京: 人民交通出版社, 2024.

[13] 交通运输部公路科学研究院. 公路工程集料试验规程: JTG 3432—2024[S]. 北京: 人民交通出版社, 2024.

[14] 交通运输部公路科学研究院. 公路路面基层施工技术细则: JTG/T F20—2015[S]. 北京: 人民交通出版社, 2015.

[15] 交通运输部公路科学研究院. 公路沥青路面施工技术规范: JTG F40—2004[S]. 北京: 人民交通出版社, 2004.

[16] 中交第二公路勘察设计研究院有限公司. 公路路基设计规范: JTG D30—2015[S]. 北京: 人民交通出版社, 2015.

[17] 李立寒, 张南鹭, 孙大权, 等. 道路工程材料[M]. 6版. 北京: 人民交通出版社, 2009.

[18] 朱晟, 王永明, 翁厚洋. 粗粒筑坝材料密实度的缩尺效应研究[J]. 岩石力学与工程学报, 2011, 30(2): 348-357.

[19] 王永明, 朱晟, 任金明, 等. 筑坝粗粒料力学特性的缩尺效应研究[J]. 岩土力学, 2013, 34(6): 1799-1806,1823.

[20] Song L, Chen S C, Wang C H, et al. Engineering properties on salt rock as subgrade filler in dry salt lake: Water retention characteristics and water migration patterns[J]. Construction and Building Materials, 2023, 406: 133414.

[21] 中交公路规划设计院有限公司. 公路水泥混凝土路面设计规范: JTG D40—2011[S]. 北京: 人民交通出版社, 2011.

[22] 中交路桥技术有限公司. 公路沥青路面设计规范: JTG D50—2017[S]. 北京: 人民交通出版社, 2017.

[23] 毛雪松, 郑小忠, 马骉, 等. 风化千枚岩填筑路基湿化变形现场试验分析[J]. 岩土力学, 2011, 32(8): 2300-2306.

[24] 万旭升, 赖远明, 廖孟柯. 硫酸盐渍土未相变含水率与温度关系研究[J]. 岩土工程学报, 2015, 37(12): 2175-2181.

[25] 吴刚, 邴慧, 卜东升. 盐渍土与盐溶液冻结温度关系的试验研究[J]. 冰川冻土, 2019, 41(3): 615-628.

[26] 应赛, 周凤玺, 文桃, 等. 盐渍土冻结过程中的特征温度研究[J]. 岩土工程学报, 2021, 43(1): 53-61.

[27] Kozlowski T. Some factors affecting supercooling and the equilibrium freezing point in soil-water systems[J]. Cold

Regions Science & Technology, 2009, 59(1): 25-33.

[28] 肖泽岸, 朱霖泽, 侯振荣, 等. 含 NaCl 和 Na$_2$SO$_4$ 双组分盐渍土的水盐相变温度研究[J]. 冰川冻土, 2021, 43(4): 1121-1129.

[29] Han Y, Wang Q, Kong Y, et al. Experiments on the initial freezing point of dispersive saline soil[J]. Catena, 2018, 171: 681-690.

[30] 王朝辉, 陈绍昌, 宋亮, 等. 温度影响下罗布泊盐岩路基填料变形特性研究[J]. 岩土工程学报, 2024, 46(4): 716-727.

[31] 新疆公路学会. 盐渍土地区公路设计与施工指南[M]. 北京: 人民交通出版社, 2006.

[32] 刘军勇, 张留俊, 张发如, 等. 强盐渍土地区公路路基修筑关键技术[M]. 北京: 人民交通出版社, 2023.

[33] 陈含. 冻融循环条件下锅盖效应机理及试验研究[D]. 北京: 北京航空航天大学, 2020.

[34] 王朝辉, 问鹏辉, 宋亮, 等. 基于颗粒破碎特性的盐岩集料基层级配组成设计研究[J]. 岩土力学, 2024, 45(2): 340-352.

[35] Guyon E, Troadec J P. From a Bag of Marbles to a Pile of Sand[M]. Paris: Odile Jacob Science, 1994.

[36] 郭万里, 朱俊高, 钱彬, 等. 粗粒土的颗粒破碎演化模型及其试验验证[J]. 岩土力学, 2019, 40(3): 1023-1029.

[37] Fukumoto T. A grading equation for decomposed granite soil[J]. Soils and Foundations, 1990, 30(1): 27-34.

[38] 陈谦, 王朝辉, 陈渊召, 等. 基于极限学习机的钢桥面板腐蚀评估及预测[J]. 材料导报, 2020, 34(14): 14099-14104.

[39] 交通运输部公路科学研究院. 公路工程无机结合料稳定材料试验规程: JTG 3441—2024[S]. 北京: 人民交通出版社, 2024.

[40] 宋亮, 王朝辉, 牛亮亮, 等. 路用盐岩抗压强度特性评价及预测研究[J]. 公路, 2022, 67(12): 34-40.

[41] Itasca Consulting Group, Inc. PFC Documentation Release 5.0[Z]. Minneapolis: Itasca Consulting Group, Inc, 2014.

[42] 王舒永, 张凌凯, 陈国新, 等. 基于三维扫描技术的土石混合体离散元模型参数反演及直剪模拟[J]. 材料导报, 2021, 35(10): 10088-10095, 10108.

[43] Song L, Song Z, Wang C H, et al. Arch expansion characteristics of highway cement-stabilized macadam base in Xinjiang, China[J]. Construction and Building Materials, 2019, 215: 264-274.

[44] 宋亮, 王选仓. 新疆盐渍土地区水泥稳定基层盐胀变形规律及机理[J]. 公路交通科技, 2019, 36(7): 20-28.

[45] 交通运输部公路科学研究院. 路桥用水性沥青基防水涂料: JT/T 535—2015[S]. 北京: 人民交通出版社, 2015.

[46] 中国建筑材料工业协会. 道桥用防水涂料: JC/T 975—2005[S]. 北京: 中国建材工业出版社, 2005.

[47] 交通运输部公路科学研究院. 公路工程沥青及沥青混合料试验规程: JTG E20—2011[S]. 北京: 人民交通出版社, 2011.

[48] 奚鹤, 陈浩宇, 宋亮, 等. 罗布泊盐岩路基施工工艺优化及稳定性监测[J]. 公路, 2022, 67(7): 21-27.

[49] 中国纺织工业联合会. 土工合成材料　长丝机织土工布: GB/T 17640—2023[S]. 北京: 中国质检出版社, 2023.

[50] 招商局重庆交通科研设计院有限公司. 公路土工合成材料应用技术规范: JTG/T D32—2012[S]. 北京: 人民交通出版社, 2012.

[51] 全国交通工程设施(公路)标准化技术委员会. 路面标线涂料: JT/T 280—2022[S]. 北京: 人民交通出版社, 2022.

[52] 中华人民共和国交通运输部. 道路交通标志和标线　第 3 部分: 道路交通标线: GB 5768.3—2009[S]. 北京: 中国标准出版社, 2009.